GW01003249

Spanish-American Short Stories

Cuentos hispanoamericanos

Spanish-American Short Stories

Cuentos hispanoamericanos

A Dual-Language Book

Edited and Translated by
STANLEY APPELBAUM

DOVER PUBLICATIONS, INC.
Mineola, New York

Copyright

Selection, English translations, Introduction, and footnotes copyright © 2005 by Dover Publications, Inc.
All rights reserved.

Bibliographical Note

This Dover edition, first published in 2005, is a new anthology of seventeen Spanish-language short stories (reprinted from standard texts), by seventeen different authors and from seventeen different New World countries, that were originally published between 1867 and 1922. (See Introduction for individual first-publication data.) The stories are accompanied by new English translations by Stanley Appelbaum, who made the selection and wrote the Introduction and footnotes.

Library of Congress Cataloging-in-Publication Data

Spanish-American short stories = Cuentos hispanoamericanos / edited and translated by Stanley Appelbaum.
     p. cm. — (Dual-language book)
     ISBN 0-486-44123-7 (pbk.)
     1. Short stories, Spanish American—Translations into English. 2. Spanish American fiction—20th century—Translations into English. 3. Short stories, Spanish American. 4. Spanish American fiction—20th century. I. Title: Cuentos hispanoamericanos. II. Appelbaum, Stanley. III. Series.

PQ7087.E5S65 2005
863'.010898'0904—dc22

2005042029

Manufactured in the United States of America
Dover Publications, Inc., 31 East 2nd Street, Mineola, N.Y. 11501

CONTENTS

[The data in square brackets are the year of first publication and the country of the author's birth.]

INTRODUCTION

The gratifying international recognition accorded to Spanish-American fiction writers of the last few decades is one of the most noteworthy phenomena in recent literary history. Yet, richly as late 20th-century authors deserve their fame and awards, their achievement would not have been possible without the foundations laid by talented predecessors. From the crucial formative period of Spanish-American creative prose, ending circa 1920, this Dover volume offers a "tasting menu" of 17 stories by 17 authors born in 17 different nations. The stories, differing widely in length, themes, and style, have all been deemed worthy of publication in earlier Spanish-language anthologies (some repeatedly), and each of the authors is a major (sometimes the outstanding) figure in his own country's literary annals, a few enjoying truly worldwide repute. The sequence is chronological, by year of first publication of the stories.

Novels and short stories were generally frowned upon, and the writing of them discouraged, during the colonial period. The novel made a tentative appearance during the struggle for independence, with the Mexican José Joaquín Fernández de Lizardi's *El periquillo sarniento* (The Itching Parrot) in 1816, and a fair number of good novels appeared in various countries from the 1840s on. But the short story had a harder road to travel in the 19th century, and was scarcely in evidence in the Romantic era; a few stories published by the great Cuban poet José María Heredia in the years around 1830 may not after all have been originals; and the indubitable masterpiece "El matadero" (The Slaughterhouse), a hardhitting political allegory by Esteban Echeverría of Argentina, though written circa 1838, was not published until 1871, twenty years after his death. It was only in the following periods (Realism, Naturalism) that stories began to appear with any regularity, and even then the genre was not always "pure," but mingled with essayistic, historiographic, and other features; influ-

ences derived from various European countries, chiefly Spain and France.

The short story came into its own when Spanish-American literature as a whole did: in the era of *modernismo* (roughly 1880–1920). This movement, truly New World in character, was an art-for-art's-sake revolt by young Spanish-American poets and prose writers against monotony and the perceived trammels of Realism, with its strong ties to the bourgeoisie that they despised. The *modernistas* were particularly inspired by the various literary currents emanating from France in the last third of the 1800s: the Parnassians, with their haughty reserve, classically chiseled language, and exotic subject matter; the Symbolists, with their metaphysical depth and incantatory style; the Decadents, with their recherché diction and worship of luxury. Bohemianism, fantasy, verbal experimentation, and self-exaltation were some of the hallmarks of the *modernistas*. (Of course, in every literary era, not every writer subscribes to the prevalent trends, and the stories of this period also offer many other aspects.)[1] The period covered in this volume also includes the beginnings of the next major Spanish-American trend, *criollismo,* a partial return to realism with a heightened awareness of local conditions.

Because the editor wished to allot as many as possible of the pages at his disposal to the stories themselves, the sections of this Introduction devoted to the individual authors are all too brief, though they include first-publication data that are more complete and more accurate than in most Spanish-language anthologies he has seen. His concise footnotes to the stories either contain just enough additional information to clarify essential points, or else (with embarrassing honesty) indicate where his translation of a word or expression is still merely conjectural (based on context) even after a formidable array of specialized dictionaries was consulted.

Juan Montalvo. Considered Ecuador's foremost 19th-century prose stylist (he has been called one of the best in all Spanish-language literature) and her greatest literary figure in the Romantic era (in its extended sense), Montalvo, born in Ambato in 1832, is best known for his liberal political essays and for his book (published posthumously in 1895) *Capítulos que se le olvidaron a Cervantes* (Chapters That Cervantes Forgot to Write). A diplomat in Rome and

---

1. For the pedagogical purposes of Dover's dual-language series, the editor has generally avoided texts featuring special difficulties, such as stories told in rural dialects, or with a large admixture of Native American terms, etc.

Paris from 1857 to 1860, he published the magazine *El Cosmopolita* (The Cosmopolitan) in Quito from 1866 to 1869. In the latter year he was forced into exile, which he largely spent in the Colombian town Ipiales, near the border with Ecuador. From there he continued to thunder against his archenemy, the Ecuadorean president and dictator Gabriel García Moreno; when Moreno was assassinated in 1875, Montalvo jubilantly claimed: "My pen killed him!" Returning home in 1876, he soon ran afoul of the next dictator and returned to Europe, where he died in 1889.

"Gaspar Blondin" was first published in 1867, in the fourth issue of *El Cosmopolita*. Montalvo reported that he had first written the story in French while in Paris, on August 6, 1858, to be specific, and during a bout with fever. This fantasy, with a strong Poe influence, represents the darker side of the Romantic imagination.

Rubén Darío. Born Félix Rubén García Sarmiento in Metapa, Nicaragua (now Ciudad Darío) in 1867, Darío (as he later called himself) is still one of the deities of Spanish-American literature, having perfected nascent *modernismo* in both prose and verse, and having introduced it triumphantly to Spain itself, where he became part of the literary establishment. A child prodigy, he soon visited other New World countries, particularly Chile (beginning 1886) and Argentina (from 1893 on). A diplomatic career and travels as a celebrity brought him to Europe briefly in 1892 and for extended stays beginning in 1898. He died in 1916, "the first truly universal Latin-American writer."

The story "El rubí" (chosen for this Dover volume partly for its connection with Fiallo's "El beso"; see below) was first published in the June 9, 1888, issue of *La Libertad Electoral* (Electoral Freedom) in Santiago, Chile. Later that year, it was included in Darío's breakthrough volume of verse and prose *Azul . . .* (Blue . . .), published by the Imprenta y Litografía Excelsior in Valparaíso, Chile. The specific version of the text reprinted here is that of the slightly altered 1890 edition of *Azul . . .* published by La Unión in Guatemala City. "El rubí" is typical of much of Darío's *modernismo* in its preciosity (the reader is obviously expected to swoon at the mention of precious and semiprecious stones—Wilde, for instance, has the same intention in his *Salome*) and in its use of rare and previously nonexistent words.[2]

---

2. Ten more stories by Darío, 50 of his best poems, and a longer biography can be found in Dover's dual-language volume (same editor/translator) Darío: *Stories and Poems/Cuentos y poesías* (2002; ISBN 0-486-42065-5).

Ricardo Palma. Palma was born in Lima, Peru, in humble circumstances, in 1833. He wrote poems, essays, and philological works, as well as the numerous *tradiciones* that became "one of the richest Latin-American contributions to the Spanish language." A liberal, he was exiled from 1860 to 1863. A diplomat at times, from 1884 to 1912 he directed the Peruvian national library and, as a "mendicant librarian," replenished the shelves that had been depleted when Lima was ransacked in the disastrous War of the Pacific (against Chile, 1879–1883).

His famous *Tradiciones peruanas*—short fictional pieces set in various periods of Peruvian history beginning with the Incas, and based on historical characters, popular sayings, local legends, etc.—first began to appear in periodicals in the late 1850s; the first series in volume form was published in 1872, and after a number of "farewell performances" and "absolutely final appearances," further *tradiciones* appeared until at least 1911. Palma died in 1919.

"El alacrán de fray Gómez" (I found no record of a prior magazine publication) was included in the seventh series, 1889; the volume, titled *Tradiciones. Ropa vieja. Última serie de Tradiciones* (Traditions. Old Stuff. Final Series of Traditions), was published in Lima by the Imp[renta] y Lib[rería] del Universo de Carlos Prince. The story is typical of Palma's easygoing narrative style, his Limeño wit, his eclectic vocabulary, and his complacent folksiness that avoids intense human conflicts. In his love for the past, Palma is a belated Romantic even in the high "modernist" period.

José Martí. The Cuban superhero, just as idolized under Castro as under Batista, with scores of public institutions, places, and commercial products named after him, José Julián Martí y Pérez was born in Havana in 1853, and was equally important in literature and politics. A lifelong rebel against Spanish rule, he was deported to Spain in 1871 (he studied law there) and ejected from Cuba again in 1879; this time, he fled to the United States, and from 1880 until his death New York was his headquarters both for revolutionary activity and for writing (articles and reportage for Spanish-American newspapers; political essays, speeches, and manifestos; and his often brilliant proto-*modernista* verse and creative prose: stories and a novel). In 1892 he became the head of the Cuban Revolutionary Party; joining a group of invaders in 1895, he was killed in action in Cuba, a martyr to his cause.

"La muñeca negra" was first published in the last of the four issues of the children's magazine *La Edad de Oro* (The Golden Age) that

Martí published in New York from July to October, 1889. Most of his extant stories were written for that magazine. Even though he was ostensibly writing for youngsters, "La muñeca negra" features his vivid adult imagination (was little Piedad such a *wunderkind* as her interior monologues would have us believe?), his difficult vocabulary, and his political aspirations (Piedad's bedroom has pictures of Lafayette and Ben Franklin!). It is also grimly interesting to compare this eight-year-old's life style to that of the eight-year-old boy in Lillo's story, below.

Darío Herrera. Born in Panama City in 1870 (while his native land was still a part of Colombia; Panama did not become independent until late 1903), Herrera left Panama in 1898, and traveled widely. After a stay in Chile (the scene of "La zamacueca"), he settled in Buenos Aires, where he met the eminent writer Lugones (also represented in this volume) and contributed to such leading newspapers as *La Nación.* Also a poet and a translator, he was influential on the spread of *modernismo* in Spanish America. As an odd coincidence, when he died in 1914, it was in Valparaíso (the setting of our story), where he was serving as a consul (he had been a diplomat from 1904 on).

Apparently the only volume of his work published in his lifetime was the collection of stories *Horas lejanas* (Faraway Days), brought out in Buenos Aires in 1903 by Arnoldo Moen y H[erma]no. "La zamacueca" was included in this, the earliest set of stories by a Panamanian author; it typifies Herrera's "verbal perfection" and "refined elegance," and is also important as an early look at the *roto,* the lower-class Chilean later to become important in that country's literature.

Baldomero Lillo. Born a miner's son in the southern Chilean mining town of Lota, Lillo worked in local mines in clerical capacities, being too sickly to wield a pick, until moving to Santiago in 1898 after a dispute with a foreman. In the labor movement at first, he was soon given a job in the publishing division of the University of Chile, through the influence of his brother, a professor. He retired at the age of 50, and died of consumption in 1923.

"La compuerta número 12," his most famous story, was first published in the June 1904 issue of *Chile Ilustrado* (Chile Illustrated; probably in Santiago) before being included in the story collection *Sub-terra: Cuadros mineros* (Underground: Pictures from the Life of Miners), Imprenta Moderna, Santiago, 1904. Influenced by Zola's 1885 novel *Germinal,* and based on long personal experience, these stories were "the earliest Spanish-American account of man as a victim of industrialization." Mining has had great economic and political

importance in Chile, and Lillo, known especially for his short stories, has been called "one of the most effective writers of his time."

In 1907 Lillo published a companion volume, *Sub-sole* (Under the Sun), in which the stories, concerning rural and seafaring folk, are more upbeat and lyrical. A couple of story volumes were published posthumously.

Froilán Turcios. Born in 1875 in Juticalpa, Honduras, Froilán (or Froylán) Turcios became his country's leading *modernista*. Greatly influenced by Poe, he wrote stories, poems, and novels, besides serving as a journalist and a diplomat. In 1894 he founded the very influential weekly *El Pensamiento* (Thought). From 1913 to 1915 he was director of the monthly *Ateneo de Honduras* (Honduras Atheneum). He also founded the magazine *Ariel*, which accepted writing from outside Honduras. Turcios died in 1943.

"Salomé" was included in the section called "Cuentos crueles" (Cruel Stories: a reference to Villiers de l'Isle-Adam's 1883 *Contes cruels*) of the prose and verse volume *Hojas de otoño* (Autumn Leaves), Tipografía Nacional, Tegucigalpa, 1904. The biblical figure of Salome was amazingly popular in the decades around 1900 in stories, plays, paintings, opera, and ballet, which usually depicted woman as a destructive natural force, just as the historical Salome was considered responsible for the death of Saint John the Baptist.

Francisco Gavidia. "Father" of *modernismo* in El Salvador, Gavidia was born in the city of San Miguel in 1863. A linguist and scholar, much more retiring than his friend Rubén Darío, Gavidia introduced the Nicaraguan literary giant, four years his junior, to French poetry when Darío arrived in El Salvador in 1882. In Paris, where Gavidia went in 1885 on a rest cure from overwork, he jumped into the Seine. From 1895 on, he became a major educator in El Salvador, and for some time was director of the national library. As the author of stories, poems, historical works, and plays on national and social themes, he was among the first to strengthen the sense of a national literature. He died in 1955.

"La loba" was first published in July 1905 (Vol. 4, No. 19) in the *Diario del Salvador* (El Salvador Daily; probably in San Salvador) and was only included in a volume much later: *Cuentos y narraciones* (Stories and Narratives), Talleres Gráficos Cisneros, San Salvador, 1931. A werewolf story, with a partly autobiographical introduction, it reflects the ever-growing interest in Indians that had already been present in the late 19th century, but it still treats them as picturesque exotics (this viewpoint was to change drastically later in the 20th). The

Mesoamerican belief in the *nahual* (totem; a person's animal counterpart or guardian spirit) is an essential element in the plot. **Ricardo Jaimes Freyre.** The Bolivian writer Jaimes Freyre was born in 1868,[3] and was largely active in Argentina. With Rubén Darío, he founded the Buenos Aires *Revista de América* (American Review) in 1894. He was also a friend of the major writer Lugones. In 1897 he published the volume of verse *Castalia bárbara* (The Barbarian Castalian Spring), considered one of the high points of *modernismo;* it introduced thematic material from Norse mythology to Spanish-language literature. In the 1920s he embarked upon a period of government service and diplomacy in his native Bolivia, but eventually returned to Argentina. At the end of his life he was a professor of literature and a historian in Tucumán. He died in 1933.

Jaimes Freyre's stories apparently were published only in periodicals. "En las montañas" first appeared in the *Revista de Letras y Ciencias Sociales* (Review of Literature and Social Science), Tucumán (Argentina), in 1906 (Vol. 29). When later included in a posthumous anthology (1945), its title was changed to the more flamboyant "Justicia india" (Indian Justice). Here the Indians are no longer merely picturesque, and their oppression by white men is the main theme, but they are not yet seen as fully rounded fellow human beings (let alone possessors of a superior culture in harmony with the universe).

Leopoldo Lugones. Argentina, with Mexico, was one of the major seedbeds of literature throughout the period covered by this volume, and has continued to be so. One of her great sons, whom some critics place on a par with Darío (or at least a close second) as a monarch of *modernismo,* was Lugones, born in Villa María del Río Seco, Córdoba province, in 1874. Arriving in Buenos Aires in the 1890s, he was first involved in journalism, but had made a name as a poet by 1897 (with the volume *Montañas de oro* [Golden Mountains]; followed by many more varied and innovative verse collections down to 1938) and as a story writer by 1905 (*La guerra gaucha* [The Gaucho War]). He visited Europe four times. A socialist, and even anarchist, as a young man, Lugones, influenced by Nietzsche, began flirting with Fascism in the 1920s and eventually became a rabid fascist and jingoist. Suffering from his consequent isolation from the liberal youth of his country, Lugones took his own life in 1938.

---

3. In Tacna, a city that has historically been in both Peru and Chile (now in Peru)—but Jaimes Freyre is always considered a Bolivian.

Besides *La guerra gaucha,* Lugones, a "great technician of prose," published two other story collections, *Las fuerzas extrañas* (Strange Forces) in 1906 and *Cuentos fatales* (Stories of Fate) in 1924. Interested in the occult and in science-fiction, Lugones was a forerunner of later 20th-century Argentinian fantasy writing (Borges, Bioy Casares, Cortázar, . . .) and of Spanish-American "magic realism" (the imaginative handling of local issues, at times with pre-Columbian verbal skills). He excelled at visual descriptions. "La lluvia de fuego," though written well before 1906, first appeared in *Las fuerzas extrañas,* published by Arnoldo Moen y Hno., Buenos Aires, a volume that has been called "an indispensable text" of Spanish-American writing. The story itself has been called "admirable."

Fabio Fiallo. Fiallo was born in 1866 in Santo Domingo, Dominican Republic. He was his country's first important writer of short stories, and remains perhaps her best-known poet; he dominated the national literature in the early 20th century. He served as director of the weekly *El Hogar* (The Hearth) in 1894 and 1895. In 1905 he was cofounder of the periodical *La Campaña* (The Countryside [possibly: The Campaign]). His various volumes of poetry, chiefly love lyrics, appeared between 1902 and 1935. His two collections of stories were *Cuentos frágiles* (Fragile Stories) in 1908 and *Las manzanas de Mefisto* (Mephistopheles's Apples), published in Havana in 1934. Fiallo was jailed several times for anti-U.S. demonstrations. He died in 1942.

"El beso" was included in *Cuentos frágiles,* Imprenta de H. Braeunlich, New York. The volume as a whole glorified the feminine body as an artistic object. (The title of the volume had already been used for an 1883 story collection by the important Mexican proto-*modernista* Manuel Gutiérrez Nájera, 1859–1895.) "El beso" is a conscious offshoot from, or sequel to, the 1888 Rubén Darío story also included in this Dover volume, "El rubí"; indeed, it is not fully comprehensible without a prior knowledge of that story. This is an example of the aristocratic in-group aspect of *modernismo,* at least among its most ethereal practitioners. "El beso" is more of a sketch, allegory, or anecdote than a full-fledged short story in the current sense, but even in that way it is typical of much *modernista* writing.

Horacio Quiroga. With Poe, Maupassant, Kipling, and Chekhov as his models, Quiroga devoted himself almost exclusively to the short-story form, and led the Spanish-American story toward its 20th-century heights, refining its technique and toughening its subject mat-

ter. He has been called the *cuentista* par excellence, the father of *criollismo* and magic realism.

Born in Salto, Uruguay, in 1878, by the turn of the century he was a *modernista* bohemian in Montevideo. Drawn, as so many others, to scintillating Buenos Aires, he became a friend of Lugones and, as official photographer, joined the poet's 1903 cultural expedition to the jungles of northeasternmost Argentina, where the Jesuits had once established missions. Enamored of that inhospitable territory, Quiroga eventually settled there, and used it as the backdrop for many of his best stories, in which human beings are powerless against hostile nature and blind chance (though he was never a merely regional writer in the pejorative sense of that term). The grimness of his own character was surely exacerbated by a grotesquely long string of suicides and other accidental or premature deaths among friends and family (so many that they would strain belief if transferred to a work of fiction). He collected his stories into thematic volumes (nine published between 1904 and 1935) each containing works written at different times; he also wrote important statements on the esthetics of the short story. Quiroga killed himself in 1937 after being diagnosed with cancer.

"A la deriva" is one of his jungle stories that have been acclaimed for their "simple, sure art," verbal economy, and vigorous storytelling. It was first published in the June 7, 1912, issue of the Buenos Aires periodical *Fray Mocho,* and later included in the 1917 volume *Cuentos de amor, de locura y de muerte* (Tales of Love, Madness, and Death), Cooperativa Editorial Limitada, Buenos Aires.

Eloy Fariña Núñez. *Modernismo* came late to Paraguay, a country where creative writing has not always been encouraged by the government, and Fariña Núñez, born in Humaitá in 1885, was its major figure there. Also a poet, playwright, novelist, and essayist, he loved Latin and Greek literature and emphasized the Helladic aspects of *modernismo* (which were derived from the Parnassian poets and were strong in Darío, too). Though devoted to his homeland (he published a long national poem, *Canto secular* [Song of the Ages], in 1911, and compiled an outstanding volume of Guaraní Indian myths), he resided in Buenos Aires in the early years of the 20th century, befriending Lugones and publishing there. He died in 1929.

"La muerte de Pan" is the last of the 13 stories that comprise his 1914 volume *Las vértebras de Pan* (The Vertebrae of Pan), published in Buenos Aires by the Biblioteca Selecta Americana.

Tomás Carrasquilla. Colombia has long enjoyed the reputation of

making the most intimate and idiomatic use of Spanish of any
American nation, and Carrasquilla is one of the supreme Spanish-
language regionalists (in the best sense of the word). Coming relatively late to literature (he was 38 when he began publishing), he
rejected *modernismo* while it was in its heyday, and opted for realism
(or a nonpreachy naturalism; some say, *criollismo*), transforming
everyday folk speech into a personal style (though his wealthy, aristocratic background kept him from identifying himself with common-
ers). He was resolutely noncosmopolitan, and an anti-esthete.

Born in 1858 in Santodomingo, in the department of Antioquia
(which he virtually never left), Carrasquilla found his study of law interrupted by the rebellion of 1876, but eventually managed to become
a judge. He published regional novels from 1896 to 1928, and wrote a
number of important short stories, as well as compiling folktales. A
solitary eccentric, he suffered a bad fall in 1928, went blind in 1934,
and died in 1940.

"San Antoñito," written in 1899, was apparently not published until
1914, when it appeared in a volume named for another story it contained: *El padre Casafús* (Father Casafús), brought out by C. E.
Rodríguez E. in Medellín (the capital of Antioquia). The text, a dense
tissue of witty expressions, is highly idiomatic, full of "Colombianisms"
in general and Antioquia speech in particular, with many references to
ecclesiastical practice and local customs. The present translator may
have been foolhardy to include this story, since the precise meaning of
at least a dozen words and expressions has eluded him (see footnotes
indicating conjectures), but: (1) Carrasquilla is of great importance;
(2) the story is extremely attractive; and (3) any Spanish-American anthology should include *some* regionalism (Carrasquilla is not as difficult as some authors who introduce whole passages in local Indian
languages, or whose pervasive use of rural dialect makes their text im-
penetrable for an outsider).

Rafael Arévalo Martínez. The most important Guatemalan poet
of his generation (active from 1911 to 1960), Arévalo Martínez also
wrote stories, plays, essays, and novels. He was born in Guatemala
City in 1884 and died in 1975; his life is substantially the record of his
writings. From 1926 to 1944 he was director of the national library;
after that, ambassador to the United States. A number of his stories
are "psychological fantasies" without much action, if any: more specifically, they are "psychozoological," the principal character (often
based on a real-life acquaintance) being likened to a given animal, in
a way that reminds many critics of the Mesoamerican Indian belief in

animal guardian spirits (nahuals). Thus, in his 1914 story "El trovador colombiano" (The Colombian Troubadour), there is a faithful, meek "dog-man"; in his 1931 story "La signatura de la esfinge" (The Classification of the Sphinx), the heroine (clearly based on the Chilean poet Gabriela Mistral, an admirer of his work) is like a lioness; other stories feature people who are like elephants, tigers, and monkeys.

Arévalo Martínez's reputation was made by the story included here, which has repeatedly been called the most unusual, most original Spanish-American story of its time: "El hombre que parecía un caballo," written in 1914 and published by itself in 1915 by the Tip[ografía] Arte Nuevo in Quetzaltenango. The real subject of this psychological portrait (the style of which reminds many scholars of Kafka) is usually identified as the Colombian poet Miguel Ángel Osorio Benítez (1883–1942), whose customary pseudonym was Porfirio Barba Jacob, but who at the time of this story called himself Ricardo Arenales (the character in the story is Aretal). Since *Gulliver's Travels* is mentioned in the first paragraph, the author was surely thinking of the intelligent, cultivated race of horses in that novel: the Houyhnhnms. What especially makes this story consistently odd (though fundamentally not hard to understand) is the narrator's way of turning his ideas and emotions into visual metaphors and following those metaphors through relentlessly to their ultimate consequences.

Amado Nervo. One of the foremost Mexican *modernistas,* especially celebrated for his poetry (which changed from lushness to a nonrhetorical simplicity bordering on the prosaic as he developed), Nervo was born in 1870 in Tepic, state of Nayarit. He studied law and theology before moving to Mexico City in 1894, abandoning his plans to become a priest. He worked for the major newspaper *El Imparcial* and published a successful novel in 1895. In 1898 he was a cofounder of one of the most important Mexican literary journals, *La Revista Moderna* (The Modern Review), which ran until 1911. In 1900 he went to Paris as a reporter; there he became a close friend of Rubén Darío. In 1905 he began a diplomatic career. His first collection of stories appeared in 1906. A number of his works are tinged with theosophy and spiritualism. Nervo died in 1919.

"El diamante de la inquietud," which is sometimes called a novella or a short novel, was published in 1917 in the series *La Novela Corta* (The Short Novel), Year 2, No. 62 (presumably in Mexico City). It is the work of a truly cosmopolitan littérateur, at home in many countries and in many languages, for whom no incident in life fails to con-

jure up some apt quotation or cultural illustration, a lover of all the arts, and a serenely philosophical observer of the world with a witty repartee to every blow of fate, however strong his inner emotional response. The suavest of all the stories included here, it is immeasurably rewarding.

Rómulo Gallegos. Fondly remembered as a man, statesman, and patriotic author in his native Venezuela, Gallegos is most famous internationally for his 1929 novel *Doña Bárbara,* about an ambitious and exciting "cattle baroness" on the Venezuelan plains. Born in Caracas in 1884, Gallegos studied law there at the Central University of Venezuela, and taught mathematics and philosophy before entering politics as a progressive liberal. He spent a voluntary exile in Spain from 1931 to 1935, and was elected president of Venezuela in 1947. His term of office, however, lasted only from February to November of 1948, when the military found him too radical and ousted him. New years of exile were spent in Mexico and Cuba until 1958.

As a writer, he achieved fame with his first novel, about the plight of the poor, in 1920, though he had been publishing since 1909, and his first book, the story collection *Los aventureros* (The Adventurers), had appeared in 1913. His fictional oeuvre, largely about common folk in many walks of life and in many regions of his homeland, comprises a sort of national epic. A 1957 novel received the National Prize of Literature, and a prestigious Spanish-American literary prize, awarded every five years, is named for him (the Premio Gallegos). He died in 1969.

Thirty-one of his short stories had been published in periodicals and volumes by 1920; only two more were to follow, in 1922. One of these (also called a short novel) was "Los inmigrantes" (The Immigrants), first published on September 9th of that year in *La Novela Semanal* (Novel of the Week), Caracas. It was included in a volume much later: *La rebelión y otros cuentos* ("The Rebellion" [the other 1922 story] and Other Stories), Librería y Editorial del Maestro, Caracas. Largely a family drama, and incidentally a loving celebration of Venezuelan life, "Los inmigrantes" nevertheless is one of the relatively few stories of this period devoted to immigrants to Spanish America. Caracas was the place in Venezuela most affected by immigration, which was not a strong factor in that country as a whole at the time of the story (the immigrants who go to the provinces have no ghettos, but quickly blend in with the local population) as compared with Argentina and Brazil, where immigrants were crucial to national development.

Spanish-American Short Stories

Cuentos hispanoamericanos

JUAN MONTALVO

Gaspar Blondin

Atravesaba yo los Alpes en una noche tempestuosa, y me acogí a un tambo o posada del camino: silbaba el viento, lurtes inmensos rodaban al abismo, produciendo un ruido funesto en la oscuridad; y en medio de esta naturaleza amenazadora, reunidos los pasajeros, el dueño de casa refirió lo que sigue:

«No ha mucho tiempo llegó aquí un desconocido con el más extraño y pavoroso semblante: mis hijos le temieron al verle, y me rogaron no recibirle en casa. ¿Qué secreto enlobreguecía a ese hombre?, ¿qué horrible crimen pesaba sobre él? No sé. Le designé un cuarto, no muy firme de ánimo yo mismo, suplicándole se recogiese en él, atento que era tarde, si bien a ello me inducía el deseo de librarme de tal huésped. Húbose apenas retirado, cuando dos hombres armados se presentaron en el mesón, inquiriendo por un malandrín, cuyas señas dieron: eran dos gendarmes que le seguían la pista.

»Mas cualquiera que fuese su calidad, nunca habría yo faltado a las costumbres hospitalarias que aprendí de mis padres, quienes me enseñaron a socorrer aun a los criminales cuando se viesen perseguidos. Dije, pues, a los alguaciles que no habíamos visto a ninguna persona de tal gesto como nos la describían. No me lo creyeron, sabuesos de fino olfato como eran, y en derechura se dirigieron al aposento de aquel hombre.

»Placióme el verlos entrar allí, pues, al no intervenir denuncio de mi parte, nada deseaba yo más que verme desocupado de semejante amigo.

»Mas cuáles no fueron mi sorpresa y mi disgusto cuando vi salir a los gendarmes exclamando: Ah, don tambero, ¿en dónde le ha ocultado usted?

»Escaparse no pudo el fugitivo; vile entrar en su cuarto que no tiene

2

JUAN MONTALVO

Gaspar Blondin

I was crossing the Alps one stormy night, and I took refuge in a wayside inn or hostelry: the wind was whistling, immense avalanches were rolling into the chasms, producing a baleful roar in the darkness; and amid this threatening atmosphere, the master of the house assembled the travelers and narrated what follows:

"Not long ago there arrived here a stranger with the oddest and most fearful appearance: on seeing him, my children were afraid and begged me not to give him lodging. What secret made that man so gloomy? What horrible crime weighed upon him? I don't know. I showed him to a room, not feeling very confident myself, and I urged him to remain there, on the pretext that it was very late, though I was really influenced to do so by a desire to rid myself of such a guest. He had hardly retired when two armed men showed up at the inn, inquiring about a malefactor and giving his description: they were two gendarmes following his trail.

"But whatever his status, I would never have broken the laws of hospitality which I had learned from my parents, who had taught me to aid even criminals when I found them being hounded down. So I told the constables that we hadn't seen anyone answering to the description they had given us. They didn't believe me, keen-scented sleuthhounds that they were, and they headed straight for that man's room.

"I was glad to see them enter it, because, not having personally informed on him, I wanted nothing more than to see myself liberated from a friend of that sort.

"But how can I tell you how surprised and displeased I was to see the gendarmes come out exclaiming: 'Say, innkeeper, where have you hidden him?'

"The fugitive couldn't have escaped; I had seen him enter his room,

salida si no es la puerta, de la cual no había apartado yo los ojos. ¿Qué ente extraordinario era ése? »Amenazáronme los ministriles con volver dentro de poco, provistos de mejores órdenes y no dejé de conturbarme. Aún no bien habían salido al camino, cuando oímos un horroroso estrépito en el tugurio del huésped misterioso: vile en seguida aparecer en el dintel de su puerta, salir precipitado, y venir a caer a mis pies echando espuma por la boca, todo desarrapado y contorcido. Los gendarmes volvieron, le prendieron, le amarraron, y en volandas le llevaron, a pesar de la profunda oscuridad y de la lluvia que caía a torrentes.

»Al otro día supe en el pueblo vecino que ese hombre perturbaba todos los alrededores hacía algunos meses: oculto de día, rondaba de noche. Decíanse de él cosas muy inverosímiles, y muy de temer, si verdaderas; pero su único crimen conocido y probado era la muerte de su esposa.

»Su querida, por cuyo amor había obrado esa acción abominable, se volvió por su influencia personaje tan raro y peligroso como él: temíanla los niños sin motivo, las mujeres evitaban su encuentro, y cuando la veían mal grado suyo, menudeaban las cruces en el pecho. Y aún dicen que sobrepujó a su amante en las negras acciones, metiéndose tan adentro en el comercio de los espíritus malignos que le fue funesta a él mismo.

»Un día citó a su hombre a un caserón botado, tristes ruinas por las cuales nadie se atrevía a pasar de noche; era fama que un fantasma se había apoderado de ellas, y que en las horas de silencio acudía allá una legión de brujas y demonios a consumar los más pavorosos misterios, en medio de carcajadas, aullidos y lamentos capaces de traer el cielo abajo.

»Suenan las doce, viene el amante: llama a la puerta, llama . . . Nada; responde sólo el eco. ¿Duerme la bella?, ¿faltó a la cita? Un leve aleteo se deja oír sobre un viejo sauce del camino; luego un suspiro largo y profundo; luego estas palabras en quejumbroso acento: "¡Mucho has tardado, amigo mío!". Y como al volverse nada vio el desconocido, con voz siniestra prorrumpió: "¡Casta maldita!, en vano procuras engañarme: acuérdate que la fosa húmeda todavía, y que . . . Ah, tú me las pagarás". "¿Qué tienes, Gaspar?", dijo su querida, arrojándose de súbito en sus brazos; "¿de qué te quejas? . . . ¡Duro, duro!, estréchame contra tu corazón". Y como el diablo de hombre fuese acometido por un arranque de amor irresistible, abrazóla como para matarla: ¡Angélica!, exclamaba, ¡Angélica de mi alma!, las estrellas no son sino asquerosos insectos que roen la bóveda celeste. Mas luego

which has no other exit besides the door, which I had kept in view the whole time. What extraordinary being was he?

"The policemen threatened to come back soon, bringing more strongly worded warrants, and I was definitely upset. They were scarcely back on the road again when we heard a terrible racket in the mysterious guest's little room: then I saw him appear in his doorway, come out in a hurry, and fall at my feet, his mouth foaming; he was all ragged and twisted. The gendarmes returned, apprehended him, tied him up, and whisked him away briskly, despite the deep darkness and the rain which was falling in torrents.

"The next day I heard at the village near here that that man had been disturbing the entire vicinity for several months: hiding by day, he circulated at night. There were said of him things that were quite improbable, and very frightening if true; but his only known and proved crime was the death of his wife.

"His mistress, for love of whom he had performed that abominable deed, had become through his influence a character as strange and dangerous as he was: children feared her for no reason, women avoided encountering her, and when they did see her unwillingly, they crossed their heart over and over again. And they even say that she outdid her lover in nefarious deeds, becoming so proficient in trafficking with evil spirits that she frightened even him.

"One day she asked the man to meet her at a broken-down house, dismal ruins which no one dared to cross at night; rumor had it that a ghost had taken possession of them, and that in the hours of silence a legion of witches and devils assembled there to celebrate the most horrifying rites, amid guffaws, howls, and wails capable of pulling down the skies.

"At the stroke of twelve, her lover came; he knocked and knocked at the door . . . To no avail; only the echo replied. Was the beautiful woman sleeping? Had she stood him up? A light wingbeat was heard above an old willow by the road; then a long, deep sigh; then these words in a mournful tone: 'You're very late, my friend!' And since the stranger, on looking all around, saw nothing, he exclaimed in a sinister voice: 'Accursed brood! In vain do you seek to deceive me: recall that the grave, still damp, and that . . . Ah, you'll pay me for everything.' 'What's wrong with you, Gaspar?' asked his mistress, suddenly flinging herself into his arms. 'What are you complaining of? . . . Tightly, tightly, hug me to your heart!' And since that devil of a man was assailed by an upsurge of irresistible love, he embraced her as if he would kill her. 'Angélica!' he kept calling, 'Angélica of my soul!

echó de ver que apretaba en vano, que a nadie tenía entre sus brazos. Horrorizado él mismo, huyóse dando un grito espantoso en las tinieblas.

»Al otro día un hombre del campo vino a quejarse al teniente del pueblo de que su hijita había desaparecido impensadamente de la casa. Dijo el triste, con lágrimas que a lo largo rodaban por su rostro, que abrigaba sospechas vehementes contra un tal Gaspar Blondin, hombre de tenebrosas costumbres, que ocultaba su vida envuelto en el misterio. Habíasele visto la tarde anterior rondando por los alrededores de la casa, y aun entró en ella sin objeto conocido; y como la niña jugaba en el patio, acarició la, y dirigiéndose a su padre le dijo: "Bella niña, bella niña, mi querido Cornifiche; ¿la vende usted?". Los perros se lanzaron sobre él, y desapareció por la quebrada.

»Pasó la noche, amaneció Dios, la cama de la muchacha se encontró vacía. Blondin no apareció en ninguna parte, a pesar de que todos los parientes y amigos del campesino echaron a buscarle. El pobre paisano lloraba tanto más cuanto que, decía, en su vida se había llamado Cornifiche.

»La tarde del mismo día que tuvo lugar esta demanda, Blondin acudió a buscar a su querida en los escombros conocidos: "¡Todo se ha perdido!, —exclamó ésta así como le vio—: el monstruo ha dado a luz tres ángeles. ¡Mira, Gaspar!, en vano, en vano te amo . . . Pero has hecho bien en traerme a mi chiquilla. ¡Aureliana, Aureliana!", decía rompiendo la cara a besos a la niña que Blondin acababa de presentarle; el gato maúlla, el mono grita, la olla hierve . . . "¡Ven, ven, Gaspar!", añadió y arrastró a su amante al interior de un cuarto hundido y sin culata, en donde largo tiempo había que murciélagos tenían sus hogares.

»Blondin encontró la cama fría como nieve: guardaba silencio su querida, y a la luz de un mechero que alumbraba la estancia turbiamente, echó de ver que lo que tenía en sus brazos era el cadáver sangriento de su esposa. Volvió a correr horrorizado, y desde entonces ni más se ha vuelto a ver al tal Blondin.

—¿Cómo le hubieran visto? —dijo a esta sazón uno de los oyentes, el cual, habiendo entrado mientras el tambero recitaba su tragedia, se dejó estar a la sombra en un rincón del comedor—; ¿cómo le hubieran visto?; le ahorcaron en Turín hace dos meses.

—¡Yo lo sé muy bien! —repuso el tambero medio enojado—. ¡*Capo di Dio!*, ¿por qué no me deja usted concluir la relación de mi historia? Huéspedes hay muy indiscretos.

The stars are merely loathsome insects gnawing the vault of heaven.' But then he realized that he was embracing nothing, that he held no one in his arms. Horror-struck himself, he fled, uttering a fearsome cry in the darkness.

"The next day a rustic came to the deputy mayor of the village to complain that his little daughter had unexpectedly disappeared from home. The unhappy man, tears streaming down his face, said that he strongly suspected someone called Gaspar Blondin, a man of mysterious habits, whose doings were concealed, wrapped in mystery. He had been seen the evening before prowling around the house, and he had even entered it for no known reason; finding the little girl playing in the patio, he had caressed her, and he had addressed her father, saying: 'A lovely girl, a lovely girl, my dear Cornifiche; would you sell her?' The dogs had attacked him, and he had vanished in the ravine.

"The night had gone by, and God had sent the dawn, and the girl's bed was found empty. There was no trace of Blondin anywhere, even though all of the farmer's relatives and friends went out searching for him. The poor peasant kept weeping all the more because, as he said, never in his life had he been called Cornifiche.

"On the evening of that same day when the complaint had been lodged, Blondin showed up in search of his mistress at the above-mentioned ruins. 'All is lost!' she exclaimed the moment she saw him. 'The monster has given birth to three angels. Look, Gaspar, it's in vain, in vain that I love you . . . But you did well to bring me my little girl. Aureliana, Aureliana!' she repeated, violently kissing the face of the girl whom Blondin had just presented to her. 'The cat meows, the monkey screams, the pot boils. . . . Come, come, Gaspar!' she added, and she dragged her lover into a room with a sunken floor and no rear wall, in which for some time bats had set up residence.

"Blondin found the bed cold as snow: his mistress kept silence, and by the light of a burner that illuminated the room only murkily, he saw that what he held in his arms was the bleeding corpse of his wife. He dashed away again horror-struck, and from that time on Blondin has never been seen again."

"How could he have been seen?" one of the listeners said at that moment; he had come in while the innkeeper was narrating his tragic story, and had remained in the shade in a corner of the dining room. "How could he have been seen? He was hanged in Turin two months ago."

"I'm very well aware of that!" replied the innkeeper, rather angrily. "By God's head! Why can't you let me finish telling my story? Some customers are very indiscreet."

—No tenga usted cuidado, señor alojero —replicó el desconocido—; va usted a concluirla en términos mejores.

Y levantándose de su rincón se acercó a nosotros, al mismo tiempo que se alzaba su gran sombrero auberniano de ancha ala. Miróle el tambero con ojos azorados, palideció, y gritó cayendo para atrás: ¡Blondin! . . . , él es.

RUBÉN DARÍO

El rubí

—¡Ah! ¡Conque es cierto! ¡Conque ese sabio parisiense ha logrado sacar del fondo de sus retortas, de sus matraces, la púrpura cristalina de que están incrustados los muros de mi palacio!

Y al decir esto, el pequeño gnomo iba y venía, de un lugar a otro, a cortos saltos, por la honda cueva que le servía de morada; y hacía temblar su larga barba y el cascabel de su gorro azul y puntiagudo.

En efecto, un amigo del centenario Chevreul —cuasi Althotas—, el químico Fremy, acababa de descubrir la manera de hacer rubíes y zafiros.

Agitado, conmovido, el gnomo —que era sabidor y de genio harto vivaz— seguía monologando.

—¡Ah, sabios de la Edad Media! ¡Ah, Alberto *el Grande,* Averroes, Raimundo Lulio! Vosotros no pudisteis ver brillar el gran sol de la piedra filosofal, y he aquí que sin estudiar las fórmulas aristotélicas, sin saber cábala y nigromancia, llega un hombre del siglo decimonono a formar a la luz del día lo que nosotros fabricamos en nuestros subterráneos. ¡Pues el conjuro! Fusión por veinte días de una mezcla de sílice y de aluminato de plomo; coloración con bicromato de potasa o con óxido de cobalto. Palabras en verdad que parecen lengua diabólica.

Risa.

Luego se detuvo.

"Don't let that worry you, my good host," the stranger retorted. "You're going to finish it in an even better way."

And, arising from his corner, he drew near us, while at the same time raising his large, broad-brimmed Auvergnat hat. The innkeeper gazed at him with eyes aghast, turned pale, and, falling backward, shouted: "Blondin! . . . It's him!"

RUBÉN DARÍO

The Ruby

"Ah! And so it's true! And so this Parisian scientist has succeeded in drawing from the bottom of his retorts and apothecary vessels the crystalline purple with which the walls of my palace are encrusted!"

And as he said this, the little gnome shifted to and fro, from one spot to another, in short jumps, across the deep cave that served him as a dwelling; and he made his long beard and the bell on his pointed blue cap tremble.

Indeed, a friend of the centenarian Chevreul—a virtual Althotas— the chemist Fremy, had just discovered the way to manufacture rubies and sapphires.[1]

In his agitation and excitement, the gnome—who was a scholar and was of a quite volatile temperament—continued his monologue.

"Ah, you scientists of the Middle Ages! Ah, Albertus Magnus, Averroes, Ramon Lull! You were unable to see the glow of the great sun of the philosophers' stone, and now, without studying the Aristotelian formulas, without knowing Cabala or nigromancy, there comes a man of the nineteenth century to create by the light of day that which we produce in our underground realm. And what a spell he pronounces! Fusion for twenty days of a mixture of silica and aluminate of lead; coloring with bichromate of potassium or with cobalt oxyde. Words which truly resemble the language of the devil!"

Laughter.

Then he came to a halt.

---

1. Michel-Eugène Chevreul (1786–1889), the famous French scientist. Edmond Fremy (1814–1894), who synthesized gems. Althotas: an alchemist in the 1848 novel *Joseph Balsamo* by Dumas *père*.

❋

El cuerpo del delito estaba allí, en el centro de la gruta, sobre una gran roca de oro; un pequeño rubí, redondo, un tanto reluciente, como un grano de granada al sol.

El gnomo tocó un cuerno, el que llevaba a su cintura, y el eco resonó por las vastas concavidades. Al rato, un bullicio, un tropel, una algazara. Todos los gnomos habían llegado.

Era la cueva ancha, y había en ella una claridad extraña y blanca. Era la claridad de los carbunclos que en el techo de piedra centelleaban, incrustados, hundidos, apiñados, en focos múltiples; una dulce luz lo iluminaba todo.

A aquellos resplandores podía verse la maravillosa mansión en todo su esplendor. En los muros, sobre pedazos de plata y oro, entre venas de lapislázuli, formaban caprichosos dibujos, como los arabescos de una mezquita, gran muchedumbre de piedras preciosas. Los diamantes, blancos y limpios como gotas de agua, emergían los iris de sus cristalizaciones; cerca de calcedonias colgantes en estalactitas, las esmeraldas esparcían sus resplandores verdes; y los zafiros, en amontonamientos raros, en ramilletes que pendían del cuarzo, semejaban grandes flores azules y temblorosas.

Los topacios dorados, las amatistas, circundaban en franjas el recinto; y en el pavimento, cuajado de ópalos, sobre la pulida crisofasia y el ágata, brotaba de trecho en trecho un hilo de agua, que caía con una dulzura musical, a gotas armónicas, como las de una flauta metálica soplada muy levemente.

¡Puck se había entrometido en el asunto, el pícaro Puck! Él había llevado el cuerpo del delito, el rubí falsificado, el que estaba ahí, sobre la roca de oro, como una profanación entre el centelleo de todo aquel encanto.

Cuando los gnomos estuvieron juntos, unos con sus martillos y cortas hachas en las manos, otros de gala, con caperuzas flamantes y encarnadas, llenas de pedrería, todos curiosos, Puck dijo así:

—Me habéis pedido que os trajese una muestra de la nueva falsificación humana, y he satisfecho esos deseos.

Los gnomos, sentados a la turca, se tiraban de los bigotes; daban las gracias a Puck con una pausada inclinación de cabeza, y los más cercanos a él examinaban con gesto de asombro las lindas alas, semejantes a las de un hipsipilo.

Continuó:

—¡Oh, Tierra! ¡Oh, Mujer! Desde el tiempo en que veía a Titania no he sido sino un esclavo de la una, un adorador casi místico de la otra.

✳

There was the corpus delicti, in the middle of the grotto, on a large gold rock: a small ruby, round, gleaming faintly, like a pomegranate seed in the sun.

The gnome blew a horn, the one he wore in his belt, and the echo resounded through the vast spaces. Soon there was a stirring, a crowd, a hubbub. All the gnomes had arrived.

The cave was wide, and in it there was a strange white brightness. It was the brightness of the garnets twinkling in the stony ceiling, encrusted, deeply sunk, clustered, with multiple focal points; everything was illuminated by a soft light.

In that glow the wondrous residence could be seen in all its splendor. On the walls, over pieces of silver and gold, amid veins of lapis lazuli, capricious designs, like the arabesques of a mosque, were formed by a huge number of precious stones. The diamonds, white and clear as water drops, displayed the rainbows of their crystal formations; near chalcedonies hanging like stalactites, the emeralds shed abroad their green beams; and the sapphires, in strange heaps, in bunches hanging from the quartz, resembled large blue, tremulous flowers.

The golden topazes, the amethysts, encircled the enclosure in fringes; and on the floor, thick with opals, over the polished chrysoprase and agate, a thin stream of water issued here and there, falling with a musical sweetness, in harmonious drops, like those of a metal flute played very softly.

Puck had meddled in the business, that rogue Puck! He had placed the corpus delicti, the artificial ruby, the one that was present, on the gold rock, like a profanation amid the twinkling of all that enchantment.

After the gnomes had assembled, some with their hammers and hatchets in their hands, others elegantly clad, with brand-new, bright red hoods covered with gems, and all of them filled with curiosity, Puck said:

"You've asked me to bring you a sample of the new human counterfeiting, and I have complied with those wishes."

The gnomes, seated Turkish fashion, were tugging at their mustaches; they thanked Puck with a slow bowing of their heads, and those closest to him were examining with an awed expression his pretty wings, like those of a large butterfly.

He continued:

"O earth! O woman! Ever since I beheld Titania, I have been merely a slave of the one and a nearly mystical worshipper of the other."

Y luego, como si hablase en el placer de un sueño:

—¡Esos rubíes! En la gran ciudad de París, volando invisible, los vi por todas partes. Brillaban en los collares de las cortesanas, en las condecoraciones exóticas de los rastacueros, en los anillos de los príncipes italianos y en los brazaletes de las primadonas.

Y con pícara sonrisa siempre:

—Yo me colé hasta cierto gabinete rosado muy en boga . . . Había una hermosa mujer dormida. Del cuello le arranqué un medallón y del medallón el rubí. Ahí lo tenéis.

Todos soltaron la carcajada. ¡Qué cascabeleo!

—¡Eh, amigo Puck!

¡Y dieron su opinión después, acerca de aquella piedra falsa, obra de hombre, o de sabio, que es peor!

—¡Vidrio!

—¡Maleficio!

—¡Ponzoña y cábala!

—¡Química!

—¡Pretender imitar un fragmento del iris!

—¡El tesoro rubicundo de lo hondo del globo!

—¡Hecho de rayos del poniente solidificados!

El gnomo más viejo, andando con sus piernas torcidas, su gran barba nevada, su aspecto de patriarca hecho pasa, su cara llena de arrugas:

—¡Señores! —dijo—. ¡No sabéis lo que habláis!

Todos escucharon.

—Yo, yo soy el más viejo de vosotros, puesto que apenas sirvo ya para martillar las facetas de los diamantes; yo, que he visto formarse estos hondos alcázares; que he cincelado los huesos de la tierra, que he amasado el oro, que he dado un día un puñetazo a un muro de piedra, y caí a un lago donde violé a una ninfa; yo, el viejo, os referiré cómo se hizo el rubí.

—Oíd.

✽

Puck sonreía, curioso. Todos los gnomos rodearon al anciano, cuyas canas palidecían a los resplandores de la pedrería y cuyas manos extendían su movible sombra en los muros, cubiertos de piedras preciosas, como un lienzo lleno de miel donde se arrojasen granos de arroz.

—Un día, nosotros, los escuadrones que tenemos a nuestro cargo las minas de diamantes, tuvimos una huelga que conmovió toda la tierra, y salimos en fuga por los cráteres de los volcanes.

And then, as if speaking amid the delight of a dream:
"Those rubies! In the great city of Paris, flying around invisible, I saw them everywhere. They were shining in the necklaces of the courtesans, in the exotic medals of the Latin American playboys, in the rings of the Italian princes, and in the bracelets of the opera divas."
And, retaining his roguish smile:
"I slipped into a certain very fashionable pink boudoir . . . A beautiful woman was sleeping there. From her neck I tore a locket, and from the locket this ruby. And here you have it."
They all burst out laughing. What a jingling of bells!
"Oh, our friend Puck!"
And then they gave their opinions about that fake gem, the work of man—or of science, which is worse!
"Glass!"
"An evil spell!"
"Heresy and cabalism!"
"Chemistry!"
"To dare imitate a fragment of the rainbow!"
"The ruddy treasure from the depths of the globe!"
"Made of solidified beams of the setting sun!"
The oldest gnome, who walked about on twisted legs, sporting a long, snowy beard and resembling a patriarch who had dried up like a raisin, so full of wrinkles was his face, said:
"Gentlemen! You don't know what you're saying!"
Everyone stopped to listen.
"I, I am the eldest among you, since I'm now hardly able even to hammer out the facets of the diamonds; I, who have seen these deep palaces being formed; who have chiseled out the bones of the earth, who have amassed gold; I who one day punched a stone wall and fell into a lake where I raped a nymph; I, the old man, will relate to you how the ruby was made.
"Listen."

✳

Puck was smiling in his curiosity. All the gnomes gathered around the ancient, whose white hair grew pale in the gleams from the gems, and whose hands cast a moving shadow on the walls, which were covered with precious stones, like a honey-coated cloth onto which grains of rice are tossed.
"One day we, the squadrons who are in charge of the diamond mines, declared a strike that agitated the whole earth, and we escaped through the craters of the volcanoes.

"El mundo estaba alegre, todo era vigor y juventud; y las rosas, y las hojas verdes y frescas, y los pájaros en cuyos buches entra el grano y brota el gorjeo, y el campo todo, saludaban al sol y a la primavera fragante.

"Estaba el monte armónico y florido, lleno de trinos y de abejas; era una grande y santa nupcia la que celebraba la luz, en el árbol la savia ardía profundamente, y en el animal todo era estremecimiento o balido o cántico, y en el gnomo había risa y placer.

"Yo había salido por un cráter apagado. Ante mis ojos había un campo extenso. De un salto me puse sobre un gran árbol, una encina añeja. Luego bajé al tronco, y me hallé cerca de un arroyo, un río pequeño y claro donde las aguas charlaban diciéndose bromas cristalinas. Yo tenía sed. Quise beber allí . . . Ahora, oíd mejor.

"Brazos, espaldas, senos desnudos, azucenas, rosas, panecillos de marfil coronados de cerezas; ecos de risas áureas, festivas; y allá, entre espumas, entre las linfas rotas, bajo las verdes ramas . . ."

—¿Ninfas?

—No, mujeres.

❋

—Yo sabía cuál era mi gruta. Con dar un golpe en el suelo, abría la arena negra y llegaba a mi dominio. ¡Vosotros, pobrecillos, gnomos jóvenes, tenéis mucho que aprender!

"Bajo los retoños de unos helechos nuevos me escurrí, sobre unas piedras deslavadas por la corriente espumosa y parlante; y a ella, a la hermosa, a la mujer, la así de la cintura, con este brazo antes tan musculoso; gritó, golpeé el suelo; descendimos. Arriba quedó el asombro, abajo el gnomo soberbio y vencedor.

"Un día yo martillaba un trozo de diamante inmenso, que brillaba como un astro y que al golpe de mi maza se hacía pedazos.

"El pavimento de mi taller se asemejaba a los restos de un sol hecho trizas. La mujer amada descansaba a un lado, rosa de carne entre maceteros de zafir, emperatriz del oro, en un lecho de cristal de roca, toda desnuda y espléndida como una diosa.

"Pero en el fondo de mis dominios, mi reina, mi querida, mi bella, me engañaba. Cuando el hombre ama de veras, su pasión lo penetra todo, y es capaz de traspasar la tierra.

"Ella amaba a un hombre, y desde su prisión le enviaba sus suspiros. Éstos pasaban los poros de la corteza terrestre y llegaban a él; y él, amándola también, besaba las rosas de cierto jardín; y ella, la enamorada, tenía —yo lo notaba— convulsiones súbitas en que estiraba

"The world was cheerful, all was vigor and youth: the roses, and the fresh green leaves, and the birds in whose crops the seed enters and the song sprouts, and the whole countryside were all greeting the sun and the fragrant springtime.

"The woods were harmonious and flowery, full of trills and bees; it was a great, sacred marriage that the light was celebrating; in each tree the sap was burning deeply, and in every animal there was excitement or cries or songs, and in every gnome there was laughter and joy.

"I had emerged by way of an extinct crater. Before my eyes lay a wide countryside. With one leap I ascended a tall tree, an age-old holm oak. Then I descended its trunk and found myself near a brook, a small, clear stream whose waters were chattering, telling one another crystalline jokes. I was thirsty. I wanted to drink there . . . Now, listen closely.

"Arms, shoulders, breasts bare, lilies, roses, small ivory loaves topped with cherries; echoes of golden, festive laughter; and there, amid the foam, amid the sundered waters, beneath the green boughs . . ."

"Nymphs?"

"No, women."

❋

"I knew which cave was mine. At a mere stamp on the ground, I opened the black sand and reached my domain. You poor little young gnomes still have a lot to learn!

"Beneath the shoots of some young ferns I slipped in, over some stones faded by the foaming, garrulous current; and her, the lovely one, the woman, I seized by the belt, with this arm formerly so muscular; she screamed, I stamped on the ground; we descended. Above remained the fright; below, the proud, victorious gnome.

"One day I was hammering a huge chunk of diamond, which was shining like a star and was crumbling beneath the blows of my mallet.

"The floor of my workshop resembled the remains of an exploded sun. The woman I loved was resting off to one side, a flesh-and-blood rose amid sapphire flowerpots, an empress of gold, on a couch of rock crystal, all nude and radiant as a goddess.

"But in the depths of my domains my queen, my beloved, my beauty was betraying me. When a man is truly in love, his passion pervades him entirely, and he is able to pierce the earth.

"She loved a man, and from her prison she sent him her sighs, which passed through the pores of the earth's crust and reached him; and he, loving her in return, used to kiss the roses in a certain garden; and she, the woman in love—I noticed this—had sudden convulsions

sus labios rosados y frescos como pétalos de centifolia. ¿Cómo ambos se sentían? Con ser quien soy, no lo sé.

✳

"Había acabado yo mi trabajo: un gran montón de diamantes hechos en un día; la tierra abría sus grietas de granito como labios con sed, esperando el brillante despedazamiento del rico cristal. Al fin de la faena, cansado, di un martillazo que rompió una roca y me dormí.

"Desperté al rato, al oír algo como gemido.

"De su lecho, de su mansión más luminosa y rica que la de todas las reinas del Oriente, había volado fugitiva, desesperada, la amada mía, la mujer robada. ¡Ay! Y queriendo huir por el agujero abierto por mi maza de granito, desnuda y bella, destrozó su cuerpo blanco y suave como de azahar y mármol y rosa, en los filos de los diamantes rotos. Heridos sus costados, chorreaba la sangre; los quejidos eran conmovedores hasta las lágrimas. ¡Oh dolor!

"Yo desperté, la tomé en mis brazos, le di mis besos más ardientes; mas la sangre corría inundando el recinto, y la gran masa diamantina se teñía de grana.

"Me parecía que sentía, al darle un beso, un perfume salido de aquella boca encendida: el alma; el cuerpo quedó inerte.

"Cuando el gran patriarca nuestro, el centenario semidiós de las entrañas terrestres, pasó por allí, encontró aquella muchedumbre de diamantes rojos . . ."

✳

Pausa.

—¿Habéis comprendido?

Los gnomos, muy graves, se levantaron.

Examinaron más de cerca la piedra falsa, hechura del sabio.

—¡Mirad, no tiene facetas!

—Brilla pálidamente.

—¡Impostura!

—¡Es redonda como la coraza de un escarabajo!

Y en ronda, uno por aquí, otro por allá, fueron a arrancar de los muros pedazos de arabesco, rubíes grandes como una naranja, rojos y chispeantes como un diamante hecho sangre; y decían:

—He aquí lo nuestro, ¡oh madre Tierra!

Aquello era una orgía de brillo y de color.

Y lanzaban al aire gigantescas piedras luminosas y reían.

De pronto, con toda la dignidad de un gnomo:

during which she would pucker her lips, fresh and pink as centifolia[2] petals. How did they both feel? Being what I am, I don't know."

❊

"I had finished my work: a large heap of diamonds made in one day; the earth was opening its granite cracks like thirsty lips, awaiting the brilliant crumbling of the rich crystal. At the end of the chore, weary, I gave a hammer blow that broke a rock and I fell asleep.

"I soon awoke, on hearing something like a moan.

"From her couch, from her dwelling that was more luminous and rich than that of any Oriental queen, my beloved, the woman I had abducted, had fled, a desperate fugitive. Alas! And, on attempting to escape through the hole opened by my granite mallet, naked and beautiful as she was, she had mangled her body, white and soft as if made of orange blossom, marble, and rose, against the edges of the broken diamonds. Blood gushed from her wounded sides; her laments moved me to tears. Oh, what grief!

"I awoke, I took her in my arms, I gave her my hottest kisses; but her blood was flowing and flooding the area, and the great mass of diamond was being tinged with crimson.

"On kissing her, I seemed to sense a fragrance issuing from those red, red lips: her soul. Her body remained limp.

"When our great patriarch, the centenarian demigod of the earth's interior, passed that way, he found that multitude of red diamonds . . ."

❊

A pause.

"Have you understood?"

The gnome, very serious, arose.

They examined more closely the fake gem, the scientist's creation.

"Look, it has no facets!"

"Its glow is feeble."

"An imposture!"

"It's as round as a beetle's armored back!"

And all around, one here and another there, they pulled from the walls pieces of their Moorish cladding, rubies big as an orange, red and sparkling as a diamond turned to blood; and they said:

"Here are our real gems, O mother earth!"

It was an orgy of brightness and color.

And they hurled gigantic radiant stones into the air, and laughed.

Suddenly, with all the dignity of a gnome:

2. Presumably the rose *Rosa centifolia.*

—¡Y bien! El desprecio.

Se comprendieron todos. Tomaron el rubí falso, lo despedazaron y arrojaron los fragmentos —con desdén terrible— a un hoyo que abajo daba a una antiquísima selva carbonizada.

Después, sobre sus rubíes, sobre sus ópalos, entre aquellas paredes resplandecientes, empezaron a bailar asidos de las manos una farandola loca y sonora.

Y celebraron con risas el verse grandes en la sombra.

❊

Ya Puck volaba afuera, en el abejeo del alba recién nacida, camino de una pradera en flor. Y murmuraba —¡siempre con su sonrisa sonrosada!—:

—Tierra . . . Mujer . . .

"Porque tú, ¡oh madre Tierra!, eres grande, fecunda, de seno inextinguible y sacro; y de tu vientre moreno brota la savia de los troncos robustos, y el oro y el agua diamantina, y la casta flor de lis. ¡Lo puro, lo fuerte, lo infalsificable! ¡Y tú, Mujer, eres espíritu y carne, toda amor!"

RICARDO PALMA

El alacrán de fray Gómez

(*A Casimiro Prieto Valdés.*)

Principio principiando;
principiar quiero
por ver si principiando
principiar puedo.

"In diebus illis", digo, cuando yo era muchacho, oía con frecuencia a las viejas exclamar, ponderando el mérito y precio de una alhaja: —¡Esto vale tanto como el alacrán de fray Gómez!

Tengo una chica, remate de lo bueno, flor de la gracia y espumita de la sal, con unos ojos más pícaros y trapisondistas que un par de escribanos:

chica que se parece
al lucero del alba
cuando amanece,

"Yes, yes! Our scorn!"
They all understood. They took the fake ruby, broke it to pieces, and flung the fragments—with terrible disdain—into a pit which ended in an extremely ancient charred forest.
Afterward, on their rubies, on their opals, between those resplendent walls, they held hands and began to dance a wild, noisy farandole. And they greeted with laughter the sight of their huge shadows on the walls.

*

Puck was already flying out, in the swarming of the new-born dawn, on his way to a flowery meadow. And he was murmuring (with his constant pink smile):
"Earth . . . Woman . . .
"Because you, mother earth, are great, fertile, with sacred, inexhaustible breasts; and from your swarthy womb arises the sap of the sturdy tree trunks, and gold and diamond-like water, and the chaste fleur-de-lis. All that is pure and strong and cannot be counterfeited! And you, woman, are spirit and flesh, and you are love through and through!"

RICARDO PALMA

Brother Gómez's Scorpion

(To Casimiro Prieto Valdés.)

I begin by beginning;
I wish to begin
to see if by beginning
I can begin.

"In the good old days," that is when I was a boy, I often heard old ladies shout when they were appraising the merits and value of a piece of jewelry: "This is worth as much as Brother Gómez's scorpion!"
I have a daughter, the last word in fineness, a flower of grace and the cream of charm, with eyes more roguish and sly than a couple of notaries:

a girl who resembles
the morning star
at dawn,

al cual pimpollo he bautizado, en mi paternal chochera, con el mote de alacrancito de fray Gómez. Y explicar el dicho de las viejas y el sentido del piropo con que agasajo a mi Angélica, es lo que me propongo, amigo y camarada Prieto, con esta tradición.

El sastre paga deudas con puntadas, y yo no tengo otra manera de satisfacer la literaria que con usted he contraído que dedicándole estos cuatro palotes.

I

Éste era un lego contemporáneo de don Juan de la Pipirindica, el de la valiente pica, y de San Francisco Solano; el cual lego desempeñaba en Lima, en el convento de los padres seráficos, las funciones de refitolero en la enfermería u hospital de los devotos frailes. El pueblo lo llamaba fray Gómez, y fray Gómez lo llaman las crónicas conventuales, y la tradición lo conoce por fray Gómez. Creo que hasta en el expediente que para su beatificación y canonización existe en Roma no se le da otro nombre.

Fray Gómez hizo en mi tierra milagros a mantas, sin darse cuenta de ellos y como quien no quiere la cosa. Era de suyo milagrero, como aquel que hablaba en prosa sin sospecharlo.

Sucedió que un día iba el lego por el puente, cuando un caballo desbocado arrojó sobre las losas al jinete. El infeliz quedó patitieso, con la cabeza hecha una criba y arrojando sangre por boca y narices.

—¡Se descalabró, se descalabró! —gritaba la gente—. ¡Que vayan a San Lázaro por el santo óleo!

Y todo era bullicio y alharaca.

Fran Gómez acercóse pausadamente al que yacía en tierra, púsole sobre la boca el cordón de su hábito, echóle tres bendiciones, y sin más médico ni más botica el descalabrado se levantó tan fresco, como si el golpe no hubiera recibido.

—¡Milagro, milagro! ¡Viva fray Gómez! —exclamaron los infinitos espectadores.

Y en su entusiasmo intentaron llevar en triunfo al lego. Éste, para

and this offspring, in my fatherly doting, I have baptized with the nickname "little scorpion of Brother Gómez." And to explain both the old ladies' saying and the meaning of the compliment I bestow on my Angélica[1] is what I have in mind, my friend and comrade Prieto, with this legend. A tailor pays debts with stitches, and I have no other way to pay the literary debt I owe to you than to dedicate this short scrawl to you.

I

He was a lay brother who lived in the days of Don Juan de la Pipirindica, he of the valiant pike, and of Saint Francisco Solano;[2] this lay brother, in Lima, at the Franciscan monastery, performed the duties of head of the refectory in the infirmary or hospital of the devout friars. The townspeople called him Brother Gómez, and the monastery chronicles call him Brother Gómez, and legend knows him as Brother Gómez. I believe that, even in the paperwork in Rome recommending his beatification and canonization, he is given no other name.

In my land Brother Gómez performed miracles by the bushel, not realizing he was so doing and seemingly without wanting to. He was just naturally a miracle worker, like a man speaking prose without being aware of it.[3]

It came about that one day the lay brother was crossing the bridge when a runaway horse threw its rider onto the stone paving. The poor victim lay there with paralyzed legs, his head riddled like a sieve, and blood spurting from mouth and nose.

"His skull is fractured, his skull is fractured!" the people were yelling. "Send to San Lázaro for the extreme unction!"

And all was hubbub and bother.

Brother Gómez unhurriedly approached the man lying on the ground, placed the cord of his habit on his mouth, uttered three blessings, and without any other doctor or medicine the man with a fractured skull stood up as hale and hearty as if he had never received a blow.

"A miracle, a miracle! Long live Brother Gómez!" shouted the huge throng of spectators.

And in their enthusiasm they tried to bear away the lay brother in

---

1. Angélica Palma (1878–1935) became a novelist. Palma's son Clemente also became an eminent writer.   2. This Peruvian saint (1549–1610), who ministered to the Indians, is mentioned in a number of Palma's *tradiciones*. Pipirindica (mentioned only here) I have been unable to identify.   3. A reference to Monsieur Jourdain in Molière's *Le bourgeois gentilhomme*.

sustraerse a la popular ovación, echó a correr camino de su convento y se encerró en su celda. La crónica franciscana cuenta esto último de manera distinta. Dice que fray Gómez, para escapar de sus aplaudidores, se elevó en los aires y voló desde el puente hasta la torre de su convento. Yo no lo niego ni lo afirmo. Puede que sí y puede que no. Tratándose de maravillas, no gasto tinta en defenderlas ni en refutarlas.

Aquel día estaba fray Gómez en vena de hacer milagros, pues cuando salió de su celda se encaminó a la enfermería, donde encontró a San Francisco Solano acostado sobre una tarima, víctima de una furiosa jaqueca. Pulsólo el lego y le dijo:

—Su paternidad está muy débil, y haría bien en tomar algún alimento.

—Hermano —contestó el santo—, no tengo apetito.

—Haga un esfuerzo, reverendo padre, y pase siquiera un bocado.

Y tanto insistió el refitolero, que el enfermo, por librarse de exigencias que picaban ya en majadería, ideó pedirle lo que hasta para el virrey habría sido imposible conseguir, por no ser la estación propicia para satisfacer el antojo.

—Pues mire, hermanito, sólo comería con gusto un par de pejerreyes.

Fray Gómez metió la mano derecha dentro de la manga izquierda, y sacó un par de pejerreyes tan fresquitos que parecían acabados de salir del mar.

—Aquí los tiene su paternidad, y que en salud se le conviertan. Voy a guisarlos.

Y ello es que con los benditos pejerreyes quedó San Francisco curado como por ensalmo.

Me parece que estos dos milagritos de que incidentalmente me he ocupado no son paja picada. Dejo en mi tintero otros muchos de nuestro lego, porque no me he propuesto relatar su vida y milagros.

Sin embargo, apuntaré, para satisfacer curiosidades exigentes, que sobre la puerta de la primera celda del pequeño claustro, que hasta hoy sirve de enfermería, hay un lienzo pintado al óleo representando estos dos milagros, con la siguiente inscripción:

"El Venerable Fray Gómez.—Nació en Extremadura en 1560. Vistió el hábito en Chuquisaca en 1580. Vino a Lima en 1587.— Enfermero fue cuarenta años, ejercitando todas las virtudes, dotado de favores y dones celestiales. Fue su vida un continuado milagro. Falleció en 2 de mayo de 1631 con fama de santidad. En el año

triumph. But, to evade the popular ovation, he set out at a run in the direction of his monastery and shut himself up in his cell.

The Franciscan chronicle relates this last bit differently. It says that, to escape those applauding him, Brother Gómez levitated and flew from the bridge to the tower of his monastery. I neither deny nor affirm this. It may have happened and it may not. When it comes to marvels, I waste no ink either defending them or refuting them.

That day Brother Gómez was in the mood for miracles, because when he left his cell he went to the infirmary, where he found Saint Francisco Solano lying on a bedstead, prey to a raging headache. The lay brother felt his pulse and said:

"You're very weak, Father. You'd do well to partake of some food."

"Brother," the saint replied, "I have no appetite."

"Make an effort, Reverend Father, and eat just a bite."

And the head of the refectory was so insistent that, to free himself from demands that were now bordering on silly drivel, the patient got the idea to request something that would have been impossible for even the viceroy to obtain, because it was the wrong season to gratify such a whim.

"Well, then, Brother, the only thing I'd gladly eat is a couple of sand smelts."

Brother Gómez put his right hand in his left sleeve, and pulled out a couple of sand smelts so fresh they seemed to have just come out of the sea.

"Here they are, Father, and may they bring you good health. I'll go and cook them."

And the fact is that, after eating those blessed smelts, Saint Francisco was cured as if by magic.

It seems to me that these two little miracles I have narrated incidentally are nothing to sneeze at. I refrain from reporting many others performed by our lay brother, because I haven't undertaken to relate his entire "Life and Miracles."

Nevertheless, to gratify the demands of the curious, I shall note that over the door of the first cell in the small cloister that even today serves as infirmary, there is an oil painting depicting these two miracles, with the following inscription:

"The Venerable Brother Gómez.—Born in Extremadura in 1560. Donned the habit in Chuquisaca in 1580. Came to Lima in 1587.— Worked in the infirmary for forty years, displaying all the virtues, endowed with heavenly favors and gifts. His life was one long miracle. Died on May 2, 1631, in the odor of sanctity. The next year his body

siguiente se colocó el cadáver en la capilla de Aránzuzu, y el 13 de octubre de 1810 se pasó debajo del altar mayor, a la bóveda donde son sepultados los padres del convento. Presenció la traslación de los restos el señor don Bartolomé María de las Heras. Se restauró este venerable retrato en 30 de noviembre de 1882, por M. Zamudio."

II

Estaba una mañana fray Gómez en su celda entregado a la meditación, cuando dieron a la puerta unos discretos golpecitos, y una voz de quejumbroso timbre dijo:

—"Deo gratias . . ." ¡Alabado sea el Señor!

—Por siempre jamás, amén. Entre, hermanito —contestó fray Gómez.

Y penetró en la humildísima celda un individuo algo desarrapado, vera efigie del hombre a quien acongojan pobrezas, pero en cuyo rostro se dejaba adivinar la proverbial honradez del castellano viejo.

Todo el mobiliario de la celda se componía de cuatro sillones de vaqueta, una mesa mugrienta, y una tarima sin colchón, sábana ni abrigo, y con una piedra por cabezal o almohada.

—Tome asiento, hermano, y dígame sin rodeos lo que por acá le trae —dijo fray Gómez.

—Es el caso, padre, que yo soy hombre de bien a carta cabal . . .

—Se le conoce y que persevere deseo, que así merecerá en esta vida terrena la paz y la conciencia, y en la otra la bienaventuranza.

—Y es el caso que soy buhonero, que vivo cargado de familia y que mi comercio no cunde por falta de medios, que no por holgazanería y escasez de industria en mí.

—Me alegro, hermano, que a quien honradamente trabaja, Dios le acude.

—Pero es el caso, padre, que hasta ahora Dios se me hace el sordo, y en acorrerme tarda . . .

—No desespere, hermano, no desespere.

—Pues es el caso que a muchas puertas he llegado en demanda de habilitación por quinientos duros, y todas las he encontrado con cerrojo y cerrojillo. Y es el caso que anoche, en mis cavilaciones, yo mismo me dije a mí mismo: —¡Ea!, Jeromo, buen ánimo y vete a pedirle el dinero a fray Gómez, que si él lo quiere, mendicante y pobre como es, medio encontrará para sacarte del apuro. Y es el caso que aquí estoy porque he venido, y a su paternidad le pido y ruego que me preste esa puchuela por seis meses, seguro que no será por mí por quien se diga:

was placed in the Chapel of Aránzuzu, and on October 13, 1810, it was moved to below the high altar, to the vault where the fathers of the monastery are buried. The transfer of the remains was witnessed by Don Bartolomé María de las Heras. This venerable portrait was restored on November 30, 1882, by M. Zamudio."

II

One morning Brother Gómez was in his cell engaged in meditation when there came a few discreet light knocks at the door, and a voice said in lamenting tones:

"*Deo gratias.* Praise the Lord!"

"For ever and ever, amen. Come in, brother," answered Brother Gómez.

And into that most humble cell came a rather threadbare individual, the true image of a man who is assailed by poverty but in whose face could be discerned the proverbial rectitude of the Old Castilian. The entire furniture of the cell consisted of four armchairs covered in cowhide, a grimy table, and a bedstead without mattress, sheet, or blanket, and with a stone for headrest or pillow.

"Have a seat, brother, and tell me straight out what brings you here," said Brother Gómez.

"The fact is, Father, that I am a perfectly honest man . . ."

"You are known as such, and I hope you continue that way, for thereby you will earn peace and good conscience in this earthly life, and bliss in the next."

"And the fact is that I am a peddler, burdened with a large family, and that my business fails to prosper for want of funds, not through any idleness or lack of industry on my part."

"I'm glad to hear it, brother, because God comes to the aid of those who labor honorably."

"But, Father, the fact is that up to now God has turned a deaf ear to me, and hasn't been in any hurry to help me out . . ."

"Never despair, brother, never despair."

"Well, the fact is that I have approached many people with a request for a loan of 2,500 pesetas, and I've found every door barred and bolted. And the fact is that last night, as I pondered, I said to myself: 'Hey, Jeromo, take heart and go ask the money of Brother Gómez, because if he's willing, though he himself is a needy mendicant, he'll find a way to get you out of your jam.' And the fact is that I have come, and here I am, begging and beseeching you, Father, to lend me that trifle for six months; you can be sure that it won't be said of me that:

En el mundo hay devotos
de ciertos santos:
la gratitud les dura
lo que el milagro;
que un beneficio
da siempre vida a ingratos
desconocidos.

—¿Cómo ha podido imaginarse, hijo, que en esta triste celda encontraría ese caudal?

—Es el caso, padre, que no acertaría a responderle; pero tengo fe en que no me dejará ir desconsolado.

—La fe lo salvará, hermano. Espere un momento.

Y paseando los ojos por las desnudas y blanqueadas paredes de la celda, vio un alacrán que caminaba tranquilamente sobre el marco de la ventana. Fray Gómez arrancó una página de un libro viejo, dirigióse a la ventana, cogió con delicadeza a la sabandija, la envolvió en el papel, y tornándose hacia el castellano viejo le dijo:

—Tome, buen hombre, y empeñe esta alhajita; no olvide, sí, devolvérmela dentro de seis meses.

El buhonero se deshizo en frases de agradecimiento; se despidió de fray Gómez y más que de prisa se encaminó a la tienda de un usurero.

La joya era espléndida, verdadera alhaja de reina morisca, por decir lo menos. Era un prendedor figurando un alacrán. El cuerpo lo formaba una magnífica esmeralda engarzada sobre oro, y a la cabeza un grueso brillante con dos rubíes por ojos.

El usurero, que era hombre conocedor, vio la alhaja con codicia, y ofreció al necesitado adelantarle dos mil duros por ella; pero nuestro español se empeñó en no aceptar otro préstamo que el de quinientos duros por seis meses, y con un interés judaico, se entiende. Extendiéronse y firmáronse los documentos o papeletas de estilo, acariciando el agiotista la esperanza de que a la postre el dueño de la prenda acudiría por más dinero, que con el recargo de intereses lo convertiría en propietario de joya tan valiosa por su mérito intrínseco y artístico.

Y con este capitalito fuele tan prósperamente en su comercio, que a la terminación del plazo pudo desempeñar la prenda, y, envuelta en el mismo papel en que la recibiera, se la devolvió a fray Gómez.

> In this world there are devotees
> of certain saints:
> their gratitude lasts
> just as long as the miracle does;
> because a favor
> always gives rise to ingrates
> who weren't known to be such."

"Son, what made you think you'd find such a fortune in this bare cell?"

"The fact is, Father, that I'm unable to answer that; but I have faith that you won't let me leave without consolation."

"That faith will save you, brother. Wait a moment."

And, running his eyes over the bare whitewashed walls of his cell, he saw a scorpion calmly crawling over the window frame. Brother Gómez tore a page out of an old book, walked to the window, picked up the critter delicately, wrapped it in the paper, and, facing the Old Castilian again, said to him:

"My good man, take this jewel and pawn it; but don't forget to give it back to me in six months."

The peddler thanked him more than effusively; taking leave of Brother Gómez, he headed with terrific speed for a moneylender's shop.

The jewel was splendid, a true gem worthy of a Moorish queen, to say the least. It was a brooch shaped like a scorpion. Its body was a magnificent emerald set in gold, and its head was a large diamond with two rubies for eyes.

The moneylender, who was an expert, looked on the jewel covetously, and offered the needy man a loan of ten thousand pesetas for it; but our Spaniard insisted on accepting no other loan than that of 2,500 pesetas for six months—naturally, at a truly Jewish rate of interest. The proper documents or pawn tickets were drawn up and signed, the broker being in great hopes that the owner of the pledge would later show up to ask for more money; that and the interest charges would make him the possessor of a gem so valuable for its artistic merit as well as its intrinsic worth.

And with that capital the peddler's business prospered so mightily that, when the time arrived, he was able to redeem his pledge from pawn. Wrapping it in the same paper in which he had received it, he returned it to Brother Gómez.

Éste tomó el alacrán, lo puso sobre el alféizar de la ventana, le echó una bendición y dijo:

—Animalito de Dios, sigue tu camino.

Y el alacrán echó a andar libremente por las paredes de la celda.

Y vieja, pelleja,
aquí dio fin la conseja.

JOSÉ MARTÍ

La muñeca negra

De puntillas, para no despertar a Piedad, entran en el cuarto de dormir el padre y la madre. Vienen riéndose, como dos muchachones. Vienen de la mano, como dos muchachos. El padre viene detrás, como si fuera a tropezar con todo. La madre no tropieza; porque conoce el camino. ¡Trabaja mucho el padre, para comprar todo lo de la casa, y no puede ver a su hija cuando quiere! A veces, allá en el trabajo, se ríe solo, o se pone de repente como triste, o se le ve en la cara como una luz: y es que está pensando en su hija: se le cae la pluma de la mano cuando piensa así, pero en seguida empieza a escribir, y escribe tan de prisa, tan de prisa, que es como si la pluma fuera volando. Y le hace muchos rasgos a la letra, y las oes le salen grandes como un sol, y las ges largas como un sable, y las eles están debajo de la línea, como si se fueran a clavar en el papel, y las eses caen al fin de la palabra, como una hoja de palma; ¡tiene que ver lo que escribe el padre cuando ha pensado mucho en la niña! Él dice que siempre que le llega por la ventana el olor de ls flores del jardín, piensa en ella. O a veces, cuando está trabajando cosas de números, o poniendo un libro sueco en español, la ve venir, venir despacio, como en una nube y se le sienta al lado, le quita la pluma, para que repose un poco, le da un beso en la frente, le tira de la barba rubia, le esconde el tintero: es sueño no más, no más que sueño, como esos que se tienen sin dormir, en que ve uno vestidos muy bonitos, o un caballo vivo de cola muy larga, o un cochecito con cuatro chivos blancos, o una sortija con la piedra azul: sueño es no más, pero dice el padre que es como si lo hubiera visto, y que después tiene más fuerza y escribe mejor. Y la niña se va, se va despacio por el aire, que parece de luz todo: se va como una nube.

The lay brother took the scorpion, placed it on the windowsill, spoke a blessing over it, and said:

"Little animal of God, pursue your path."

And the scorpion began to crawl freely over the walls of the cell.

And old woman, bag of bones,
here the tale came to an end.

JOSÉ MARTÍ

The Black Doll

On tiptoe, to avoid awakening Piedad, her father and mother enter her bedroom. They laugh as they come, like two big children. They hold hands, like two children. Her father walks behind, as if he were liable to stumble over everything. Her mother doesn't stumble, because she knows the way. Her father works a lot, in order to buy all that's needed at home, and he can't see his daughter whenever he likes! At times, over in his office, he laughs to himself, or suddenly seems to get sad, or else something like a light can be seen on his face: and it's because he's thinking about his daughter: his pen falls from his hand when he stops to think that way, but immediately he begins to write, and he writes so quickly, so quickly that the pen seems to be flying. And he adds many strokes to the letters, and his O's come out as big as a sun, and his G's long as a saber, and his L's are under the line, as if they were going to get stuck in the paper, and his S's droop at the ends of words like a palm leaf; you should see what Piedad's father writes when he has thought a lot about his girl! He says that whenever the fragrance of the garden flowers reaches him through the window, he thinks about her. Or at times, when he's working with numbers, or translating a Swedish book into Spanish, he sees her coming, coming slowly as on a cloud, and she sits down beside him, takes away his pen so he can rest a little, gives him a kiss on the forehead, pulls his blonde beard, and hides his inkwell; it's only a dream, no more than a dream of the sort you have without being asleep, in which you see very good-looking clothes, or a spirited horse with a very long tail, or a little coach drawn by four white goats, or a ring with a blue stone: it's only a dream, but Piedad's father says it's as if he had really seen it, and that afterward he has more strength and writes better. And the girl departs, departs slowly through the air, which seems to be all of light: she departs like a cloud.

Hoy el padre no trabajó mucho, porque tuvo que ir a una tienda: ¿a qué iría el padre a una tienda? y dicen que por la puerta de atrás entró una caja grande: ¿qué vendrá en la caja? ¡a saber lo que vendrá!: mañana hace ocho años que nació Piedad. La criada fue al jardín, y se pinchó el dedo por cierto, por querer coger, para un ramo que hizo, una flor muy hermosa. La madre a todo dice que sí, y se puso el vestido nuevo, y le abrió la jaula al canario. El cocinero está haciendo un pastel, y recortando en figura de flores los nabos y las zanahorias, y le devolvió a la lavandera el gorro, porque tenía una mancha que no se veía apenas, pero, "¡hoy, hoy, señora lavandera, el gorro, ha de estar sin mancha!" Piedad no sabía, no sabía. Ella sí vio que la casa estaba como el primer día de sol, cuando se va ya la nieve, y salen las hojas a los árboles. Todos sus juguetes se los dieron aquella noche, todos. Y el padre llegó muy temprano del trabajo, a tiempo de ver a su hija dormida. La madre lo abrazó cuando lo vio entrar: ¡y lo abrazó de veras! Mañana cumple Piedad ocho años.

✳

El cuarto está a media luz, una luz como la de las estrellas, que viene de la lámpara de velar, con su bombillo de color de ópalo. Pero se ve, hundida en la almohada, la cabecita rubia. Por la ventana entra la brisa, y parece que juegan, las mariposas que no se ven, con el cabello dorado. Le da en el cabello la luz. Y la madre y el padre vienen andando, de puntillas. ¡Al suelo, el tocador de jugar! ¡Este padre ciego, que tropieza con todo! Pero la niña no se ha despertado. La luz le da en la mano. A la cama no se puede llegar; porque están alrededor todos los juguetes, en mesas y sillas. En una silla está el baúl que le mandó en pascuas la abuela, lleno de almendras y de mazapanes: boca abajo está el baúl, como si lo hubieran sacudido, a ver si caía alguna almendra de un rincón, o si andaban escondidas por la cerradura algunas migajas de mazapán; ¡eso es, seguro, que las muñecas tenían hambre! En otra silla está la loza, mucha loza muy fina, y en cada plato una fruta pintada: un plato tiene una cereza, y otro un higo, y otro una uva: da en el plato ahora la luz, en el plato del higo, y se ven como chispas de estrella: ¿cómo habrá venido esta estrella a los platos? "¡Es azúcar!" dice el pícaro padre: "¡Eso es, de seguro!" dice la madre, "eso es que estuvieron las muñecas golosas comiéndose el azúcar". El costurero está en otra silla, y muy abierto, como de quien ha trabajado de verdad; el dedal está machucado ¡de tanto coser! cortó la modista mucho, porque del calicó que le dio la madre no queda más que un redondel con el borde de picos, y el suelo está por allí lleno de recortes, que le salieron mal a la modista, y allí esta

Today her father didn't do much work, because he had to go to a shop. Why should her father go to a shop? And they say that a large box came in through the back door. What can the box contain? Who knows what it contains? Tomorrow is Piedad's eighth birthday. The servant girl went into the garden and pricked her finger badly when trying to pick a very lovely flower for a bouquet she was making. Piedad's mother consents to everything; she has put on her new dress and has opened the canary's cage. The cook is baking a cake and cutting the turnips and carrots into flower shapes. He gave his cap back to the laundress because it had a spot that could hardly be seen, but "today, today, laundress, my cap must be spotless!" Piedad was unaware, unaware. She did notice that the house was like the first sunny day after the snow finally departs and the leaves come out on the trees. She was given all her toys that night, all of them. And her father came home from work very early, in time to see his daughter put to bed. Her mother embraced him when she saw him come in, and it was a real hug! Tomorrow Piedad will be eight years old.

※

The room is bathed in a weak light, similar to starlight, which is cast by the night lamp, with its opal-colored bulb. But they can see her little blonde head sunk in the pillow. The breeze comes in through the window, and invisible butterflies seem to be playing with her golden hair. The light strikes her hair. And her father and mother come walking in, on tiptoe. Her toy dressing table falls to the floor! That blind father, stumbling into everything! But the girl hasn't awakened. The light strikes her hand. They can't reach the bed, because all the toys are around it, on tables and chairs. On one chair is the trunk her grandmother sent her for Easter filled with almonds and marzipan: the trunk is upside down, as if it had been shaken to see if some almond might fall out of a corner, or if a few crumbs of marzipan were hidden in the lock; surely it's because the dolls were hungry! On another chair is the chinaware, a lot of very fine china, a fruit painted on every plate: one plate has a cherry; another, a fig; and another, a grape: now the light strikes the plate, the plate with the fig, and you seem to see sparks of starlight. How can that star have reached the plates? "It's sugar," says the roguish father. "That's it, of course!" says the mother; "it's because the dolls had a sweet tooth and were nibbling the sugar." The sewing kit is on another chair, wide open, as if someone had been hard at work; the thimble is dented from all that sewing! The dressmaker cut out a lot, because out of all the calico her mother gave her there remains only a circle with a jagged edge, and the floor in that spot is full of clipped pieces that turned out badly for the dressmaker; and there is the morning jacket with the sewing just begun;

la chambra empezada a coser, con la aguja clavada, junto a una gota de sangre. Pero la sala, y el gran juego, está en el velador, al lado de la cama. El rincón, allá contra la pared, es el cuarto de dormir de las muñequitas de loza, con su cama de la madre, de colcha de flores, y al lado una muñeca de traje rosado, en una silla roja: el tocador está entre la cama y la cuna, con su muñequita de trapo, tapada hasta la nariz, y el mosquitero encima: la mesa del tocador es una cajita de cartón castaño, y el espejo es de los buenos, de los que vende la señora pobre de la dulcería, a dos por un centavo. La sala está en lo de delante del velador, y tiene en medio una mesa, con el pie hecho de un carretel de hilo, y lo de arriba de una concha de nácar, con una jarra mejicana en medio, de las que traen los muñecos aguadores de México: y alrededor unos papelitos doblados, que son los libros. El piano es de madera, con las teclas pintadas; y no tiene banqueta de tornillo, que eso es poco lujo, sino una de espaldar, hecha de la caja de una sortija, con lo de abajo forrado de azul; y la tapa cosida por un lado, para la espalda, y forrada de rosa; y encima un encaje. Hay visitas, por supuesto, y son de pelo de veras, con ropones de seda lila de cuartos blancos, y zapatos dorados: y se sientan sin doblarse, con los pies en el asiento: y la señora mayor, la que trae gorra color de oro, y está en el sofá, tiene su levantapiés, porque del sofá se resbala; y el levantapiés es una cajita de paja japonesa, puesta boca abajo: en un sillón blanco están sentadas juntas, con los brazos muy tiesos, dos hermanas de loza. Hay un cuadro en la sala, que tiene detrás, para que no se caiga, un pomo de olor: y es una niña de sombrero colorado, que trae en los brazos un cordero. En el pilar de la cama, del lado del velador, está una medalla de bronce, de una fiesta que hubo, con las cintas francesas: en su gran moña de los tres colores está adornando la sala el medallón, con el retrato de un francés muy hermoso, que vino de Francia a pelear por que los hombres fueran libres, y otro retrato del que inventó el pararrayos con la cara de abuelo que tenía cuando pasó el mar para pedir a los reyes de Europa que lo ayudaran a hacer libre su tierra: ésa es la sala, y el gran juego de Piedad. Y en la almohada, durmiendo en su brazo, y con la boca desteñida de los besos, está su muñeca negra.

✳

Los pájaros del jardín la despertaron por la mañanita. Parece que se saludan los pájaros, y la convidan a volar. Un pájaro llama, y otro pá-

the needle is thrust into it, next to a drop of blood. But the toy rooms, with all their furnishings, are on the night table, beside the bed. In one corner, against the wall there, is the bedroom of the little china dolls, containing a bed for the mother, with a flowered bedspread, and, beside it, a doll with pink clothing, on a red chair: the vanity is between the bed and the cradle, with its little rag doll, blanketed up to her nose, the mosquito net over her: the table of the vanity is a little brown cardboard box, and its mirror is of good quality, the kind sold by the poor woman in the candy store two for a penny. The parlor is on the front part of the night table; it has a table in the center, its base made of a thread spool and its upper part of mother-of-pearl, with a Mexican jar in the middle, of the sort carried by Mexican water-vendor dolls; around the jar are little folded sheets of paper representing books. The piano is of wood, with painted keys; it doesn't have a swivel stool, because that isn't luxurious enough, but a seat with a back made from a ring box, with its lower part lined in blue, and its lid sewn on one side, to form the seat back, and lined in pink; with lace on top. Naturally, there are callers, and they're really well-to-do, wearing big lilac silk gowns with white patterns[1] and golden shoes; and they sit down without bending at the hips and knees, but with their feet on the seat; and the older lady, the one wearing a gold-colored bonnet, who is on the sofa, has a hassock for her feet, or she'd slide off the sofa; and the hassock is a little box of Japanese straw placed upside down. On a white armchair, sitting together with very rigid arms, are two chinaware sisters. There's a painting in the parlor, which has a perfume bottle behind it to keep it from falling; it depicts a little girl in a red hat holding a lamb in her arms. On the bedpost, on the side adjoining the night table, is a bronze medal, souvenir of a party, with ribbons of the French national colors: in its large tricolor knot the medallion adorns the parlor with the portrait of a very handsome Frenchman who came from France to fight for the freedom of mankind, and another portrait: that of the man who invented the lightning rod, portrayed with the grandfatherly face he had when he crossed the ocean to ask the kings of Europe to help liberate his country. Such are Piedad's toy rooms, with all their furnishings. And on her pillow, asleep on her arm, the color of its mouth faded from kisses, is her black doll.

✻

The birds in the garden awakened her in the morning. The birds seem to greet one another and invite her to fly. One bird calls, and another bird

---

1. A conjectural rendering of *cuartos*, for which I haven't found an appropriate definition.

jaro responde. En la casa hay algo, porque los pájaros se ponen así cuando el cocinero anda por la cocina saliendo y entrando, con el delantal volándole por las piernas, y la olla de plata en las dos manos, oliendo a leche quemada y a vino dulce. En la casa hay algo: porque si no, ¿para qué está ahí, al pie de la cama, su vestidito nuevo, el vestidito color de perla, y la cinta lila que compraron ayer, y las medias de encaje? "Yo te digo, Leonor, que aquí pasa algo. Dímelo tú, Leonor, tú que estuviste ayer en el cuarto de mamá cuando yo fui a paseo. ¡Mamá mala, que no te dejó ir conmigo, porque dice que te he puesto muy fea con tantos besos, y que no tienes pelo, porque te he peinado mucho! La verdad, Leonor: tú no tienes mucho pelo; pero yo te quiero así, sin pelo, Leonor: tus ojos son los que quiero yo, porque con los ojos me dices que me quieres: te quiero mucho, porque no te quieren: ¡a ver! ¡sentada aquí en mis rodillas, que te quiero peinar!: las niñas buenas se peinan en cuanto se levantan: ¡a ver, los zapatos, que ese lazo no está bien hecho!: y los dientes: las uñas: ¡Leonor, esas uñas no están limpias! Vamos, Leonor, dime la verdad: oye, oye a los pájaros que parece que tienen baile: dime, Leonor, ¿qué pasa en esta casa?" Y a Piedad se le cayó el peine de la mano, cuando le tenía ya una trenza hecha a Leonor; y la otra estaba toda alborotada. Lo que pasaba, allí lo veía ella. Por la puerta venía la procesión. La primera era la criada, con el delantal de rizos de los días de fiestas, y la cofia de servir la mesa en los días de visita: traía el chocolate, el chocolate con crema, lo mismo que el día de año nuevo, y los panes dulces en una cesta de plata: luego venía la madre, con un ramo de flores blancas y azules: ¡ni una flor corolada en el ramo, ni una flor amarilla!: y luego venía la lavandera, con el gorro blanco que el cocinero no se quiso poner, y un estandarte que el cocinero le hizo, con un diario y un bastón: y decía en el estandarte, debajo de una corona de pensamientos: "¡Hoy cumple Piedad ocho años!" Y la besaron, y la vistieron con el traje color de perla, y la llevaron, con el estandarte detrás, a la sala de los libros de su padre, que tenía muy peinada su barba rubia, como si se la hubieran peinado muy despacio, y redondeándole las puntas, y poniendo cada hebra en su lugar. A cada momento se asomaba a la puerta, a ver si Piedad venía: escribía, y se ponía a silbar: abría un libro, y se quedaba mirando a un retrato, a un retrato que tenía siempre en su mesa, y era como Piedad, una Piedad de vestido largo. Y cuando oyó ruido de pasos, y un vocerrón que venía tocando música en un cucurucho de papel, ¿quién sabe lo que sacó de una caja grande?: y se fue a la puerta con una mano en la espalda: y con el

responds. Something is afoot in the house, because the birds get that way when the cook goes in and out of the kitchen, his apron flying around his legs, holding in both hands the silver pot that smells of crème brûlée and sweet wine. Something is afoot in the house: because otherwise, why is her new little dress there at the foot of the bed, the little pearl-colored dress, and the lilac ribbon they bought yesterday, and the lace stockings? "I tell you, Leonor, something is going on here. Tell me what it is, Leonor, since you were in Mommy's room yesterday when I went out for a stroll. Mean Mommy, who didn't let you go with me, because she says I've made you very ugly by kissing you so much, and that you have no hair because I've combed you too much! It's true, Leonor, you don't have much hair; but I love you just as you are, without hair, Leonor: it's your eyes that I love, because with your eyes you tell me that you love me: I love you a lot, because no one else does. Come! Sit down here on my knees, because I want to comb you! Good girls are combed as soon as they get up. Let's see those shoes: that knot isn't properly tied! And your teeth and nails. Leonor, those nails aren't clean! Come, Leonor, tell me the truth: listen, listen to the birds, it sounds as if they're having a dance. Tell me, Leonor, what's going on in this house?" And Piedad's comb dropped from her hand when she had already finished braiding half of Leonor's hair, but the other half was in full disarray. Now she saw what was going on. Through the door the procession came. First in line was the servant girl wearing her crimped holiday apron and the bonnet she wore when serving table on days with callers: she was carrying the chocolate, the chocolate with cream, the same kind as on New Year's Day, along with sweet rolls in a silver basket. Next came Piedad's mother with a bouquet of white and blue flowers: not one flower with a corolla in the bouquet, and not one yellow flower! Then came the laundress, with the white cap that the cook had refused to wear, and a banner that the cook had made for her out of a newspaper and a stick. The banner read, below a wreath of pansies: "Today Piedad is eight!" And they kissed her, and dressed her in the pearl-colored dress, and, with the banner in the rear, brought her to her father's library; his blond beard was very carefully combed as if it had been done very slowly; its points were rounded off, and every hair was in place. He had been looking out of the door every minute to see whether Piedad was coming. He had been writing, and had started to whistle. He had opened a book, and had remained gazing at a portrait, a portrait he always kept on his desk; it looked like Piedad, a Piedad in a long dress. And when he heard footsteps, and a loud voice that came playing music on a paper cone, do you know what he took out of a big box? Then he went to the door with one hand behind his back, and with his other arm he grasped

otro brazo cargó a su hija. Luego dijo que sintió como que en el pecho se le abría una flor, y como que se le encendía en la cabeza un palacio, con colgaduras azules de flecos de oro, y mucha gente con alas: luego dijo todo eso, pero entonces, nada se le oyó decir. Hasta que Piedad dio un salto en sus brazos, y se le quiso subir por el hombro, porque en un espejo había visto lo que llevaba en la otra mano el padre, "¡Es como el sol el pelo, mamá, lo mismo que el sol! ¡ya la vi, ya la vi, tiene el vestido rosado! ¡dile que me la dé, mamá: si es de peto verde, de peto de terciopelo! ¡como las mías son las medias, de encaje como las mías!" Y el padre se sentó con ella en el sillón, y le puso en los brazos la muñeca de seda y porcelana. Echó a correr Piedad, como si buscase a alguien. "¿Y yo me quedo hoy en casa por mi niña", le dijo su padre, "y mi niña me deja solo?" Ella escondió la cabecita en el pecho de su padre bueno. Y en mucho, mucho tiempo, no la levantó, aunque ¡de veras! le picaba la barba.

✳

Hubo paseo por el jardín, y almuerzo con un vino de espuma debajo de la parra, y el padre estaba muy conversador, cogiéndole a cada momento la mano a su mamá, y la madre estaba como más alta, y hablaba poco, y era como música todo lo que hablaba. Piedad le llevó al cocinero una dalia roja, y se la prendió en el pecho del delantal: y a la lavandera le hizo una corona de claveles: y a la criada le llenó los bolsillos de flores de naranjo, y le puso en el pelo una flor, con sus dos hojas verdes. Y luego, con mucho cuidado, hizo un ramo de nomeolvides. "¿Para quién es ese ramo, Piedad?" "No sé, no sé para quién es: ¡quién sabe si es para alguien!" Y lo puso a la orilla de la acequia, donde corría como un cristal el agua. Un secreto le dijo a su madre, y luego le dijo: "¡Déjame ir!" Pero le dijo "caprichosa" su madre: "¿y tu muñeca de seda, no te gusta? mírale la cara, que es muy linda: y no le has visto los ojos azules". Piedad sí se los había visto; y la tuvo sentada en la mesa después de comer, mirándola sin reírse; y la estuvo enseñando a andar en el jardín. Los ojos era lo que le miraba ella: y le tocaba en el lado del corazón: "¡Pero, muñeca, háblame, háblame!" Y la muñeca de seda no le hablaba. "¿Conque no te ha gustado la muñeca que te compré, con sus medias de encaje y su cara de porcelana y su pelo fino?" "Sí, mi papá, sí me ha gustado mucho. Vamos, señora muñeca, vamos a pasear. Usted querrá coches, y lacayos, y querrá dulce de castañas, señora muñeca. Vamos, vamos a pasear". Pero en cuanto estuvo Piedad donde no la veían, dejó a la muñeca en un tronco, de cara contra el árbol. Y se

his daughter. Later on, he said that he had felt as if a flower were opening in his breast, and as if a palace were burning in his head, with blue
drapery and gold fringes, and many people with wings; he said all that
later on, but at the moment no one heard him say a word. Until Piedad
gave a jump in his arms, trying to climb over his shoulder, because in a
mirror she had seen what her father was carrying in his other hand. "Her
hair is like the sun, Mommy, just like the sun! I've seen her, I've seen her,
she's got a pink dress! Tell him to give her to me, Mommy! Her dickey is
green, and made of velvet! Her stockings are like mine, of lace like mine!"
And her father sat down in the armchair with her, and placed in her arms
the silk and porcelain doll. Piedad began to run, as if looking for someone. "I've stayed home today for my girl's sake," her father said, "and my
girl is leaving me alone?" She hid her little head in her kind father's
bosom; and she didn't raise it for a long, long time, even though, to tell
the truth, his beard was scratching her.

✳

There was a stroll in the garden, and a luncheon with a sparkling wine
beneath the arbor, and her father was very talkative, seizing her
mother's hand every minute, and her mother seemed taller; she said
little, but everything she said was like music. Piedad brought the cook
a red dahlia, attaching it to his apron over his heart; for the laundress
she made a wreath of carnations; and she filled the servant girl's pockets with orange blossoms and put a flower with two green leaves in her
hair. And then, very carefully, she made a bouquet of forget-me-nots.
"Who is that bouquet for, Piedad?" "I don't know, I don't know who
it's for. Who knows whether it's for anybody?" And she placed it on the
brink of the watering trench, in which the water was flowing like a
crystal. She told her mother a secret, then said: "Let me go!" But her
mother called her "capricious," adding: "And you don't like your silk
doll? Look at her face, how pretty it is; and you haven't noticed her
blue eyes." Piedad *had* noticed them; and after eating, she kept the
doll sitting on the table, looking at her unsmilingly; and for a while she
taught her how to walk in the garden. It was her eyes that she kept
looking at; and she repeatedly touched her on the side her heart was
on. "But, doll, talk to me, talk to me!" But the silk doll didn't talk to
her. "And so you didn't like the doll I bought you, with her lace stockings and her porcelain face and her delicate hair?" "Yes, Daddy, I liked
her a lot. Come along, Madam Doll, let's take a walk. You'll want
coaches, and lackeys, and you'll want chestnut puree, Madam Doll.
Let's go, let's go for a walk." But as soon as Piedad was out of sight of
the others, she left the doll leaning against a tree trunk, her face to the

sentó sola, a pensar, sin levantar la cabeza, con la cara entre las dos
manecitas. De pronto echó a correr, de miedo de que se hubiese
llevado el agua el ramo de nomeolvides.

✣

—"¡Pero, criada, llévame pronto!"—"¿Piedad, qué es eso de criada?
¡Tú nunca le dices criada así, como para ofenderla!"—"No, mamá, no:
es que tengo mucho sueño: estoy muerta de sueño. Mira: me parece
que es un monte la barba de papá: y el pastel de la mesa me da
vueltas, vueltas alrededor, y se están riendo de mí las banderitas: y me
parece que están bailando en el aire las flores de la zanahoria: estoy
muerta de sueño: ¡adiós, mi madre!: mañana me levanto muy tem-
pranito: tú, papá, me despiertas antes de salir: yo te quiero ver siempre antes de que te vayas a trabajar: ¡oh, las zanahorias! ¡estoy muerta
de sueño! ¡Ay, mamá, no me mates el ramo! ¡mira, ya me mataste mi
flor!"—"¿Conque se enoja mi hija porque le doy un abrazo?" —
"¡Pégame, mi mamá! ¡papá, pégame tú! es que tengo mucho sueño".
Y Piedad salió de la sala de los libros, con la criada que le llevaba la
muñeca de seda. "¡Qué de prisa va la niña, que se va a caer! ¿Quién
espera a la niña?" —"¡Quién sabe quién me espera!" Y no habló con
la criada: no le dijo que le contase el cuento de la niña jorobadita que
se volvió una flor: un juguete no más le pidió, y lo puso a los pies de
la cama y le acarició a la criada la mano, y se quedó dormida.
Encendió la criada la lámpara de velar, con su bombillo de ópalo: salió
de puntillas: cerró la puerta con mucho cuidado. Y en cuanto estuvo
cerrada la puerta, relucieron dos ojitos en el borde de la sabana: se
alzó de repente la cubierta rubia: de rodillas en la cama, le dio toda la
luz a la lámpara de velar: y se echó sobre el juguete que puso a los
pies, sobre la muñeca negra. La besó, la abrazó, se la apretó contra el
corazón: "Ven, pobrecita: ven, que esos malos te dejaron aquí sola: tú
no estás fea, no, aunque no tengas más que una trenza: la fea es ésa,
la que han traído hoy, la de los ojos que no hablan: dime, Leonor,
dime, ¿tú pensaste en mí?: mira el ramo que te traje, un ramo de
nomeolvides, de los más lindos del jardín: ¡así, en el pecho! ¡ésta es mi
muñeca linda! ¿y no has llorado? ¡te dejaron tan sola! ¡no me mires así,
porque voy a llorar yo! ¡no, tú no tienes frío! ¡aquí conmigo, en mi almohada, verás como te calientas! ¡y me quitaron, para que no me
hiciera daño, el dulce que te traía! ¡así, bien arropadita! ¡a ver, mi
beso, antes de dormirte! ¡ahora, la lámpara baja! ¡y a dormir, abrazadas
las dos! ¡te quiero, porque no te quieren!"

tree. And she sat down alone to think, without raising her head, her face between her two little hands. All at once she began to run, afraid that the water might have carried off the bouquet of forget-me-nots.

✼

"But, servant, take me at once!" "Piedad, what's this 'servant'? You never call her merely 'servant,' as if to insult her!" "No, Mommy, no; it's because I'm very tired: I'm all tuckered out. Look: Daddy's beard is like a forest to me; and the cake on the table is spinning round and round me, and the little flags are laughing at me; and I feel as if the carrot flowers were dancing in the air. I'm all tuckered out. Goodnight, Mother! Tomorrow I'll get up very early. Daddy, wake me up before you leave. I want to see you always before you go to work. Oh, the carrots! I'm all tuckered out. Oh, Mommy, don't crush my bouquet. Look, you've already crushed my flower!" "And so my daughter gets angry when I give her a hug?" "Hit me, Mommy! Hit me, Daddy! It's because I'm so sleepy." And Piedad left the library, along with the servant girl, who was carrying the silk doll for her. "How fast the girl is going! She'll fall! Who's waiting for the girl?" "Who knows who's waiting for me?" And she didn't talk to the servant; she didn't ask her to tell her the story of the little hunchbacked girl who turned into a flower; she merely asked her for one toy, which she placed at the foot of her bed, and she caressed the servant's hand, and went to bed. The servant turned on the night lamp, with its opal bulb; she went out on tiptoe; she shut the door very carefully. And as soon as the door was shut, two little eyes gleamed at the edge of the sheet. The blond coverlet suddenly rose: on her knees in the bed, she turned the night lamp on to its full power, and leaped for the toy she had placed at the foot—the black doll. She kissed her, she hugged her, she clutched her to her heart: "Come, you poor little thing; come; those mean people left you here all alone; you aren't ugly, no, even though you have only one braid; the other one is the ugly one, the one they brought today, the one with the eyes that don't talk. Tell me, Leonor, tell me, were you thinking about me? Look at the bouquet I've brought you, a bouquet of forget-me-nots, from the prettiest ones in the garden. Here, on your bosom! That's my pretty doll! And you didn't cry? They left you so all alone! Don't look at me that way, or else I'll start to cry! No, you're not cold! Here with me, on my pillow, you'll see how warm you'll get! And they took away the candy I was bringing you, so it wouldn't do me harm! Like this, tucked all the way in. Come, let me kiss you before you go to sleep! Now, to turn the lamp down low! And to sleep, hugging each other! I love you because no one else does!"

DARÍO HERRERA

La zamacueca

En Valparaíso, el 18 de septiembre. La ciudad, toda ornamentada con banderas y gallardetes, vibraba sonoramente, en el regocijo de la fiesta nacional. La población entera se había echado a la calle, para aglomerarse en el malecón, frente a la bahía, donde los barcos de guerra y los mercantes engalanados también con las telas simbólicas del patriotismo cosmopolita, simulaban arcos triunfales flotantes y danzantes sobre el oleaje bravío. En el fondo, por encima de los techos de la ciudad comercial, asomaban las casas de los cerros, cual si se empinaran para atisbar a la muchedumbre del puerto. Las regatas de botes atraían a aquella concurrencia heterogénea. Y, en la omnicromía de su indumento, ondulaba compacta y vistosa bajo el sol primaveral, alto ya sobre la transparencia del azul.

Con el inglés, Mr. Litchman, mi compañero de viaje desde Lima, presencié un rato las regatas. Los *rotos*, de piel curtida, de pechos robustos y brazos musculosos, remaban vertiginosamente; y al impulso de los remos los botes, saltando, cabeceando, cortaban, con celeridad ardua, las olas convulsivas.

—¿Hay bailes hoy en Playa Ancha? —me preguntó Litchman.

—Sí, durante toda la semana.

—Entonces, si le parece, vamos . . . Son más interesantes que las regatas . . . Estos hombres no saben remar . . .

Un coche pasaba, y subimos a él. Salvamos rápidamente las últimas casas del barrio sur, y seguimos por una calzada estrecha, elevada algunos metros sobre el mar. El sol llameaba como en pleno estío, y ante el incendio del espacio, la llanura oceánica resplandecía ofuscante, refractando el fuego del astro. Al mismo tiempo, soplaba un viento marino, glacial, por su frescura; y así el ambiente, dulcificado en su calor, amortecido en su frío, hacíase grato como un perfume. A un lado, abajo, el agua reventaba, con hervores estruendosos, con sonoras turbulencias de espuma. Al otro, se alzaba, casi recto, el flanco del cerro, a cuya meseta nos dirigíamos; y lejos, en la raya luminosa del horizonte, se perdía gradualmente la silueta de un buque.

DARÍO HERRERA

The Zamacueca

In Valparaíso, on September 18. The city, all decked out with flags and pennants, was loudly abuzz, in the hilarity of the national holiday.[1] The entire population had taken to the streets, to gather on the embankment, facing the bay, where the warships and mercantile vessels, also displaying the symbolic banners of cosmopolitan patriotism, resembled triumphal arches afloat and dancing on the wild surf. In the background, above the roofs of the business district, appeared the houses on the hills, as if clustering together to keep watch over the multitude in the harbor. The boat regattas were attracting that heterogeneous agglomeration, which, in its multicolored garb, was undulating in a flashy, compact mass beneath the springtime sun, already high in the transparent blue sky.

With the Englishman, Mr. Litchman, my traveling companion ever since Lima, I attended the regattas for a while. The lower-class Chileans, their skins tanned, their chests robust, and their arms muscular, were rowing at a dizzying rate; and by the force of their oars the leaping and pitching boats were slicing through the convulsive waves with arduous speed.

"Is there dancing today in Playa Ancha?"[2] Litchman asked me.

"Yes, all week long."

"In that case, if you feel like it, let's go . . . It's more interesting than the boat races . . . These men don't know how to row . . ."

A carriage was passing by, and we got into it. We quickly left behind us the last houses in the southern district and followed a narrow paved road that was raised several meters above sea level. The sun was blazing as if in midsummer, and against the flaming sky the vast extent of the ocean shone dazzlingly, refracting the sun's fire. At the same time, a sea breeze was blowing, glacial in its coolness; and so the atmosphere, its heat softened, its cold moderated, became as pleasant as a sweet fragrance. On one side, below, the water was breaking against the shore, boiling noisily, with loud, turbulent foam. On the other side, nearly straight up, rose the side of the hill to whose flat top we were ascending; and in the distance, on the luminous line of the horizon, the silhouette of a ship was gradually disappearing.

---

1. On September 18, 1810, Chile received its first independent governing body.
2. A hilly suburb north of the heart of town.

El coche llegó al término de la ruta plana, e inició luego el ascenso de la espiral laborada en el costado del cerro. Ya en la meseta, con amplitud del valle, apareció en toda su magnificencia el paisaje, prestigiosamente panorámico. Frente, el mar, enorme de extensión, todo rizado de olas, reverberante de sol; atrás, la cordillera costeña, recortando sus cumbres níveas en la gran curva del firmamento; a la izquierda, próxima, la playa de arena rubia, y a la derecha, con su puerto constelado de naves, con su aspecto caprichoso, con su singular fisonomía, Valparaíso, alegre hasta por la misma asimetría de su conjunto y radiante bajo el oro del sol.

En la meseta, a través de boscajes, vestidos por la resurrección vernal, aparecía una extraña agrupación de carpas, semejantes al aduar de una tribu nómada. Detrás, dos hileras de casas de piedra constituían la edificación estable del paraje. Y de las carpas y de las casas volaban ritmos de músicas raras, cantares de voces discordantes, gritos, carcajadas: todo, en una polifonía estrepitosa. Cruzamos, con pasos elásticos, los boscajes: bajo los árboles renacientes encontrábamos parejas de mozos y mozas, en agrestes idilios, o bien familias completas, merendando a la sombra hospitalaria de algún toldo. Nos metimos por entre las carpas: alrededor de una, más grande, se apretaba la gente, en turba nutrida, aguardando su turno de baile. Penetramos. Dentro, la concurrencia no era menos espesa. Hombres, trajeados con pantalones y camisas de lana, de colores oscuros, y mujeres con telas de tintas violentas, formaban ancha rueda, eslabonada por un piano viejo, ante el cual estaba el pianista. Junto al piano, un muchacho tocaba la guitarra y tres mujeres cantaban, llevando el compás con palmadas. En un ángulo de la sala levantábase el mostrador, cargado de botellas y vasos con bebidas, cuyos fermentos alcohólicos saturaban el recinto de emanaciones mareantes. Y en el centro de la rueda, sobre la alfombra, tendida en el piso terroso, una pareja bailaba la zamacueca.

Jóvenes ambos, ofrecían notorio contraste. Era él un gañán de tez tostada, de mediana estatura, de cabello y barba negros, un perfecto ejemplar del *roto*, mezcla de campesino y marinero. Con el sombrero de fieltro en una mano, y en la otra un pañuelo rojo, fornido y ágil, giraba zapateando en torno a ella. La muchacha, en cambio, parecía algo exótico en aquel sitio. Grácil y esbelta, bajo la borla de la cabellera broncínea destacábase su rostro, de admirable regularidad de

The carriage reached the end of the smooth road, and then began the ascent of the spiral cut into the side of the hill. On the plateau, with the great width of the valley, the landscape appeared in its full magnificence, magically panoramic. Facing us, the sea, enormously wide, all rippling with waves and reverberating with sunlight; behind us, the coastal mountain range, outlining its snowy peaks against the great curve of the firmament; to our left, very close, the beach of yellow sand; and on the right, its harbor spangled with ships, its shape whimsical, its physiognomy unusual, Valparaíso, delightful for the very irregularity of its overall aspect, and radiant beneath the golden sun.

On the plateau, across groves of trees clothed by their springtime resurrection, appeared a strange conglomeration of tents, resembling the encampment of a nomadic tribe. Behind them, two rows of stone houses constituted the permanent edifices of the neighborhood. And from tents and houses alike there flew rhythms of unusual music, songs sung by discordant voices, shouts, laughs: all in a noisy polyphony. We crossed the groves with springy steps: beneath the newly reborn trees we came across couples of boys and girls engaged in rustic idylls, or else entire families picnicking in the hospitable shade of some awning. We walked among the tents: around one of them, larger than the rest, people were clustering in a thick crowd, awaiting their turn to dance. We cut through them. Inside the area, the mob was no less dense. Men dressed in dark-colored woolen trousers and shirts, and women in violent colors, formed a broad circle, held together by an old piano with its pianist seated at it. Next to the piano, a young boy was playing a guitar and three women were singing, marking the beat with handclaps. In one corner of the dance floor stood a bar, loaded with bottles and glasses of liquor, whose alcoholic fermentings saturated the area with dizzying fumes. And in the center of the circle, on the carpet that was stretched out over the bare ground, a couple was dancing the zamacueca.[3]

Both young, they afforded a striking contrast. The male was a husky fellow with a brown complexion, of middle height, with black hair and beard, a perfect specimen of the Chilean lower class, a hybrid of peasant and sailor. With his felt hat in one hand and a red handkerchief in the other, the stout but agile lad was dancing around her and stamping his feet. The girl, on the other hand, seemed like a rare exotic in that milieu. She was graceful and slender; beneath the bronze-colored mop

---

3. A Chilean folk dance.

rasgos. Tenía, lujo excéntrico, un vestido de seda amarilla; el busto envuelto por un pañolón chinesco, cuyas coloraciones radiaban en la cruda luz, y en la mano un pañuelo también rojo. Muy blanca, la danza le encendía, con tonos carmíneos, las mejillas. En sus ojos garzos, circuidos de grandes ojeras azulosas, había ese brillo de potencia extraordinaria, ese ardor concentrado y húmedo, peculiares en ciertas histerias; y con la boca entreabierta y las ventanas de la nariz palpitantes, inhalaba ávidamente el aire, como si le fuera rebelde a los pulmones.

Bailaba, ajustando sus movimientos a los compases difíciles, cambiantes, de la música. Y su cuerpo fino, flexible, se enarcaba, se estiraba se encogía, se cimbraba, erguíase, vibraba, se retorcía, aceleraba los pasos, imprimíales lentitudes lánguidas, gestos galvánicos; o se mecía con balances muelles, adquiriendo posturas de languidez, de abandono, de desmayos absolutos. Y así, siempre serpentina, rebosante de voluptuosidad turbadora, de incitaciones perversas, voltejeaba ante los ojos como una fascinación demoníaca.

¿De qué altura social, por qué misteriosa pendiente descendió aquella hermosa criatura, de porte delicado, de apariencia aristocrática? ¿Qué lazos la unían, antiguos o recientes, con su compañero de baile? ¿Era una degenerada nativa, a quien desequilibrios orgánicos aventaron lejos del hogar, en alguna loca aventura? ¿O la fatalidad la arrojó al abismo, convirtiéndola en la infeliz histérica, que ahora, en aquel recinto, daba tan extraña nota, siendo a la vez una curiosidad dolorosa y una provocación embriagante?

La voz del inglés me arrancó a estos pensamientos:

—Voy a bailar . . . , me gusta mucho la zamacueca . . . y esa mujer también. Ayer bailé con ella.

Le miré: su semblante permanecía grave, y sus grandes ojos celtas contemplaban serenamente a la bailadora. Sacó un pañuelo escarlata, traído sin duda para el caso, y adelantó hasta el medio de la rueda. La pareja se detuvo: el *roto,* cejijunto, hostil; la muchacha, ondulando sobre los pies inmóviles, sonriendo a Litchman, quien, sin perder su gravedad, esbozaba ya un paso de la danza . . . Pero el suplantado, de un salto, se le colocó delante. Un puñal pequeño relucía en su mano.

—Hoy no dejo que me la quite . . . Acaso la traigo para que usted . . .

No pudo concluir la frase: el brazo de Litchman se alzó y tendióse rápido, y un formidable mazazo retumbó en la frente del *roto.* Vaciló éste, tambaleóse y rodó por el suelo, con la cara bañada en sangre. La

of her hair, her face stood out, admirable in its regularity of features. As a peculiar luxury, she wore a yellow silk dress; her bosom was wrapped in a Chinese shawl, whose colors radiated in the raw light, and in her hand was a handkerchief, also red. Her complexion was very light, and the dance ignited her cheeks with carmine tones. In her blue eyes, encircled by large bluish rings, there was that extraordinarily powerful glow, that moist, concentrated ardor characteristic of certain types of hysteria; and with her lips slightly parted and her nostrils palpitating, she was inhaling the air greedily, as if it were refractory to her lungs.

As she danced, she suited her movements to the difficult, changing measures of the music. And her delicate, flexible body arched, stretched, drew itself in, shook, straightened up, vibrated, twisted, accelerated the steps, slowed them down languidly, and gestured galvanically; or else she would rock to and fro softly, assuming postures of languor, abandon, and outright swooning. And so, always serpentine, overflowing with disturbing voluptuousness and perverse incitements, she flitted before our eyes like a demonic fascination.

From what social heights, down what mysterious incline had that lovely creature, with her elegant bearing and aristocratic looks, descended? What ties, old or new, bound her to her dancing partner? Was she a natural degenerate whom physical imbalances had driven far from home into some mad adventure? Or had fate hurled her into the abyss, transforming her into the unhappy hysteric who now, on that dance floor, stood out so oddly, at one and the same time a painful curiosity and an intoxicating provocation?

The Englishman's voice aroused me from that meditation:

"I'm going to dance . . . I like the zamacueca a lot . . . and that woman, too. I danced with her yesterday."

I looked at him: his expression remained serious, and his big Celtic eyes were studying the female dancer calmly. He took out a scarlet handkerchief, which he had no doubt brought along for the occasion, and advanced to the middle of the circle. The couple halted: the lower-class fellow, scowling and hostile; the girl, wavering on motionless feet, smiling to Litchman, who, with no loss of gravity, was already outlining a dance step . . . But the jilted man, with one bound, placed himself in his way. A small dagger was glittering in his hand.

"Today I won't let you take her away from me . . . Do you think I bring her so that you . . ."

He couldn't finish the sentence: Litchman's arm rose and stretched out rapidly, and a terrific hammer blow resounded on the fellow's forehead. He tottered, staggered, and rolled on the ground, his face

música y el canto enmudecieron; y la rueda expectante convirtióse en un grupo, arremolinado alrededor del caído. Ya Litchman, impasible siempre, estaba junto a mí y nos preparábamos para salir, cuando, agudo, brotó un grito del grupo. Hubo otro remolino disolvente, y apareció de nuevo la primitiva pareja de baile. El hombre se limpiaba con el pañuelo la sangre de la frente; la muchacha, rígida, como petrificada, como enclavada en el piso, no trataba de enjugar la ola purpúrea que le manaba de la mejilla. La herida debía de ser grande; pero desaparecía bajo la mancha roja, cada vez más invasora. Y el *roto*, con voz silbante como un latigazo, le gritó a aquella faz despavorida y sangrienta:

—Creías, pues, que sólo yo iba a quedar marcado . . .

BALDOMERO LILLO

La compuerta número 12

Pablo se aferró instintivamente a las piernas de su padre. Zumbábanle los oídos y el piso que huía debajo de sus pies le producía una extraña sensación de angustia. Creíase precipitado en aquel agujero cuya negra abertura había entrevisto al penetrar en la jaula, y sus grandes ojos miraban con espanto las lóbregas paredes del pozo en el que se hundían con vertiginosa rapidez. En aquel silencioso descenso, sin trepidación ni más ruido que el del agua goteando sobre la techumbre de hierro, las luces de las lámparas parecían prontas a extinguirse y sus débiles destellos se delineaban vagamente en la penumbra de las hendiduras y partes salientes de la roca: una serie interminable de negras sombras que volaban como saetas hacia lo alto. Pasado un minuto, la velocidad disminuye bruscamente, los pies asentáronse con más solidez en el piso fugitivo y el pesado armazón de hierro, con un áspero rechinar de goznes y de cadenas, quedó inmóvil a la entrada de la galería.

El viejo tomó de la mano al pequeño y juntos se internaron en el negro túnel. Eran de los primeros en llegar y el movimiento de la mina no empezaba aún. De la galería, bastante alta para permitir al minero erguir su elevada talla, sólo se distinguía parte de la techumbre cruzada por gruesos maderos. Las paredes laterales permanecían invisibles en la oscuridad profunda que llenaba la vasta y lóbrega excavación.

bathed in blood. The music and singing fell silent; and the expectant circle became a group gathered around the fallen man. Litchman, still impassive, was already beside me, and we were getting set to depart, when a shrill cry issued from the throng. Another group formed and dissolved, and once again the original couple of dancers appeared. The man was wiping the blood off his forehead with his handkerchief; the girl, rigid as if turned to stone, as if rooted to the ground, was making no attempt to dry the crimson wave flowing from her cheek. The cut must have been a big one; but it disappeared beneath the red stain that was spreading more and more. And the fellow, his voice hissing like a whiplash, yelled at her frightened, bleeding face:

"I bet you thought I'd be the only one left with a scar . . ."

BALDOMERO LILLO

Ventilation Door Number 12

Pablo instinctively clutched his father's legs. His ears were humming, and the floor fleeing from under his feet gave him an odd feeling of anguish. He thought he had been hurled into that pit whose black opening he had espied when entering the elevator cage, and his big eyes gazed with terror at the murky walls of the well shaft down which they were descending at dizzying speed. During that silent descent, with no shaking and with no other sound than that of the water dripping onto the car's iron roof, the light of the lamps seemed ready to go out, and their feeble flashes were only vaguely delineated in the semi-darkness of the fissures and outcrops of the rock: an interminable series of black shadows that flew upward like arrows. After a minute, the speed diminished sharply, their feet took a firmer hold of the fleeing floor, and the heavy iron framework, with a shrill creaking of hinges and chains, remained motionless at the entrance to the gallery.

The old man took the little boy by the hand, and together they entered the black tunnel. They were among the first to arrive, and the activity of the mine had not yet started. Of the gallery, which was high enough to allow the tall miner to stand erect, all that could be made out was a part of its ceiling, crisscrossed by thick beams. The side walls remained invisible in the deep darkness that filled the vast, gloomy excavation.

A cuarenta metros del piquete se detuvieron ante una especie de gruta excavada en la roca. Del techo agrietado, de color de hollín, colgaba un candil de hoja de lata, cuyo macilento resplandor daba a la estancia la apariencia de una cripta enlutada y llena de sombras. En el fondo, sentado delante de una mesa, un hombre pequeño, ya entrado en años, hacía anotaciones en un enorme registro. Su negro traje hacía resaltar la palidez del rostro surcado por profundas arrugas. Al ruido de pasos levantó la cabeza y fijó una mirada interrogadora en el viejo minero, quien avanzó con timidez, diciendo con voz llena de sumisión y de respeto:

—Señor, aquí traigo al chico.

Los ojos penetrantes del capataz abarcaron de una ojeada el cuerpecillo endeble del muchacho. Sus delgados miembros y la infantil inconsciencia del moreno rostro en el que brillaban dos ojos muy abiertos como de medrosa bestezuela lo impresionaron desfavorablemente, y su corazón endurecido por el espectáculo diario de tantas miserias experimentó una piadosa sacudida a la vista de aquel pequeñuelo arrancado a sus juegos infantiles y condenado, como tantas infelices criaturas, a languidecer miserablemente en las húmedas galerías, junto a las puertas de ventilación. Las duras líneas de su rostro se suavizaron y con fingida aspereza le dijo al viejo, que, muy inquieto por aquel examen, fijaba en él una ansiosa mirada:

—¡Hombre!, este muchacho es todavía muy débil para el trabajo. ¿Es hijo tuyo?

—Sí, señor.

—Pues debías tener lástima de sus pocos años y antes de enterrarlo aquí, enviarlo a la escuela por algún tiempo.

—Señor —balbuceó la ruda voz del minero en la que vibraba un acento de dolorosa súplica—, somos seis en casa y uno solo el que trabaja. Pablo cumplió ya los ocho años y debe ganar el pan que come, y como hijo de minero, su oficio será el de sus mayores, que no tuvieron nunca otra escuela que la mina.

Su voz opaca y temblorosa se extinguió repentinamente en un acceso de tos, pero sus ojos húmedos imploraban con tal insistencia que el capataz, vencido por aquel mudo ruego, llevó a sus labios un silbato y arrancó de él un sonido agudo que repercutió a lo lejos en la desierta galería. Oyóse un rumor de pasos precipitados y una oscura silueta se dibujó en el hueco de la puerta.

—Juan —exclamó el hombrecillo, dirigiéndose al recién llegado—, lleva a este chico a la compuerta número 12, remplazará al hijo de José, el carretillero, aplastado ayer por la corrida.

Forty meters from the entrance post[1] they stopped in front of a sort of grotto excavated from the rock. From the cracked, soot-colored roof hung a tinplate oil lamp whose wan glow gave the space the look of a crypt arrayed in mourning and full of shadows. At the back, seated in front of a table, a small man, already elderly, was making entries in an enormous ledger. His black clothing only emphasized the pallor of his face, which was furrowed by deep wrinkles. At the sound of footsteps he raised his head and stared questioningly at the old miner, who came forward timidly, saying in a very submissive and respectful voice:

"Sir, I'm bringing the child here."

The foreman's penetrating eyes took in the boy's feeble little body at one glance. His slender limbs and the childish ignorance on that swarthy face, in which shone two wide-open eyes like those of a timorous little animal, made a bad impression on him, and his heart, hardened by the daily sight of so much misery, felt a pious jolt on seeing that little boy torn from his childish games and condemned, like so many unhappy youngsters, to languish wretchedly in the damp galleries, next to the ventilation doors. The hard lines of his face became softer, and with feigned harshness he said to the old man, who, made very nervous by that scrutiny, was staring at him anxiously:

"Man! This boy is still too weak for the job. Is he your son?"

"Yes, sir."

"Then you should have felt pity for his tender years and, before burying him here, you should have sent him to school for a while."

"Sir," stammered the miner's rough voice, in which there vibrated a tone of painful supplication, "there are six of us at home and only one working. Pablo is already eight and ought to earn the bread he eats, and, as a miner's son, his trade will be that of his forefathers, who never had any school other than the mine."

His dull, trembling voice was suddenly cut off by a fit of coughing, but his moist eyes implored with such insistence that the foreman, overcome by that silent supplication, raised a whistle to his lips and drew from it a shrill sound that reechoed into the distant reaches of the deserted gallery. There was heard the sound of hasty steps, and a dark silhouette took form in the open doorway.

"Juan," exclaimed the little man, addressing the newcomer, "take this boy to door number 12; he'll replace the son of José, the trolleyman, who was crushed by the wagons yesterday."

---

1. A conjectural rendering of *piquete*. Possibly: "the elevator cage."

Y volviéndose bruscamente hacia el viejo, que empezaba a murmurar una frase de agradecimiento, díjole con tono duro y severo:

—He visto que en la última semana no has alcanzado a los cinco cajones que es el mínimum diario que se exige de cada barretero. No olvides que si esto sucede otra vez, será preciso darte de baja para que ocupe tu sitio otro más activo.

Y haciendo con la diestra un ademán enérgico, lo despidió.

Los tres se marcharon silenciosos y el rumor de sus pisadas fue alejándose poco a poco en la oscura galería. Caminaban entre dos hileras de rieles, cuyas traviesas hundidas en el suelo fangoso trataban de evitar alargando o acortando el paso, guiándose por los gruesos clavos que sujetaban las barras de acero. El guía, un hombre joven aún, iba delante, y más atrás con el pequeño Pablo de la mano seguía el viejo con la barba sumida en el pecho, hondamente preocupado. Las palabras del capataz y la amenaza en ellas contenida habían llenado de angustia su corazón. Desde algún tiempo su decadencia era visible para todos, cada día se acercaba más el fatal lindero que una vez traspasado convierte al obrero viejo en un trasto inútil dentro de la mina. En balde desde el amanecer hasta la noche, durante catorce horas mortales, revolviéndose como un reptil en la estrecha *labor*, atacaba la hulla furiosamente, encarnizándose contra el filón inagotable que tantas generaciones de forzados como él arañaban sin cesar en las entrañas de la tierra.

Pero aquella lucha tenaz y sin tregua convertía muy pronto en viejos decrépitos a los más jóvenes y vigorosos. Allí, en la lóbrega madriguera húmeda y estrecha, encorvábanse las espaldas y aflojábanse los músculos y, como el potro resabiado que se estremece tembloroso a la vara, los viejos mineros cada mañana sentían tiritar sus carnes al contacto de la veta. Pero el hambre es aguijón más eficaz que el látigo y la espuela, y reanudaban taciturnos la tarea agobiadora y la veta entera acribillada por mil partes por aquella carcoma humana, vibraba sutilmente, desmoronándose pedazo a pedazo, mordida por el diente cuadrangular del pico, como la arenisca de la ribera a los embates del mar.

La súbita detención del guía arrancó al viejo de sus tristes cavilaciones. Una puerta les cerraba el camino en aquella dirección, y en el suelo, arrimado a la pared, había un bulto pequeño cuyos contornos se destacaron confusamente heridos por las luces vacilantes de las lámparas: era un niño de diez años, acurrucado en un hueco de la muralla.

Con los codos en las rodillas y el pálido rostro entre las manos en-

And turning brusquely to the old man, who was beginning to mutter a phrase of thanks, he said in a harsh, severe tone:

"I've noticed that during the last week you didn't fill the five crates that make up the minimum daily output demanded of every pickman. Don't forget that if it happens again, I'll have to let you go, so another more active man can take your place."

And, making an energetic gesture with his right hand, he dismissed him.

The three walked in silence, and the sound of their treads gradually grew distant in the dark gallery. They were walking between two lines of rails, whose crossties, sunk in the muddy ground, they tried to avoid by taking longer or shorter steps, guiding themselves by the thick nails that held down the steel bars. The guide, still a young man, preceded, and in the rear, holding little Pablo's hand, followed the old man, his chin lowered to his chest in his profound preoccupation. The foreman's words and the threat contained in them had filled his heart with worry. For some time his physical decline had been evident to all; every day that fatal borderline was coming closer which, once crossed, changes an old worker into a piece of junk useless to the mine. It was in vain that from dawn till night, for fourteen mortal hours, writhing like a snake in the narrow work space, he attacked the coal furiously, struggling with the inexhaustible vein that so many generations of galley slaves like him had ceaselessly scraped away at in the bowels of the earth.

But that tenacious, uninterrupted struggle all too soon transformed the youngest, most vigorous men into decrepit oldsters. There, in the gloomy burrow, damp and narrow, your back got rounded and your muscles got weaker, and, like a colt with bad habits that shakes and trembles beside the shafts, every morning the old miners felt their flesh quivering at the touch of the coalface. But hunger is a more efficient goad than whip or spur, and in silence they continued their exhausting task, and the whole coalface, riddled in a thousand places by those human termites, gave off subtle vibrations, crumbling bit by bit at the bite of the pick's quadrangular tooth, like coastal sandstone eroded by the crashing of the ocean waves.

The guide's sudden halt jolted the old man out of his sad meditation. A door was blocking their way in that direction, and on the ground, leaning against the wall, was a small mass whose outlines stood out hazily, smitten by the wavering light of the lamps: it was a ten-year-old boy huddled in a hollow in the wall.

His elbows on his knees and his pallid face between his scrawny

flaquecidas, mudo e inmóvil, pareció no percibir a los obreros que traspusieron el umbral y lo dejaron de nuevo sumido en la oscuridad. Sus ojos abiertos, sin expresión, estaban fijos obstinadamente hacia arriba, absortos, tal vez en la contemplación de un panorama imaginario que, como el miraje desierto, atraía sus pupilas sedientas de luz, húmedas por la nostalgia del lejano resplandor del día.

Encargado del manejo de esa puerta, pasaba las horas interminables de su encierro sumergido en un ensimismamiento doloroso, abrumado por aquella lápida enorme que ahogó para siempre en él la inquieta y grácil movilidad de la infancia, cuyos sufrimientos dejan en el alma que los comprende una amargura infinita y un sentimiento de execración acerba por el egoísmo y la cobardía humanos. Los dos hombres y el niño, después de caminar algún tiempo por un estrecho corredor, desembocaron en una alta galería de arrastre, de cuya techumbre caía una lluvia continua de gruesas gotas de agua. Un ruido sordo y lejano, como si un martillo gigantesco golpease sobre sus cabezas la armadura del planeta, escuchábase a intervalos. Aquel rumor, cuyo origen Pablo no acertaba a explicarse, era el choque de las olas en las rompientes de la costa. Anduvieron aún un corto trecho y se encontraron, por fin, delante de la compuerta número 12.

—Aquí es —dijo el guía, deteniéndose junto a la hoja de tablas que giraba sujeta a un marco de madera incrustado en la roca.

Las tinieblas eran tan espesas que las rojizas luces de las lámparas, sujetas a las viseras de las gorras de cuero, apenas dejaban entrever aquel obstáculo.

Pablo, que no se explicaba ese alto repentino, contemplaba silencioso a sus acompañantes, quienes, después de cambiar entre sí algunas palabras breves y rápidas, se pusieron a enseñarle con jovialidad y empeño el manejo de la compuerta. El rapaz, siguiendo sus indicaciones, la abrió y cerró repetidas veces, desvaneciendo la incertidumbre del padre, que temía que las fuerzas de su hijo no bastasen para aquel trabajo.

El viejo manifestó su contento, pasando la callosa mano por la inculta cabellera de su primogénito, quien hasta allí no había demostrado cansancio ni inquietud. Su juvenil imaginación, impresionada por aquel espectáculo nuevo y desconocido, se hallaba aturdida, desorientada. Parecíale a veces que estaba en un cuarto a oscuras y creía ver a cada instante abrirse una ventana y entrar por ella los brillantes rayos del sol, y aunque su inexperto corazoncillo no experimentaba ya la angustia que le asaltó en el pozo de bajada, aquellos mimos y caricias a que no estaba acostumbrado despertaron su

hands, mute and motionless, he seemed not to notice the workmen who crossed the threshold and left him sunk in the darkness again. His open eyes, expressionless, stared stubbornly upward, perhaps absorbed in the contemplation of an imaginary panorama which, like a desert mirage, attracted his pupils which thirsted for light and were moist with nostalgia for the distant sunshine.

Entrusted with the operation of that door, he spent the endless hours of his imprisonment sunk in sorrowful thought, overwhelmed by that enormous tombstone which stifled in him forever the restless and graceful mobility of childhood, whose sufferings leave behind in the soul that understands them an infinite bitterness and a feeling of harsh execration for human selfishness and cowardice. The two men and the boy, after walking for some time down a narrow corridor, came out into a lofty haulage gallery, from whose ceiling fell a continuous rain of heavy water drops. A muffled, distant sound, as if a gigantic hammer were pounding the armature of the planet above their heads, could be heard at intervals. That sound, whose origin Pablo was unable to identify, was the impact of the waves on the coastal shoals. They walked another short stretch and finally found themselves in front of door number 12.

"Here it is," said the guide, stopping beside the plank door leaf which turned within a wooden frame embedded in the rock.

The darkness was so dense that the ruddy light of the lamps affixed to the visors of their leather caps hardly allowed them to make out that obstacle.

Pablo, who didn't understand that sudden halt, was studying his companions in silence as, after exchanging a few brief, rapid words, they began to teach him cheerfully and eagerly how to operate the door. The boy, following their directions, opened and closed it several times, dispelling the uncertainty of his father, who had been afraid that his son's strength was inadequate to that task.

The old man made his contentment clear, running his callused hand over the unruly hair of his firstborn, who up till then hadn't shown any weariness or worry. His young imagination, impressed by those new, unfamiliar sights, was dazed and disoriented. At times he thought he was in a dark room, and he expected to see a window opened any moment to admit the bright beams of the sun; and even though his inexperienced little heart no longer felt the anguish that had assailed him in the elevator shaft, those affectionate caresses, which he wasn't used to, aroused his suspicions. A light flashed far down the gallery and

desconfianza. Una luz brilló a lo lejos de la galería y luego se oyó el chirrido de las ruedas sobre la vía, mientras un trote pesado y rápido hacía retumbar el suelo.

—¡Es la corrida! —exclamaron a un tiempo los dos hombres.

—Pronto, Pablo —dijo el viejo—, a ver cómo cumples tu obligación.

El pequeño, con los puños apretados, apoyó su diminuto cuerpo contra la hoja, que cedió lentamente hasta tocar la pared. Apenas efectuada esta operación, un caballo oscuro, sudoroso y jadeante, cruzó rápido delante de ellos, arrastrando un pesado tren cargado de mineral.

Los obreros se miraron satisfechos. El novato era ya un portero experimentado y el viejo, inclinando su alta estatura, empezó a hablarle zalameramente: él no era ya un chicuelo, como los que quedaban allá arriba, que lloran por nada y están siempre cogidos de las faldas de las mujeres, sino un hombre, un valiente, nada menos que un obrero, es decir, un camarada a quien había que tratar como tal. Y en breves frases le dio a entender que les era forzoso dejarlo solo; pero que no tuviese miedo, pues había en la mina muchísimos otros de su edad, desempeñando el mismo trabajo: que él estaba cerca y vendría a verlo de cuando en cuando, y una vez terminada la faena, regresarían juntos a casa.

Pablo oía aquello con espanto creciente, y por toda respuesta se cogió con ambas manos de la blusa del minero. Hasta entonces no se había dado cuenta exacta de lo que se exigía de él. El giro inesperado que tomaba lo que creyó un simple paseo le produjo un miedo cerval, y dominado por un deseo vehementísimo de abandonar aquel sitio, de ver a su madre y a sus hermanos y de encontrarse otra vez a la claridad del día, sólo contestaba a las afectuosas razones de su padre con un "¡Vamos!" quejumbroso y lleno de miedo. Ni promesas ni amenazas lo convencían y el "¡Vamos, padre!" brotaba de sus labios cada vez más dolorido y apremiante.

Una violenta contrariedad se pintó en el rostro del viejo minero, pero al ver aquellos ojos llenos de lágrimas, desolados y suplicantes, levantados hacia él, su naciente cólera se trocó en una piedad infinita: ¡era todavía tan débil y pequeño! Y el amor paternal adormecido en lo íntimo de su ser recobró de súbito su fuerza avasalladora.

El recuerdo de su vida, de esos cuarenta años de trabajos y sufrimientos, se presentó de repente a su imaginación, y con honda congoja comprobó que de aquella labor inmensa sólo le restaba un cuerpo exhausto que tal vez muy pronto arrojarían de la mina como un estorbo, y al pensar que idéntico destino aguardaba a la triste criatura, le

then was heard the squeaking of wheels on the track, while a heavy, rapid trot made the ground reverberate.

"It's the trolleys!" the two men exclaimed both at once.

"Quick, Pablo," said the old man, "show us how you do your duty!"

The little one, his fists clenched, rested his tiny body against the door leaf, which slowly gave way until it touched the wall. Scarcely had that maneuver been performed when a dark horse, sweating and panting, swiftly passed by in front of them, hauling a heavy train laden with ore.

The workmen looked at each other with satisfaction. The novice was now an experienced doorkeeper, and the old man, bending his tall body, began to speak to him flatteringly: he was no longer a little kid, like those who had remained up there, the ones who cry over nothing and are always hanging onto the women's skirts; he was a man, a hero, no less than a workman—that is, a comrade who had to be treated as such. And in brief phrases he gave him to understand that they were compelled to leave him there alone; but he shouldn't be afraid, because there were many others of his age in the mine, performing the same task: he himself would be close by and would come to see him every so often, and once the workday was over, they'd return home together.

Pablo heard all this with mounting fear, and his only response was to seize the miner's smock with both hands. Until then he hadn't fully realized what was being asked of him. The unexpected turn that what he thought was a simple stroll had taken scared him stiff, and urged by a violent desire to leave that place, to see his mother and siblings, and to find himself in the sunlight again, his only answer to his father's loving arguments was a lamenting and terrified "Let's go!" Neither promises nor threats persuaded him, and the words "Let's go, father!" issued from his lips more sorrowfully and oppressively each time.

A violent displeasure manifested itself on the old miner's face, but when he saw those tear-filled eyes raised toward him in desolate supplication, his growing anger turned into infinite pity: he was still so weak and small! And the fatherly love dormant in the depths of his being suddenly regained its overpowering force.

The memory of his own life, of those forty years of work and suffering, came to his mind all at once, and in deep distress he realized that all he had left from that immense labor was an exhausted body, which very soon, perhaps, might be thrown out of the mine like an encumbrance; and at the thought that the same fate awaited his unhappy

acometió de improviso un deseo imperioso de disputar su presa a ese monstruo insaciable, que arrancaba del regazo de las madres los hijos apenas crecidos para convertirlos en esos parias, cuyas espaldas reciben con el mismo estoicismo el golpe brutal del amo y las caricias de la roca en las inclinadas galerías.

Pero aquel sentimiento de rebelión que empezaba a germinar en él se extinguió repentinamente ante el recuerdo de su pobre hogar y de los seres hambrientos y desnudos de los que era el único sostén, y su vieja experiencia le demostró lo insensato de su quimera. La mina no soltaba nunca al que había cogido y, como eslabones nuevos, que sustituyen a los viejos y gastados de una cadena sin fin, allí abajo, los hijos sucedían a los padres y en el hondo pozo el subir y bajar de aquella marea viviente no se interrumpía jamás. Los pequeñuelos, respirando el aire emponzoñado de la mina, crecían raquíticos, débiles, paliduchos, pero había que resignarse, pues para eso habían nacido.

Y con resuelto ademán, el viejo desenrolló de su cintura una cuerda delgada y fuerte y, a pesar de la resistencia y súplicas del niño, lo ató con ella por mitad del cuerpo y aseguró, en seguida, la otra extremidad en un grueso perno incrustado en la roca. Trozos de cordel adheridos a aquel hierro indicaban que no era la primera vez que prestaba un servicio semejante.

La criatura, medio muerta de terror, lanzaba gritos penetrantes de pavorosa angustia y hubo que emplear la violencia para arrancarle de entre las piernas del padre, a las que se había asido con todas sus fuerzas. Sus ruegos y clamores llenaban la galería, sin que la tierna víctima, más desdichada que el bíblico Isaac, oyese una voz amiga que detuviera el brazo paternal armado contra su propia carne, por el crimen y la iniquidad de los hombres.

Sus voces llamando al viejo que se alejaba tenían acentos tan desgarradores, tan hondos y vibrantes, que el infeliz padre sintió de nuevo flaquear su resolución. Mas aquel desfallecimiento sólo duró un instante, y tapándose los oídos para no escuchar aquellos gritos que le atenaceaban las entrañas, apresuró la marcha apartándose de aquel sitio. Antes de abandonar la galería, se detuvo un instante y escuchó una vocecilla tenue como un soplo, que clamaba allá muy lejos, debilitada por la distancia: "¡Madre! ¡Madre!"

Entonces echó a correr como un loco, acosado por el doliente vagido y no se detuvo sino cuando se halló delante de la veta, a la vista de la cual su dolor se convirtió de pronto en furiosa ira, y, empuñando el mango del pico, la atacó rabiosamente. En el duro bloque caían los golpes como espesa granizada sobre sonoros cristales, y el diente de

offspring, he was suddenly assailed by an imperious desire to rob that monster of its prey, that insatiable monster which tore boys from their mother's lap when they were scarcely grown up, in order to transform them into those pariahs whose shoulders receive with the same stoicism both the master's brutal blows and the caresses of the rock in the sloping galleries.

But that feeling of rebellion which was beginning to germinate in him was suddenly quelled at the recollection of his needy home and the hungry, naked creatures whose sole support he was, and his long experience proved to him the folly of his daydream. The mine never released anyone it had seized, and, like new links replacing the old, worn-out ones of an endless chain, down below, sons succeeded their fathers, and in the deep well the ebb and tide of that living flow were never interrupted. The little children, breathing the contaminated air of the mine, grew up with rickets, weak, pale, but you had to resign yourself to it, since that's what they were born for.

And with a resolute gesture, the old man uncoiled from his belt a thin, strong cord and, despite the boy's resistance and supplications, he tied him with it around the waist and then secured the other end to a thick bolt embedded in the rock. Bits of rope adhering to that piece of iron indicated that this wasn't the first time it had done similar service.

The child, half-dead with terror, uttered piercing cries of horrified anguish, and force had to be employed to pull him away from between his father's legs, which he had gripped with all his might. His supplications and shouts filled the gallery, but the tender victim, more unfortunate than Isaac in the Bible, heard no friendly voice detaining the paternal arm weaponed against his own flesh and blood, because of human crime and iniquity.

His shouts to the old man, who was walking away, had such heartrending, deep, and vibrant tones that the unhappy father felt his resolve weakening again. But that debility lasted only a moment, and, covering his ears to avoid hearing those cries which tore at his vitals, he hastened his pace as he left that spot. Before leaving the gallery, he halted for a moment and listened to a voice thin as a puff of air calling very far away, weakened by the distance: "Mother! Mother!"

Then he began to run like a madman, assailed by the doleful wailing, and he didn't stop until he found himself in front of the coalface, at the sight of which his grief suddenly changed to furious rage; and, grasping the handle of the pick, he attacked the coalface rabidly. His blows fell onto the hard block like thick hail onto sounding crystals,

acero se hundía en aquella masa negra y brillante, arrancando trozos enormes que se amontonaban entre las piernas del obrero, mientras un polvo espeso cubría como un velo la vacilante luz de la lámpara. Las cortantes aristas del carbón volaban con fuerza, hiriéndole el rostro, el cuello y el pecho desnudo. Hilos de sangre mezclábanse al copioso sudor que inundaba su cuerpo, que penetraba como una cuña en la brecha abierta, ensanchándola con el afán del presidiario que horada el muro que lo oprime; pero sin la esperanza que alienta y fortalece al prisionero: hallar al fin de la jornada una vida nueva, llena de sol, de aire y de libertad.

Froilán Turcios

Salomé

Era una joven de rara hermosura que llevaba en la frente el sello de un terrible destino.

En su cara, de una palidez láctea, sus ojos de un gris de acero ardían extrañamente, y su boca, flor de sangre, era un poema de lujuria. Largo el talle flexible, mórbida la cadera, finos y redondos el cuello y los brazos, sus quince años cantaban el triunfo de su divina belleza.

Cuando Oliverio la conoció en una alegre mañana del último estío, quedóse como petrificado. Vibró en su ser hasta la más leve fibra y sintió que toda su alma se anegaba en una angustia dolorosa. Ella pasó como una sombra errabunda; pero él nunca más volvería a gozar de la dulce paz de antaño. La amó inmensamente, con cierta vaga impresión de espanto, como si de improviso se hubiera enamorado de una muerta . . .

Aquella noche tuvo fiebre. Pálidas mujeres de la historia, creaciones luminosas de los poetas, blancos seres de legendaria hermosura, que duermen, desde remotos siglos, el hondo sueño de la muerte, llegaron hasta él, en lento desfile . . .

Vio pasar a Helena, marmórea beldad vencedora de los héroes; a Ofelia, cantando una tenue balada, deshojando lirios en las aguas dormidas; a Julieta, casta y triste; a Belkiss, incendiada de pedrerías; a Salomé, casi desnuda, alta y mórbida, de carne de ámbar, de áurea ca-

and the steel tooth dug into that black, shiny mass, tearing out enormous chunks which piled up between the workman's legs, while a dense dustcloud covered the wavering lamplight like a veil.

The sharp edges of the coal flew violently, wounding his face, neck, and bare chest. Trickles of blood mingled with the copious sweat that flooded his body, which penetrated the open breach like a wedge, widening it with the zeal of a prisoner digging a hole in the wall that shuts him in; but without the hope which encourages and fortifies the prisoner: the hope of finding at the end of his task a new life, filled with sunshine, fresh air, and freedom.

FROILÁN TURCIOS

Salome

She was a young woman of rare beauty who bore on her brow the stamp of a terrible fate.

In her face, of a milky pallor, her eyes, of a steely gray, burned strangely, and her mouth, a flower of blood, was a poem of lust. Her flexible midriff was long; her hips, soft; her neck and arms, delicate and rounded; her fifteen years sang the triumph of her divine beauty.

When Oliverio met her one cheerful morning at the end of summer, he was almost turned to stone. Even the slightest fiber of his being vibrated, and he felt his entire soul being drowned in a painful anguish. She passed by like a roving shadow; but he would never again enjoy the sweet peace of the past. He fell totally in love with her, with a certain vague impression of terror, as if he had suddenly become enamored of a dead woman . . .

That night he had fever. Pale women from history, luminous creations of the poets, white beings of legendary beauty, who since remote ages have been sleeping the deep sleep of death, came to him, in a slow procession . . .

He saw Helen pass by, that marble beauty who had conquered the heroes; Ophelia, singing a light ballad and plucking off lily petals in the dormant waters; Juliet, chaste and sad; Balkis,[1] ablaze with gems; Salome, nearly nude, tall and soft, with amber skin, her golden hair

---

1. The Koranic name of the Queen of Sheba.

bellera constelada de grandes flores argentinas, tal como la vio en el cuadro de Bernardo Luini.

Esta última figura llegó a producirle una alucinación profunda. Comparó a la hija de Herodías con otra imagen de inefable encanto, pero viva y cálida, llena de sangre y de amor, y un vértigo de sensualidad le hizo desfallecer dulcemente . . . Eran gemelas las dos vírgenes extraordinarias. Ambas tenían el cuerpo florido; ambas se hacían amar mortalmente por la gracia y por el aroma, y por la atracción embriagadora del sexo . . .

Era, no le cabía duda, un caso de metempsícosis . . .

Oliverio empezó a languidecer, devorado por un fuego interno. El harpa de sus nervios vibraba de continuo y su alma de silencio y de sueño se pobló de imágenes luctuosas. Él era de un temperamento raro y aristocrático, en donde florecían fantásticamente las rosas de la fábula. Era un esteta por su continua obsesión de belleza y por el culto de la palabra, y, desventuradamente, un voluptuoso. Su espíritu refinado, puro y excelso, sufría tormentos dantescos, vencido por la carne traidora. Llevaba en las venas —quizá por alguna oscura ley atávica— rojos ríos de lujuria; y en las horas demoniacas revolaba en su cerebro un enjambre de venenosas cantáridas . . .

El deseo que sintió por aquella adolescente fresca y sensual le hizo ver, desde el primer instante, el abismo en que iba a hundirse. La deseó de una vez con un ansia viril y fuerte. Soñó poseerla hasta hacerla llorar en el espasmo supremo, bajo la potente presión de la caricia fecunda; pero luego comprendió, por un hondo instinto, que el luminoso rostro de aquella virgen no le sonreiría nunca, y quedóse por mucho tiempo, por varios años, como muerto, aherrojado a su negro destino.

Él la escribió algunas cartas candentes, cartas llenas de sangrientos frenesíes, impregnadas de besos, de lágrimas y de voluptuosidad. Él la dijo su angustia en palabras de perfumada lujuria, que eran casi caricias sexuales, y también en frases de espíritu, ligeras como alas. La habló de sus altos sueños y del futuro de su gloria, si ella llegaba a ser suya. Quiso embriagarla con el fuerte vino de sus melodías verbales, despertar en ella la fibra de oro del ensueño y la fibra de sangre de la virginidad . . .

Y fueron aquellas cartas profundas maravillas de ingenio, en que el amor y el deseo decían una canción desconocida, en que las líneas parecían tener un alma, exhalándose del papel un perfume de pecado y de muerte . . .

". . . Si no me amas, te mataré —le decía—. Serás mía o de la

spangled with large silvery flowers, as he had seen her in the painting by Bernardo Luini.

That last figure caused him to undergo a profound hallucination.

He compared the daughter of Herodias to another image of ineffable charm, but a warm, living one, full of blood and love; and a vertigo of sensuality made him swoon gently . . . The two extraordinary maidens were twins. Both had a blossoming body; both excited fatal love by their grace and fragrance, and by the intoxicating allurement of sex . . .

No doubt about it, it was a case of metempsychosis . . .

Oliverio began to languish, devoured by an inner flame. The harp of his nerves was constantly vibrating, and his soul of silence and dream was peopled with mournful images. He was of a rare, aristocratic temperament, in which the roses of fable bloomed fantastically. He was an esthete in his constant obsession with beauty and his worship of language, and unfortunately a voluptuary. His refined mind, pure and lofty, suffered Dantesque torments, overcome as it was by his treacherous flesh. He had in his veins—perhaps by some obscure atavistic law—red rivers of lust; and in demoniac hours a swarm of poisonous cantharis flies fluttered around in his brain . . .

The desire he felt for that young, sensual adolescent girl made him see, from the first moment on, the abyss in which he was going to sink. He desired to have her once and for all, with a virile, strong longing. He dreamt of possessing her to the point of making her weep in the supreme spasm, under the powerful pressure of his fecundating caress; but then he understood, through a deep instinct, that that maiden's luminous face would never smile for him, and for a long time, for several years, he remained like a dead man, fettered to his black destiny.

He wrote her a few white-hot letters, letters filled with bloody frenzies, impregnated with kisses, tears, and voluptuousness. He told her of his anguish in words of fragrant lust which were almost sexual caresses, and also in spiritual phrases, light as wings. He spoke to her of his lofty dreams and his future glory, should she come to be his. He wanted to intoxicate her with the strong wine of his verbal melodies, to awaken in her the golden ore-vein of daydreams and the bloody ore-vein of virginity . . .

And those letters were profound marvels of genius, in which love and desire uttered an unknown song, in which the lines seemed to have a soul, as a scent of sin and death emanated from the paper . . .

". . . If you don't love me, I shall kill you," he'd say to her. "You will

tumba. Pero jamás podré soportar que otro hombre te posea. Tengo sed de tu espíritu y sed y hambre de tu cuerpo. Sufro, amándote, un dolor agudo, una tortura diabólica. Necesito tu sangre y tus besos y tus lágrimas para vivir. ¿Quién soy? ¿Por qué aspiro a ti? No lo sé. Tú naciste en un palacio, entre sedas y púrpuras . . . Yo vengo del País de la Miseria y soy apenas un peregrino del ensueño. Pero mi amor sobrehumano me hace superior a los hombres . . . Dame el hálito de tu juventud, dame el divino tesoro de tu cuerpo y seré un dios . . ."

Oliverio veía pasar los largos días obscuros abstraído en una sola visión interior. Insomne y taciturno, presa continuamente de la fiebre, llegó a no darse cuenta de la realidad para vivir una vida intensa en un mundo poblado de quimeras. En los fugaces intervalos de sueño, carnales escenas hacíanle dar gritos de espanto. La lujuria le mordía con su boca frenética.

. . . Vio errar, una vez, por un paisaje deslumbrante, a Salomé, llevando en una amplia fuente de plata, la lívida cabeza del Precursor. Él llegó a su lado, al impulso de un brazo invisible, y reconoció en aquella testa difunta, su propia cabeza.

Y la Salomé de la fábula no era sino la Salomé de su deseo.

Aquel terrible amor y aquel único anhelo imposible marcaron su rostro con un signo espectral. Y se puso pálido como la muerte. Pálido como la Muerte.

En una noche de luna y de silencio llegó a su oído el eco de una música lejana. Como un sonámbulo salió de su cuarto y vagó por las calles desiertas, atraído por el imán de la armonía. Sentíase débil y próximo a lanzar el último hálito. La música resonaba dulcemente en el aire nocturno . . .

Encontróse de pronto frente a un vasto palacio en cuyos salones el baile ponía su nota de fuego. Oliverio pegó la frente incendiada a los cristales entreabiertos y quedó vibrante de duelo y de asombro. Fue al principio, como un rápido deslumbramiento: después sufrió —durante un siglo— una pena inenarrable . . .

En un salón poblado de fulgores y de músicas, sobre la viva púrpura de las alfombras, aclamada por jóvenes elegantes, besada y profanada por sus ojos, bailaba Salomé su danza de sueño y de placer . . .

Casi desnuda, velada por un tul impalpable, mórbida y diáfana, como una gran rosa de fuego, movíase con languidez al compás de un ritmo enervante. El cuerpo felino y pálido, de movimientos lentos y lascivos, era un milagro de belleza y de impudor. Jamás mujer alguna había mostrado ante los ojos de los hombres un tesoro tan maravilloso de morbideces y de aromas. El cuello largo, semejaba el tallo de un

belong to me or to the grave. But I shall never be able to abide seeing another man possess you. I am athirst for your spirit and thirsty and hungry for your body. Loving you, I suffer a sharp pain, a devilish torture. I need your blood and your kisses and your tears to be able to live. Who am I? Why do I aspire to you? I know not. You were born in a palace, amid silks and purples . . . I come from the Land of Misery and am scarcely a pilgrim of daydreams. But my superhuman love makes me superior to men . . . Give me the breath of your youth, give me the divine treasure of your body, and I will be a god . . ."

Oliverio watched the long, dark days go by while absorbed by a single inner vision. Sleepless and taciturn, a constant prey to fever, finally he lost contact with reality and lived an intense life in a world peopled by illusions. In his fleeting intervals of sleep, carnal scenes made him utter cries of terror. Lust was biting him with its frenetic mouth.

. . . Once, he saw Salome wandering in a dazzling landscape, carrying the livid head of the Forerunner on a large silver tray. He reached her side, propelled by an invisible arm, and in that defunct head he recognized his own.

And the Salome of legend was none other than the Salome of his desire.

That awful love and that singleminded impossible yearning marked his face with a spectral sign. And he grew pale as death. Pale as Death.

One silent, moonlit night, the echo of distant music reached his ears. Like a sleepwalker he left his room and roamed through the deserted streets, drawn by the magnet of harmony. He felt weak and about to exhale his last breath. The music was sounding softly in the night air . . .

All at once he found himself in front of a vast palace to whose halls the dance was lending its fiery note. Oliverio glued his burning forehead to the partly opened windows, and remained vibrating with grief and awe. At first it was like a rapid hallucination: then—for an age—he suffered unspeakable pain . . .

In a ballroom peopled by bright lights and music, on the vivid purple of the carpets, acclaimed by elegant young men, kissed and profaned by their eyes, Salome was dancing her dance of dream and delight . . .

Nearly nude, clad in an impalpable tulle veil, she was soft and diaphanous, like a large rose of fire; she was moving languidly to the beat of an enervating rhythm. Her pale, feline body, in its slow, lascivious motions, was a miracle of beauty and shamelessness. Never had any woman displayed before the eyes of men so marvelous a treasure of soft flesh and fragrance. Her long neck resembled the stalk of

lirio; sobre la espalda columbina caía, en lluvia de oro, la profusa cabellera. Sus senos, erectos y floridos, eran dos pequeños vasos marmóreos o más bien dos colinas de seda blanca, coronadas por una gota de sangre. Su rostro, de gracia sobrenatural, sonreía enigmáticamente, y su boca bermeja parecía una herida luminosa. Un velo diamantino temblaba sobre su sexo.

Exhalábase de aquella terrible criatura un perfume de amor tan poderoso, que Oliverio, estremecido, anonadado, casi muerto, tuvo que cerrar los ojos, cegados por insólitas fulguraciones . . .

Al abrirlos de nuevo, acometido por un agudo espasmo, sintió que todo daba vueltas a su alrededor y que el mundo se le venía encima . . . Próximo a caer para siempre, enloquecido por un dolor tremendo, golpeó rudamente los cristales con el puño hasta teñirlos con su propia sangre . . . y rodó sobre la acera como fulminado.

La alta vidriera se abrió rápidamente y varias cabezas de hombres y mujeres se tendieron hacia la calle. Salomé llegó la última, y exclamó con su voz mágica y profunda, viendo al mísero, muerto sobre la dura piedra:

—Un mendigo . . . Nada más.

Y cerrando de un golpe seco la ancha lámina cristalina, continuó sobre las alfombras escarlatas, a la luz de las lámparas eléctricas, bajo las miradas impuras de los hombres, toda desnuda y cálida, su danza inmortal . . .

Afuera, el miserable yacía tendido de espaldas, con los ojos muertos fijos en la luna, que erraba por los altos cielos como un gran lirio de plata.

FRANCISCO GAVIDIA

La loba

Es Cacaotique, que modernamente se pronuncia y escribe con toda vulgaridad Cacahuatique, un pueblo encaramado en las montañas de El Salvador, fronterizas a Honduras. Por ahí nació el bravo General don Gerardo Barrios, que, siendo Presidente de la República, más tarde, se hizo en Cacahuatique una finca de recreo, con dos manzanas

a lily; down her dovelike back, like a rain of gold, fell her abundant hair. Her breasts, firm and blossoming, were two small marble goblets, or rather two hills of white silk tipped by a drop of blood. Her face, of supernatural grace, was smiling enigmatically, and her vermilion lips were like a luminous wound. A diamondlike veil trembled over her sex.

There emanated from that fearful creature a scent of love so powerful that Oliverio, quivering, annihilated, all but dead, had to close his eyes, blinded by those unusual flashes of light . . .

When he opened them again, assailed by a sharp spasm, he felt everything spinning around him and the world caving in on him . . . On the point of falling down for all time, maddened by a tremendous sorrow, he pounded on the windows roughly with his fist until they were stained with his own blood . . . and he collapsed on the sidewalk as if struck by lightning.

The tall window was opened rapidly and several men's and women's heads peered out toward the street. Salome was the last to arrive, and exclaimed in her deep, magical voice, as she saw the unhappy man lying dead on the hard stones:

"A beggar . . . That's all."

And closing the wide sheet of glass with a curt movement, she continued her immortal dance on the scarlet carpets, by the light of the electric lamps, beneath the impure gaze of the men, in complete, hot nudity.

Outside, the wretched man lay stretched out on his back, his dead eyes staring at the moon, which was wandering through the high heavens like a large silver lily.

FRANCISCO GAVIDIA

The She-Wolf

Cacaotique, which nowadays is most vulgarly pronounced and written Cacahuatique, is a town perched in the mountains of El Salvador on the border with Honduras. In that area was born the brave general Gerardo Barrios,[1] who, when president of the republic later on, built himself a country estate in Cacahuatique, with rosebushes covering two plots of

1. Born 1813; president of El Salvador 1860–1863; deposed; executed 1865. The town in the story is now called Ciudad Barrios.

de rosales y otras dos de limares, un cafetal que llegó a dar 900 sacos y una casa como para recibir a la Presidenta, mujer bella y elegante por extremo. Un vasto patio de mezcla, una trilla y una pila de lavar café; una acequia que charlaba día y noche al lado de la casa, todo construido en la pendiente de una colina, arriba y de modo que se dominaban de allí las planicies, los valles y vericuetos del cafetal cuando se cubría de azahares; la montaña muy cerca en que se veían descender por los caminos, casi perpendiculares, a los leñadores con su haz al hombro; por otro lado, montes; por otro, un trapiche, a tiempos moliendo caña, movido por bueyes que daban la vuelta en torno suyo, a tiempos enfundado en un sudario de bagazo, solitario y silencioso bajo un amate copudo; más allá cerros magníficos, uno de los cuales estaba partido por la mitad; limitando la finca, una hondonada en cuyo abismo se enfurecía un torrente, lanzando ahogados clamores; aire frío, cielo espléndido, y cinco o seis muchachas bonitas en el pueblo: éstos son recuerdos de la infancia.

Mi padre compró la finca a la viuda del Presidente, y dejando a San Miguel vivimos en ella por tres años. Yo tendría entonces unos ocho. Algo más quisiera escribir sobre aquel pueblo, pero no hay tiempo; no dejaré de mencionar, sin embargo, uno de los más soberbios espectáculos que puede verse. Desde la plazoleta del Calvario se ve extenderse un valle de diez o doce leguas de anchura. Por él pasaban otro tiempo, formando selvas de picas, carcaj al hombro, las huestes innumerables de Lempira. En el fondo del valle se ve arrastrarse el Lempa, como un lagarto de plata. El un lado del río, hasta San Salvador, se llamó Tocorrostique; el otro lado, hasta San Miguel, se llamó Chaparrastique. Más allá del valle se extiende el verde plomizo de las selvas de la costa, y más allá como el canto de un disco, la curva azul de acero del Pacífico. Un cielo tempestuoso envuelve con frecuencia en las nieblas de un deshecho temporal el gigantesco panorama. Come el valle se extiende hasta el mar, desde el mar vienen aullando los huracanes, por espacio de cincuenta leguas, a azotar los liquidámbares de las montañas de Honduras. Por eso habréis oído decir que alguna vez el viajero que pasa la altura de Tongolón, desde donde se ven los dos océanos, derribado por el viento furioso, rueda por los precipicios horribles.

Cacahuatique es un pueblo en que se ve palpablemente la transición del aduar indígena al pueblo cristiano. Los techos pajizos se mez-

ten thousand square yards each and lime trees another two, a coffee plantation that came to yield nine hundred sacks a year, and a house fitting to receive the first lady, an extremely beautiful and elegant woman. A vast mortar patio, a thresher, and a basin for washing coffee; an irrigation ditch that babbled day and night beside the house—all of this built on the slope of a hill, high up so that it overlooked the plains, the valleys, and the paths through the coffee plantation when it was covered with blossoms; very close by was the mountain down whose nearly perpendicular trails the woodcutters could be seen descending with their faggots on their shoulders; on another side, forests; on another, a sugar mill which at times ground cane, propelled by oxen moving in a circle, and at other times was sheathed in a shroud of waste pulp, solitary and silent beneath a thick-topped Mexican fig tree; beyond that were magnificent hills, one of which was split in the middle; bordering the estate, a ravine in whose abyss a torrent raged, hurling muffled cries; cool air, splendid sky, and five or six pretty girls in town: such are my childhood memories.

My father bought the estate from the president's widow, and, leaving San Miguel,[2] we lived there for three years. I must have been about eight at the time. I'd like to write some more about that town, but there's no time; yet I won't omit the mention of one of the most superb spectacles that can be seen. From the little Calvary square can be seen outspread a valley some ten or twelve leagues wide. In the olden days there passed through it, forming forests of pikes, quivers on their shoulders, the numberless hosts of Lempira.[3] At the far side of the valley the Lempa can be seen dragging its length along, like a silver lizard. One side of the river, up to San Salvador, was called Tocorrostique; the other side, up to San Miguel, was called Chaparrastique. Beyond the valley extends the leaden green of the coastal jungles, and beyond that, like the rim of a disk, the steely blue curve of the Pacific. A stormy sky frequently envelops the gigantic panorama in the mists of a violent shower. Since the valley runs all the way to the sea, from the sea the hurricanes come howling for a distance of fifty leagues to lash the liquidambar trees of the Honduras mountains. For that reason you must surely have heard that at times a wayfarer on the heights of Tongolón, from which both oceans can be seen, is swept away by the furious wind and hurled into the horrible precipices.

Cacahuatique is a town in which is clearly seen the transition from the native village to the Christian city. Thatched roofs mingle with the

---

2. Where Gavidia was born.   3. A Honduran Indian chief (1497–1539).

clan a los tejados árabes que adoptó sin restricción nuestra arquitectura colonial. Los cazadores usan la escopeta y la flecha. El vocabulario es una mezcla pintoresca de castellano y lenca, y la teogonía mezcla el catolicismo, al panteísmo pavoroso de las tribus. Todavía recuerdo el terror infantil con que pasaba viendo al interior de una casucha donde vivía una mujer, de quien se aseguraba que por la noche se *hacía cerdo*.

Esta idea me intrigaba, cuando al anochecer, iba a conciliar el sueño y veía la cornisa del cancel de la alcoba; cornisa churrigueresca que remedaba las contorsiones de las culebras que se decía que andaban por ahí en altas horas. Pensaba también en que podía oír los pasos que se aseguraba que solían sonar en la sala vecina y que algunos atribuían al difunto Presidente.

Quitad de ese pueblo los tejados árabes, las dos iglesias, los innumerables árboles de mango que se sembraron entre los años 1840 a 1860, importados de la India; quitad las cruces del cementerio, su levita de algodón, bordada de cinta de lana al alcalde; sus pañolones de seda a las aldeanas descalzas; suprimid los caballos y los bueyes, y ya Cacahuatique es lo que era antes de la conquista, con sus ídolos acurrucados en el templo, cuyos flancos ofrecen un intrincado mosaico donde las florescencias y los animales, se mezclan a la figura humana, como el espíritu humano se mezclaba en la sombría filosofía indígena a los brutos, a los árboles y a la roca.

Como hayáis concebido a este pueblo en su faz primitiva, empiezo mi narración, que es, en el fondo, la que me hizo Damián, un mayordomo.

Kol-ak-chiutl (mudada de culebra), que en la tribu por abreviación acabaron por pronunciar Kola, era una mujer que se iba enriqueciendo a ojos vistas, debido a que era bruja y además ladrona.

Tenía una hija, Oxil-tla (flor de pino), de ojos pardos como la piel de una liebre montés. Su pie era pequeño; sus manos, que sólo se habían ensayado en devanar algodón y en tejer lienzos de plumas, puestas al sol dejaban pasar la luz como una hoja tierna. Su pecho era como la onda del río. Para completar su belleza, niña, aún, su abuelo materno le había pintado el más lindo pájaro en las mejillas. Kola llevó un día a su hija al campo, y allí le dijo un secreto. Tres días después Kola había ido con ella al peñol de Arambala, donde moraba Oxtal (Cascabel), señor de Arambala, con diez mil flecheros que defendían el peñol, pues el príncipe se había apoderado de la comarca por traición. Invitado a una fiesta, su gente, que había dejado en los

Arabic tile roofs which our colonial architecture adopted exclusively. Hunters use shotguns and bow and arrow. The vocabulary is a picturesque mixture of Castilian and the indigenous Lenca, and religious beliefs blend Catholicism with the fearsome pantheism of the tribes. I still recall the childish terror I endured when looking inside a hut in which lived a woman of whom it was asserted that she turned into a pig at night.

That idea intrigued me when, at nightfall, I'd try to fall asleep and I'd look at the molding on my bedroom screen, a Churrigueresque molding that imitated the contortions of the snakes that were said to appear there late at night. I also thought I could hear the footsteps which, as I was assured, used to resound in the adjacent parlor, and which some people said were those of the late president.

Take away from that town its tiled roofs, its two churches, the innumerable mango trees, imported from India, planted there between 1840 and 1860; take away the cemetery crosses, and the mayor's cotton frock coat embroidered with woolen ribbon; take away the barefoot townswomen's silk shawls; get rid of the horses and oxen—and Cacahuatique will be what it was before the Conquest, with its idols squatting in the temple, the sides of which presented an intricate mosaic where floral and animal motifs mingled with human figures, just as the human spirit, in the somber native philosophy, mingled with beasts, trees, and rocks.

Now that you have imagined this town in its primitive aspect, I begin my story, which is basically the one told to me by Damián, an estate steward.

Kol-ak-chiutl ("the woman changed from a snake"), which the tribespeople finally pronounced Kola for short, was a woman who was visibly growing rich, because she was a sorceress and a thief to boot.

She had a daughter, Oxil-tla ("pine flower"), with eyes as gray as the fur of a wild hare. Her feet were small; her hands, experienced solely in reeling cotton and weaving feather fabrics, when exposed to the sun let the light shine through like a thin leaf. Her bosom was like the wave of the river. To complete her beauty, when she was still a little girl her maternal grandfather had tattooed the loveliest bird on her cheeks. One day Kola took her daughter into the countryside, and told her a secret there. Three days later, Kola had gone with her to the crag of Arambala, where Oxtal ("jingle bell"), lord of Arambala, dwelt with ten thousand archers to defend the crag, since that prince had taken possession of the region through treachery. Once, when he was in-

bosques vecinos, cayó de improviso en la tribu embriagada con aguar-
diente de maíz. Kola y su hija Oxil-tla pusieron a sus pies una sábana
de pieles de ratón montés y un dosel de plumas de quetzal. Oxtal las
besó en los ojos y esperó en silencio. La madre hizo una seña a su hija,
y ésta, ruborosa, desdobló el manto y puso a los pies del cacique sus
ídolos de piedra de río.

Entonces Kola habló de esta manera:

—Éstos son los cuatro dioses de mis cuatro abuelos, el quinto es el
mío y el sexto el de esta paloma, que trae su familia para mezclarla con
la tuya.

Oxil-tla bajó los ojos.

—Oxtal, señor de Arambala, tiene tantas esposas como dedos tiene
en las manos; cada una le trajo una dote de valor de cien doseles de
plumas de quetzal y de cien arcos de los que usan los flecheros de
Cerquín. Tu paloma no puede ser mi esposa, sino mi manceba.

Kola se levantó, empujó suavemente a su hija, desde la puerta y
dijo:

—Tus ojos son hermosos como los del gavilán y tu alma es sabia y
sutil como una serpiente: cuando la luna haya venido a iluminar el
bosque por siete veces, estaré aquí de vuelta. Cada hijo que te nazca
de esta paloma tendrá por nahual una víbora silenciosa o un jaguar de
uñas penetrantes. Los mozos que van a mi lado a las orillas de las cer-
cas a llamar por boca mía a su nahual, fiel compañero de toda su vida,
atraen a su llamamiento a los animales más fuertes, cautelosos y de
larga vida. Oxil-tla, camina delante.

Por esta razón Kola había visto una tarde, con impaciencia, el árbol
del patio donde estaban hechas seis rayas.

—Seis veces la luna ha iluminado al bosque —dijo—, y aún falta
mucho para completar tu dote.

La viva tristeza de Oxil-tla se iluminó un momento por un rayo de
alegría.

Porque Oxil-tla iba por las tardes a la cerca del maizal vecino, siempre que el zumbido de una honda hacía volar espantados a los pájaros
negros de la comarca; ¡de tal modo el poderoso hondero hacía aullar
el pedernal en los aires!

En el verde y floreciente maizal había oído ella la canción que solía
murmurar entre dientes cuando estaba delante de su madre:

vited to a feast, his men, whom he had left in the nearby woods, had suddenly attacked the tribesmen who were drunk on corn liquor. Kola and her daughter Oxil-tla placed at his feet a cape made of wild-mouse skins and a curtain made of quetzal feathers. Oxtal kissed them on the eyes and waited in silence. The mother gave a signal to her daughter, who, blushing, unfolded her mantle and placed at the chieftain's feet her idols fashioned of river pebbles.

Then Kola spoke in this manner:

"These are the four gods of my four grandparents; the fifth is mine, and the sixth is that of this dove, who is bringing her family to join it to yours."

Oxil-tla lowered her eyes.

"Oxtal, lord of Arambala, has as many wives as he has fingers on his hands; each one of them brought him a dowry worth a hundred quetzal-feather curtains and a hundred bows such are used by the archers of Cerquín.[4] Your dove cannot be my wife, only my concubine."

Kola arose, shoved her daughter out gently, and said from the doorway:

"Your eyes are as beautiful as those of the sparrow hawk, and your soul is wise and subtle as a serpent: when the moon has come to illuminate the woods seven times, I shall be back here. Every child that this dove bears to you will have as guardian-spirit animal either a silent viper or a jaguar with deep-piercing claws. The lads who go by my side to the edge of the palisades to summon their spirit animals (faithful companions of their whole lives) by way of my lips, allure to their call the strongest, wariest, and most long-lived animals. Oxil-tla, walk ahead."

For that reason, one evening Kola had gazed impatiently at the courtyard tree on which six lines had been carved.

"Six times the moon has illuminated the woods," she said, "and there is still much lacking to complete your dowry."

For a moment Oxil-tla's keen sorrow was lit up by a ray of cheer.

This was because Oxil-tla used to go every evening to the fence of the neighboring cornfield, whenever the hum of a sling made the black birds of the district fly away in fright; so powerfully did that sling-wielder make his flint whistle through the air!

In the green, flourishing cornfield she had heard the song that she was wont to murmur quietly when she was with her mother:

---

4. Province in which Lempira was active.

Flor de pino, ¿recuerdas el día
En que fuiste, a los rayos del sol,
A ofrecer esa frente que es mía
Al beso altanero
Del cacique que guarda el peñol?

Di a tu madre, cuando haya venido
La ancha luna por séptima vez,
Que yo he de ir a su sombra escondido,
Y que hará al guerrero
la piedra de mi honda caer a mis pies.

El que así canta en el maizal es Iquexapil (perro de agua), el hondero más famoso que se mienta desde Cerquín a Arambala; ora, Oxiltla ama a Iquexapil, por eso se regocija de que su madre no pueda recoger una dote por valor de cien doseles y cien arcos.

Kola, meditabunda, pues ambiciona que su bella hija sea la esposa de un cacique, toma una resolución siniestra: llama en su auxilio al diablo Ofo, con todo su arte de llamar a los nahuales.

Una noche que amenazaba tempestad, fue a la selva e invocó a las culebras de piel tornasol; a las zorras que en la hojarasca chillan cuando una visión pasa por los árboles y les eriza el pelo; a los lobos, a los que un espíritu de las cavernas pica el vientre y les hace correr por las llanuras; a los cipes que duermen en la ceniza y a los duendes que se roban las mujeres de la tribu para ir a colgarlas de una hebra del cabello en la bóveda de un cerro perforado y hueco, de que han hecho su morada. La invocación conmovía las raíces de los árboles que se sentían temblar.

En la bruma del río que había mezclado su rumor al odioso conjuro, llegó Ofo, el diablo de los ladrones, y habló de tal manera a los oídos de la bruja, que ésta volvió contenta a su casa, donde halló a Oxil-tla dormida.

Pronto se habló de muchos robos en la tribu y sus alrededores.

Uno hubo que puso un lienzo de plumas valiosas en la piedra de moler y se escondió para atisbar al ladrón.

Vio llegar una loba, a quien quiso espantar; la loba saltó sobre él, le devoró y se llevó el lienzo. La población estaba aterrada.

Kola, desde la puerta de su casa, aguardaba impaciente que la luna dejase ver tras los montes su disco angosto como un puñal de piedra.

Pine flower, do you recall the day
when, in the sunlight, you went
to offer that brow which is mine
to the haughty kiss
of the chieftain who guards the crag?

Tell your mother that when the wide moon
has arrived for the seventh time,
I shall go along, hidden in her shadow,
and that my sling stone
will make the warrior fall at my feet!

The man singing that way in the cornfield is Iquexapil ("water dog"), the most famous sling-wielder named between Cerquín and Arambala; now, Oxil-tla loves Iquexapil, and that is why she rejoices in her mother's inability to assemble a dowry worth a hundred curtains and bows.

Kola, lost in thought, because it's her ambition that her lovely daughter become the wife of a chief, makes a sinister resolution: she summons to her aid the devil Ofo, with all her art of summoning spirit animals.

One night, when a storm was threatening, she went into the jungle and invoked the snakes with iridescent skin; the foxes that bark in the fallen leaves when a vision passes through the trees and makes their fur stand on end; the wolves, whose bellies are stung by a cavern spirit, making them dash over the plains; the goblins that sleep in the ashes and the elves who abduct tribeswomen and hang them up by a single hair of their head from the vault of a pierced, hollow hill which they have made their dwelling. The conjuration agitated the roots of the trees, which felt themselves shaking.

In the fog of the river that had mingled its sound with the hideous incantation, came Ofo, the devil of thieves, and spoke in the sorceress's ear in such terms that she returned home contentedly, finding Oxil-tla asleep there.

Before long there was talk of many thefts in the tribe and round about.

There was one man who placed a bundle of valuable feathers on his cornmeal grindstone and hid in order to catch sight of the thief.

He saw a she-wolf arrive, and tried to frighten it; the she-wolf pounced on him, devoured him, and made off with the bundle. The locals were terrified.

From the doorway of her house Kola was waiting impatiently for the moon to rise behind the forests and show its face, narrow as a stone dagger.

Ahora, he aquí lo que pasó una noche. Mientras Oxil-tla dormía profundamente, Kola se levantó desnuda. El frío de la noche es glacial y la sombría mujer echa al horno los troncos más gruesos, en que empiezan a avivarse ascuas enormes. La bruja entonces toma la sartén de las oraciones, en que presentara a su dios la sangre de las liebres sacrificadas al venir la estación de las lluvias. Coloca esta sartén en medio de la casa, da saltos horribles al fulgor de la hoguera, hace invocaciones siniestras a Ofo, y finalmente vomita en el tiesto un vaho plomizo que queda allí con aspecto de líquido opalino: es su espíritu. En aquel momento la mujer se había transformado en loba. Entonces se fue a robar.

En el silencio de la noche, la claridad de la hoguera hizo abrir los ojos a Oxil-tla, que mira en torno, busca y llama a su madre, que ha desaparecido.

La joven se levanta temerosa. Todo es silencio. Recorre la casa y da en el tiesto, en que flota algo como líquido y como vapor.

—Madre —dice la joven—, madre fue al templo y dejó impuro el tiesto de las oraciones; una buena hija no debe dejar nada para mañana: es preciso acostumbrarse a un trabajo regular; que más tarde Iquexapil vea en mí una mujer hacendosa . . .

Al decir esto, se inclina, toma el tiesto y arroja a la hoguera su contenido; el fuego crece con llama súbita, pero luego sigue ardiendo como de ordinario.

Oxil-tla guarda el tiesto, se acuesta de nuevo y, para calmar su terror, procura conciliar el sueño y se duerme.

A la madrugada, la loba husmea toda la casa, va, se revuelve, gime en torno, busca en vano su espíritu. Pronto va a despuntar el día. Oxil-tla se despereza, próxima a despertarse con un gracioso bostezo. La loba lame impaciente el sitio en que quedó el tiesto sagrado. ¡Todo es en vano!; antes que su hija despierte gana la puerta y se interna por el bosque, que va asordando con sus aullidos. Aunque volvió las noches subsiguientes a aullar a la puerta de la casa, aquella mujer se había quedado loba para siempre.

Oxil-tla fue la esposa de Iquexapil.

Estas formas tomaba la moral en los tristes aduares.

Now, here is what happened one night. While Oxil-tla was deep in slumber, Kola got up, nude. The chill of the night is glacial, and the somber woman tosses the thickest logs into the stove, in which enormous embers begin to glow. Then the sorceress takes up her prayer skillet, in which she had offered to her god the blood of the hares sacrificed when the rainy season had come. She places this skillet in the center of the house, makes fearful leaps by the light of the blaze, makes sinister conjurations to Ofo, and, lastly, disgorges into the vessel a lead-colored vapor, which remains there with the appearance of an opaline liquid: it is her spirit. At that moment the woman had turned herself into a wolf. Then she went out to steal.

In the silence of the night, the brightness of the blaze made Oxil-tla open her eyes; looking all around, she seeks and calls her mother, who has vanished.

The young woman gets up timidly. All is silent. She runs through the house and discovers the vessel in which something is floating, not quite liquid and not quite vapor.

"Mother," says the young woman, "mother has gone to the temple, and she has left the prayer vessel unclean; a good daughter should leave nothing till the next day: I must get used to regular work, so that in the future Iquexapil will find an industrious wife in me . . ."

Saying this, she stoops down, picks up the vessel, and throws its contents into the fire; the fire grows with a sudden flame, but then goes on burning as usual.

Oxil-tla puts away the vessel, goes back to bed, and, to calm her fear, tries to fall asleep and finally does.

At dawn, the she-wolf snuffles the entire house, goes back and forth, moaning all around, seeking her spirit in vain. Day will soon break. Oxil-tla stretches, on the point of awakening with a charming yawn. The she-wolf impatiently licks the spot where she had left the sacred vessel. All is in vain! Before her daughter awakes, she reaches the door and loses herself in the woods, which she deafens with her howls. Even though she returned on the following nights to howl at the house door, that woman remained a wolf forever.

Oxil-tla became the wife of Iquexapil.

Morality took on such aspects in the unhappy Indian villages.

Ricardo Jaimes Freyre

En las montañas

Los dos viajeros bebían el último trago de vino, de pie al lado de la hoguera. La brisa fría de la mañana hacía temblar ligeramente las alas de sus anchos sombreros de fieltro. El fuego palidecía ya bajo la luz indecisa y blanquecina de la aurora; se esclarecían vagamente los extremos del ancho patio y se trazaban sobre las sombras del fondo las pesadas columnas de barro que sostenían el techo de paja y cañas.

Atados a una argolla de hierro fija en una de las columnas, dos caballos completamente enjaezados esperaban, con la cabeza baja, masticando con dificultad largas briznas de hierba. Al lado del muro, un indio joven, en cuclillas, con una bolsa llena de maíz en una mano, hacía saltar hasta su boca los granos amarillentos.

Cuando los viajeros se disponían a partir, otros dos indios se presentaron en el enorme portón rústico. Levantaron una de las gruesas vigas que, incrustadas en los muros, cerraban el paso y penetraron en el vasto patio.

Su aspecto era humilde y miserable, y más miserable y humilde lo tornaban las chaquetas desgarradas, las burdas camisas abiertas sobre el pecho, las cintas de cuero, llenas de nudos, de las sandalias.

Se aproximaron lentamente a los viajeros que saltaban ya sobre sus caballos, mientras el guía indio ajustaba a su cintura la bolsa de maíz y anudaba fuertemente en torno de sus piernas los lazos de sus sandalias.

Los viajeros eran jóvenes aún; alto el uno, muy blanco, de mirada fría y dura; el otro, pequeño, moreno, de aspecto alegre.

—Señor . . . —murmuró uno de los indios. El viajero blanco se volvió a él.

—Hola, ¿qué hay, Tomás?

—Señor . . . déjame mi caballo . . .

—¡Otra vez, imbécil! ¿Quieres que viaje a pie? Te he dado en cambio el mío, ya es bastante.

—Pero tu caballo está muerto.

—Sin duda está muerto, pero es porque le he hecho correr quince horas seguidas. ¡Ha sido un gran caballo! El tuyo no vale nada. ¿Crees tú que soportará muchas horas?

—Yo vendí mis llamas para comprar ese caballo para la fiesta de San Juan . . . Además, señor, tú has quemado mi choza.

RICARDO JAIMES FREYRE

In the Mountains

The two wayfarers were drinking the last swallow of wine, standing beside the campfire. The chilly morning breeze caused the brims of their wide felt hats to tremble slightly. The fire was already growing pale in the uncertain, whitish light of dawn; the ends of the wide patio grew somewhat brighter, and the heavy clay columns that supported the straw-and-cane roof were outlined against the shadowy background.

Tied to an iron ring embedded in one of the columns, two horses in full harness were waiting with lowered heads, chewing with difficulty long blades of grass. Beside the wall, a young Indian, squatting with a bag full of corn in one hand, was making the yellowish kernels leap into his mouth.

When the wayfarers were getting ready to go, two more Indians appeared in the huge rustic entranceway. They raised one of the thick beams which, set into the walls, blocked the way, and they entered the vast courtyard.

They looked humble and impoverished, and this impression was only heightened by their torn jackets, their coarse shirts open at the throat and chest, and the leather bands, full of knots, of their sandals.

Slowly they approached the wayfarers, who were already jumping onto their horses, while their Indian guide attached the bag of corn to his belt and tied his sandal laces tightly around his legs.

The wayfarers were still young; one was tall and very white, with cold, hard eyes; the other was short, dark, and cheerful-looking.

"Sir," murmured one of the Indians. The light-complexioned wayfarer turned in his direction.

"Hi, what's up, Tomás?"

"Sir . . . give me back my horse . . ."

"Again, you idiot! Do you expect me to walk? I gave you mine in exchange, and that's enough."

"But your horse is dead."

"Sure he's dead, but it's because I made him run for fifteen solid hours. He was a great horse! Yours is worthless. Do you think he'll last many hours?"

"I sold my llamas to buy that horse for the feast of Saint John . . . Besides, sir, you burnt my hut."

—Cierto, porque viniste a incomodarme con tus lloriqueos. Yo te arrojé un tizón a la cabeza para que te marcharas, y tú desviaste la cara y el tizón fue a caer en un montón de paja. No tengo la culpa. Debiste recibir con respeto mi tizón. ¿Y tú, qué quieres, Pedro? —preguntó, dirigiéndose al otro indio.

—Vengo a suplicarte, señor, que no me quites mis tierras. Son mías. Yo las he sembrado.

—Éste es asunto tuyo, Córdova —dijo el caballero, dirigiéndose a su acompañante.

—No, por cierto, éste no es asunto mío. Yo he hecho lo que me encomendaron. Tú, Pedro Quispe, no eres dueño de esas tierras. ¿Dónde están tus títulos? Es decir, ¿dónde están tus papeles?

—Yo no tengo papeles, señor. Mi padre tampoco tenía papeles, y el padre de mi padre no los conocía. Y nadie ha querido quitarnos las tierras. Tú quieres darlas a otro. Yo no te he hecho ningún mal.

—¿Tienes guardada en alguna parte una bolsa llena de monedas? Dame la bolsa y te dejo las tierras.

Pedro dirigió a Córdova una mirada de angustia.

—Yo no tengo monedas, ni podría juntar tanto dinero.

—Entonces, no hay nada más que hablar. Déjame en paz.

—Págame, pues, lo que me debes.

—¡Pero no vamos a concluir nunca! ¿Me crees bastante idiota para pagarte una oveja y algunas gallinas que me has dado? ¿Imaginaste que íbamos a morir de hambre?

El viajero blanco, que empezaba a impacientarse, exclamó:

—Si seguimos escuchando a estos dos imbéciles, nos quedamos aquí eternamente . . .

La cima de la montaña, en el flanco de la cual se apoyaba el amplio y rústico albergue, comenzaba a brillar herida por los primeros rayos del sol. La estrecha aridez se iluminaba lentamente y la desolada aridez del paisaje, limitado de cerca por las sierras negruzcas, se destacaba bajo el azul del cielo, cortado a trechos por las nubes plomizas que huían.

Córdova hizo una señal al guía, que se dirigió hacia el portón. Detrás de él salieron los dos caballeros.

Pedro Quispe se precipitó hacia ellos y asió las riendas de uno de los caballos. Un latigazo en el rostro lo hizo retroceder. Entonces, los

"Of course, because you came to annoy me with your whining. I threw a half-extinguished brand at your head to make you go away, but you turned your face aside and the stick landed on a pile of straw. It's not my fault. You should have been respectful and let my stick hit you. And you, Pedro, what do *you* want?" he asked, addressing the other Indian.

"I've come to beg you, sir, not to take away my land. It's mine. I planted it."

"That's *your* affair, Córdova," said the horseman, addressing his companion.

"Not a bit, it isn't my affair. I only did what I was ordered to do. You, Pedro Quispe, are not the owner of that land. Where are your deeds? I mean, where are your papers?"

"I have no papers, sir. Neither did my father have papers, and my father's father had no notion of them. And nobody ever wanted to take away our land. You want to give it to someone else. I haven't done you any harm."

"Do you have a sackful of coins stashed away anywhere? Give me the sack and I'll leave you the land."

Pedro gave Córdova an anguished look.

"I have no coins, and I can't get that much money together."

"In that case, we have nothing more to say to each other. Leave me in peace."

"Then, pay me what you owe me."

"We're never going to finish this way! Do you think I'm such a fool as to pay you for a sheep and a few chickens that you gave me? Did you imagine we were going to let ourselves die of hunger?"

The light-skinned traveler, beginning to get impatient, exclaimed:

"If we keep on listening to these two idiots, we'll stay here forever . . ."

The summit of the mountain on whose side the extensive rustic inn reposed, began to glow, smitten by the first sunbeams. The narrow way ahead[1] was slowly illuminated, and the desolate aridity of the landscape, which was closed in at no great distance by the blackish ranges, stood out beneath the blueness of the sky, cleft here and there by the scudding lead-colored clouds.

Córdova gave a signal to the guide, who walked to the entranceway. The two horsemen left after him.

Pedro Quispe hastened after them and seized the reins of one of the horses. A whiplash on his face made him recoil. Then the two

---

1. A conjecture for a missing word, since the *aridez* here is clearly an error due to the presence of the same word in the next clause.

dos indios salieron del patio, corriendo velozmente hacia una colina próxima, treparon por ella con la rapidez y seguridad de las vicuñas, y al llegar a la cumbre tendieron la vista en torno suyo. Pedro Quispe aproximó a sus labios el cuerno que llevaba colgado a su espalda y arrancó de él un son grave y prolongado. Detúvose un momento y prosiguió después con notas estridentes y rápidas.

Los viajeros comenzaban a subir por el flanco de la montaña; el guía, con paso seguro y firme, marchaba indiferente, devorando sus granos de maíz. Cuando resonó la voz de la bocina, el indio se detuvo, miró azorado a los dos caballeros y emprendió rapidísima carrera por una vereda abierta en los cerros. Breves instantes después, desaparecía a lo lejos.

Córdova, dirigiéndose a su compañero, exclamó:

—Álvarez, esos bribones nos quitan nuestro guía.

Álvarez detuvo su caballo y miró con inquietud en todas direcciones.

—El guía . . . ¿Y para qué lo necesitamos? Temo algo peor.

La bocina seguía resonando, y en lo alto del cerro la figura de Pedro Quispe se dibujaba en el fondo azul, sobre la rojiza desnudez de las cimas.

Diríase que por las cuchillas y por las encrucijadas pasaba un conjuro; detrás de los grandes hacinamientos de pasto, entre los pajonales bravíos y las agrias malezas; bajo los anchos toldos de lona de los campamentos, en las puertas de las chozas y en la cumbre de los montes lejanos, veíanse surgir y desaparecer rápidamente figuras humanas. Deteníanse un instante, dirigían sus miradas hacia la colina en la cual Pedro Quispe arrancaba incesantes sones a su bocina, y se arrastraban después por los cerros, trepando cautelosamente.

Álvarez y Córdova seguían ascendiendo por la montaña; sus caballos jadeaban entre las asperezas rocallosas, por el estrechísimo sendero, y los dos caballeros, hondamente preocupados, se dejaban llevar en silencio.

De pronto, una piedra enorme, desprendida de la cima de las sierras, pasó cerca de ellos, con un largo rugido; después otra . . . otra . . .

Álvarez lanzó su caballo a escape, obligándolo a flanquear la montaña. Córdova lo imitó inmediatamente; pero los peñascos los persiguieron. Parecía que se desmoronaba la cordillera. Los caballos, lanzados como una tempestad, saltaban sobre las rocas, apoyaban milagrosamente sus cascos en los picos salientes y vacilaban en el espacio, a enorme altura.

En breve las montañas se coronaron de indios. Los caballeros se

Indians left the courtyard, running swiftly to a nearby hill, which they climbed with the rapidity and surefootedness of a vicuña; when they reached the top they looked all around.

Pedro Quispe put to his lips the horn he carried hanging down his back, and drew from it a long, deep sound. He stopped a moment and then continued with rapid, strident notes.

The travelers were beginning to ascend the mountainside; their guide, with sure, firm steps, was walking nonchalantly, devouring his corn kernels. When the horn sounded, the Indian halted, looked at the two horsemen in agitation, and set out at an extremely fast run down a path leading to the hills. A few moments later he had vanished in the distance.

Córdova, addressing his companion, exclaimed:

"Álvarez, those vagabonds have taken away our guide!"

Álvarez reined in his horse and looked all around anxiously.

"The guide . . . What do we need him for? I'm afraid of something worse."

The horn kept blowing, and at the top of the hill the figure of Pedro Quispe was outlined against the blue background, over the reddish nakedness of the summits.

You'd have thought that a magic spell was affecting the ridges and crossroads; behind the big clumps of grazing grass, among the wild stretches of coarse grass and rough brambles; below the wide canvas awnings of the encampments, in the doorways of the huts and on the peaks of the distant mountains, human figures could be seen looming up and vanishing rapidly. They'd halt for an instant, direct their gaze at the hill where Pedro Quispe was drawing ceaseless tones from his horn, and then they'd creep across the hills, climbing cautiously.

Álvarez and Córdova kept ascending the mountain; their horses panted amid the jagged rocks, on the very narrow path, and the two horsemen, gravely worried, let themselves be carried in silence.

Suddenly a huge stone, detached from the summit of the mountains, passed near them, with a lengthy roar; then another . . . another . . .

Álvarez spurred his mount to a fast gallop, compelling it to follow the mountainside. Córdova did the same at once, but the hunks of rock pursued them. The entire range seemed to be crumbling. The horses, swift as a stormcloud, were leaping over rocks, miraculously landing with their hooves on jutting points, and were teetering in space, at an enormous height.

Soon the mountains were wreathed with Indians. Then the horse-

precipitaron entonces hacia la angosta garganta que serpenteaba a sus pies, por la cual corría dulcemente un hilo de agua, delgado y cristalino.

Se poblaron las hondonadas de extrañas armonías; el son bronco y desapacible de los cuernos brotaba de todas partes, y en el extremo del desfiladero, sobre la claridad radiante que abría dos montañas, se irguió de pronto un grupo de hombres.

En este momento, una piedra enorme chocó contra el caballo de Álvarez; se le vio vacilar un instante y caer luego y rodar por la falda de la montaña. Córdova saltó a tierra y empezó a arrastrarse hacia el punto en que se veía el grupo polvoroso del caballo y del caballero.

Los indios comenzaron a bajar de las cimas: de las grietas y de los recodos salían uno a uno, avanzando cuidadosamente, deteniéndose a cada instante con la mirada observadora en el fondo de la quebrada. Cuando llegaron a la orilla del arroyo, divisaron a los dos viajeros. Álvarez, tendido en tierra, estaba inerte. A su lado, su compañero, de pie, con los brazos cruzados, en la desesperación de la impotencia, seguía fijamente el descenso lento y temeroso de los indios.

En una pequeña planicie ondulada, formada por las depresiones de las sierras que la limitan en sus cuatro extremos con cuatro anchas crestas, esperaban reunidos los viejos y las mujeres el resultado de la caza del hombre. Las indias, con sus cortas faldas redondas, de telas groseras, sus mantos sobre el pecho, sus monteras resplandecientes, sus trenzas ásperas que caían sobre las espaldas, sus pies desnudos, se agrupaban en un extremo silenciosas, y se veía entre sus dedos la danza vertiginosa del huso y el devanador.

Cuando llegaron los perseguidores, traían atados sobre los caballos a los viajeros. Avanzaron hasta el centro de la explanada, y allí los arrojaron en tierra, como dos fardos. Las mujeres se aproximaron entonces y los miraron con curiosidad, sin dejar de hilar, hablando en voz baja.

Los indios deliberaron un momento. Después un grupo se precipitó hacia el pie de la montaña. Regresó conduciendo dos grandes cántaros y dos grandes vigas. Y mientras unos excavaban la tierra para fijar las vigas, los otros llenaban con el licor de los cántaros pequeños jarros de barro.

Y bebieron hasta que empezó el sol a caer sobre el horizonte, y no se oía sino el rumor de las conversaciones apagadas de las mujeres y el ruido del líquido que caía dentro de los jarros al levantarse los cántaros.

Pedro y Tomás se apoderaron de los cuerpos de los caballeros y los

men dashed toward the narrow torrent bed that was winding at their feet, and down which a thin stream of clear water was gently flowing.

The ravines were filled with strange harmonies; the hoarse, disagreeable sound of the horns issued from all sides, and at the far end of the canyon, against the radiant brightness between two mountains, there suddenly arose a group of men.

At that moment, a huge stone hit Álvarez's horse; it could be seen tottering for an instant and then falling and rolling down the mountain slope. Córdova leaped to the ground and started to crawl toward the place where the dust-covered group of horse and rider was visible.

The Indians began to descend from the summits; from the clefts and bends in the rock they emerged one by one, advancing warily, stopping every moment and gazing observantly at the bottom of the ravine. When they reached the edge of the arroyo, they caught sight of the two travelers. Álvarez was stretched out on the ground, motionless. Beside him stood his companion, his arms folded, in the despair of helplessness, closely watching the Indians' slow, timorous descent.

On a small, undulating flat space formed by the hollows of the ranges that bordered it with four wide ridges at its four ends, the old men and the women were assembled, awaiting the outcome of the manhunt. The Indian women, with their short round skirts of coarse fabric, their mantles over their bosoms, their colorful caps, their rough braids hanging down their back, and their bare feet, formed an extremely silent group; in their fingers could be seen the dizzy dance of the spindle and spool.

When the pursuers arrived, they brought the travelers tied up on their horses. They advanced to the center of the open space, where they threw them to the ground, like two bundles. Then the women drew near and studied them with curiosity, without leaving off their spinning, speaking in low tones.

The Indians deliberated for a moment. Then one group dashed to the foot of the mountain. They returned bringing two large pitchers and two large beams. And while some were digging holes in the ground to place the beams there, the others were filling little clay pots with the liquor in the pitchers.

And they drank until the sun began to dip below the horizon, and nothing was heard but the sound of the women's subdued conversations and the gurgle of the liquor pouring into the pots when the pitchers were raised.

Pedro and Tomás seized the bodies of the horsemen and tied them

ataron a los postes. Álvarez, que tenía roto el espinazo, lanzó un largo gemido. Los dos indios los desnudaron, arrojando lejos de sí, una por una, todas sus prendas. Y las mujeres contemplaban admiradas los cuerpos blancos. Después empezó el suplicio. Pedro Quispe arrancó la lengua a Córdova y le quemó los ojos. Tomás llenó de pequeñas heridas, con un cuchillo, el cuerpo de Álvarez. Luego vinieron los demás indios y les arrancaron los cabellos y los apedrearon y les clavaron astillas en las heridas. Una india joven vertió, riendo, un gran jarro de chicha sobre la cabeza de Álvarez.

Moría la tarde. Los dos viajeros habían entregado, mucho tiempo hacía, su alma al Gran Justiciero; y los indios, fatigados, hastiados ya, indiferentes seguían hiriendo y lacerando los cuerpos.

Luego fue preciso jurar el silencio. Pedro Quispe trazó una cruz en el suelo, y vinieron los hombres y las mujeres y besaron la cruz. Después desprendió de su cuello el rosario, que no lo abandonaba nunca, y los indios juraron sobre él, y escupió en la tierra, y los indios pasaron sobre la tierra húmeda.

Cuando los despojos ensangrentados desaparecieron y se borraron las últimas huellas de la escena que acababa de desarrollarse en las asperezas de la altiplanicie, la inmensa noche caía sobre la soledad de las montañas.

LEOPOLDO LUGONES

La lluvia de fuego
(Evocación de un desencarnado de Gomorra)

Y tornaré el cielo de hierro y la tierra de cobre. Levítico, XXVI, 19.

Recuerdo que era un día de sol hermoso, lleno del hormigueo popular, en las calles atronadas de vehículos. Un día asaz cálido y de tersura perfecta.

Desde mi terraza dominaba una vasta confusión de techos, vergeles salteados, un trozo de bahía punzado de mástiles, la recta gris de una avenida . . .

A eso de las once cayeron las primeras chispas. Una aquí, otra allá

to the posts. Álvarez, whose back was broken, uttered a long moan. The two Indians stripped them, throwing all their garments far away, one by one. And the women studied their white bodies in wonderment.[2]

Then the torture began. Pedro Quispe pulled out Córdova's tongue and burned his eyes. With a knife Tomás riddled Álvarez's body with small cuts. After them came the rest of the Indians, who tore out their hair, stoned them, and drove splinters into their wounds. One young Indian woman, laughing, poured a large pot of corn liquor onto Álvarez's head.

The evening was dying. Long before that, the two travelers had given up their souls to the Great Avenger; and the Indians, weary, sated by now, kept on mechanically wounding and mangling the bodies.

Next, it was necessary to swear to keep silent. Pedro Quispe drew a cross on the ground, and the men and women came and kissed the cross. Then he took from his neck the rosary that he was never without, and the Indians took an oath on it, and he spat on the ground, and the Indians walked over the damp ground.

When the bloody remains had vanished and the Indians had erased the last traces of the scene that had just taken place on the rugged terrain of the highlands, the immense night fell on the solitude of the mountains.

LEOPOLDO LUGONES

The Rain of Fire
Recollections of a Man of Gomorrah Whose Soul Had Departed

And I will make your heaven as iron, and your earth as brass. (Leviticus 26:19)

I recall that it was a day of lovely sunshine, filled with the teeming of the populace, in the streets deafened by the traffic. A quite warm day, perfect in its sheen.

From my terrace I overlooked a vast confusion of roofs, occasional orchards, a fragment of bay pricked by ships' masts, the straight gray line of an avenue . . .

At about eleven the first sparks fell. One here, one there—particles

---

2. It was stated earlier that one of them was swarthy (perhaps not as dark as the Indians).

—partículas de cobre semejantes a las morcellas de un pabilo; partículas de cobre incandescente que daban en el suelo con un ruidecito de arena. El cielo seguía de igual limpidez, el rumor urbano no decrecía. Únicamente los pájaros de mi pajarera cesaron de cantar. Casualmente lo había advertido, mirando hacia el horizonte en un momento de abstracción. Primero creí en una ilusión óptica formada por mi miopía. Tuve que esperar largo rato para ver caer otra chispa, pues la luz solar anegábalas bastante; pero el cobre ardía de tal modo, que se destacaban lo mismo. Una rapidísima vírgula de fuego, y el golpecito en la tierra. Así, a largos intervalos.

Debo confesar que al comprobarlo experimenté un vago terror. Exploré el cielo en una ansiosa ojeada. Persistía la limpidez. ¿De dónde venía aquel extraño granizo? ¿Aquel cobre? ¿Era cobre . . . ?

Acababa de caer una chispa en mi terraza, a pocos pasos. Extendí la mano; era, a no caber duda, un gránulo de cobre que tardó mucho en enfriarse. Por fortuna la brisa se levantaba, inclinando aquella lluvia singular hacia el lado opuesto de mi terraza. Las chispas eran harto ralas, además. Podía creerse por momentos que aquello había ya cesado. No cesaba. Uno que otro, eso sí; pero caían siempre los temibles gránulos.

En fin, aquello no había de impedirme almorzar, pues era el mediodía. Bajé al comedor atravesando el jardín, no sin cierto miedo de las chispas. Verdad es que el toldo, corrido para evitar el sol, me resguardaba . . .

¿Me resguardaba? Alcé los ojos; pero un toldo tiene tantos poros, que nada pude descubrir.

En el comedor me esperaba un almuerzo admirable; pues mi afortunado celibato sabía dos cosas sobre todo: leer y comer. Excepto la biblioteca, el comedor era mi orgullo. Ahíto de mujeres y un poco gotoso, en punto a vicios amables nada podía esperar ya sino de la gula. Comía solo, mientras un esclavo me leía narraciones geográficas. Nunca había podido comprender las comidas en compañía; y si las mujeres me hastiaban, como he dicho, ya comprenderéis que aborrecía a los hombres.

¡Diez años me separaban de mi última orgía! Desde entonces, entregado a mis jardines, a mis peces, a mis pájaros, faltábame tiempo para salir. Alguna vez, en las tardes muy calurosas, un paseo a la orilla del lago. Me gustaba verlo, escamado de luna al anochecer, pero esto era todo y pasaba meses sin frecuentarlo.

La vasta ciudad libertina era para mí un desierto donde se refugiaban mis placeres. Escasos amigos; breves visitas; largas horas de mesa;

of copper like the sparklings of a wick; particles of incandescent copper hitting the ground with the slight noise of sand. The sky remained just as clear, the noise of the city didn't diminish. Only, the birds in my aviary stopped singing.

I had noticed it by chance, looking at the horizon in an absent-minded moment. At first I thought it was an optical illusion due to my nearsightedness. I had to wait a long time to see another spark fall, because the sunlight was quite dazzling; but the copper burned so hotly that the sparks were visible all the same. A very rapid little streak of fire, and a quiet thud on the ground. That way, at great intervals.

I must confess that, on observing this, I felt a vague terror. I explored the sky with a worried glance. It remained clear. Where was this odd hail coming from? That copper? Was it copper? . . .

A spark had just fallen on my terrace, a few steps away. I held out my hand; no doubt about it, it was a granule of copper which took a long time to cool off. Fortunately a breeze sprang up, diverting that peculiar rain to the opposite side of my terrace. Besides, the sparks were few and far between. At times one could have thought it was now all over. It wasn't. Yes, they were occasional, but the fearful granules were still falling.

At any rate, this wasn't going to keep me from my lunch, since it was noon. I descended to the dining room, crossing the garden, not without a certain fear of the sparks. It's true that the awning, spread out to keep off the sun, was protecting me . . .

Was it protecting me? I raised my eyes; but an awning has so many pores that I could discover nothing.

In the dining room an admirable luncheon was awaiting me; because my prosperous bachelorhood enjoyed two things above all: reading and dining. Apart from my library, my dining room was my pride and joy. Fed up with women and a little gouty, in the way of pleasant vices I could no longer expect any but those of the palate. I used to eat alone, while a slave read me travel accounts. I had never been able to understand dining in company; and if I was tired of women, as I said, you can imagine that I loathed men.

It had been ten years since my last orgy! From then on, devoted to my gardens, my fish, my birds, I had no time to go out. Occasionally, on very hot afternoons, a visit to the lakeside. I liked to see the lake, scaly with moonlight at nightfall, but that was all and months went by without my going there.

For me the vast libertine city was a desert in which my pleasures took refuge. Very few friends; only brief calls; long hours at the table;

lecturas; mis peces; mis pájaros; una que otra noche tal cual orquesta de flautistas, y dos o tres ataques de gota por año . . .

Tenía el honor de ser consultado para los banquetes, y por ahí figuraban, no sin elogio, dos o tres salsas de mi invención. Esto me daba derecho —lo digo sin orgullo— a un busto municipal, con tanta razón como a la compatriota que acababa de inventar un nuevo beso.

Entre tanto, mi esclavo leía. Leía narraciones de mar y de nieve, que comentaban admirablemente, en la ya entrada siesta, el generoso frescor de las ánforas. La lluvia de fuego había cesado quizá, pues la servidumbre no daba muestras de notarla.

De pronto, el esclavo que atravesaba el jardín con un nuevo plato no pudo reprimir un grito. Llegó, no obstante, a la mesa; pero acusando con su lividez un dolor horrible. Tenía en su desnuda espalda un agujerillo, en cuyo fondo sentíase chirriar aún la chispa voraz que lo había abierto. Ahogámosla en aceite, y fue enviado al lecho sin que pudiera contener sus ayes.

Bruscamente acabó mi apetito; y aunque seguí probando los platos para no desmoralizar a la servidumbre, aquélla se apresuró a comprenderme. El incidente me había desconcertado.

Promediaba la siesta cuando subí nuevamente a la terraza. El suelo estaba ya sembrado de gránulos de cobre; mas no parecía que la lluvia aumentara. Comenzaba a tranquilizarme, cuando una nueva inquietud me sobrecogió. El silencio era absoluto. El tráfico estaba paralizado a causa del fenómeno, sin duda. Ni un rumor en la ciudad. Sólo, de cuando en cuando, un vago murmullo de viento sobre los árboles. Era también alarmante la actitud de los pájaros. Habíanse apelotonado en un rincón casi unos sobre otros. Me dieron compasión y decidí abrirles la puerta. No quisieron salir; antes se recogieron más acongojados aún. Entonces comenzó a intimidarme la idea de un cataclismo.

Sir ser grande mi erudición científica, sabía que nadie mencionó jamás esas lluvias de cobre incandescente. ¡Lluvias de cobre! En el aire no hay minas de cobre. Luego aquella limpidez del cielo no dejaba conjeturar la procedencia. Y lo alarmante del fenómeno era esto. Las chispas venían de todas partes y de ninguna. Era la inmensidad desmenuzándose invisiblemente en fuego. Caía del firmamento el terrible cobre; pero el firmamento permanecía impasible en su azul. Ganábame poco a poco una extraña congoja; pero, cosa rara: hasta entonces no había pensado en huir. Esta idea se mezcló con desagradables interrogaciones. ¡Huir! ¿Y mi mesa, mis libros, mis pájaros, mis peces que acababan precisamente de estrenar un vivero, mis jardines

reading; my fish; my birds; on odd nights, some flute orchestra; and two or three attacks of gout a year . . .

I had the honor of being consulted on the subject of banquets, at which two or three sauces of my invention figured, not without praise. That gave me the right—I say it without undue pride—to a bust in the city hall, having earned it just as much as the fellow citizeness who had just invented a new sex act.

Meanwhile, my slave was reading. He read narratives of sea and snow which, now that the siesta had begun, went very well with the noble coolness of the wine jars. The rain of fire had stopped, perhaps, since my servants showed no signs of noticing it.

All at once, the slave who was crossing the garden with a new dish was unable to suppress a cry. All the same, he reached the table, but acknowledging with his lividness a terrible pain. On his bare back was a little hole, at the bottom of which I could still hear sizzling the voracious spark that had made it. We drenched it in olive oil, and he was sent to bed, still unable to refrain from groaning.

My appetite was suddenly gone; and, though I went on tasting the dishes so as not to demoralize my servants, they quickly understood me. The incident had disconcerted me.

Siesta time was half over when I went back up to the terrace. The ground was already sprinkled with copper granules, but it didn't seem as if the rain had strengthened. I was beginning to grow calm, when a new worry gripped me. The silence was absolute. No doubt traffic had been paralyzed by the phenomenon. Not one sound in town. Only, every so often, a vague murmur of wind in the treetops. The attitude of the birds was also alarming. They had huddled in one corner, practically on top of one another. I felt pity for them, and I decided to open their door. They refused to come out; in fact, they drew back, in even greater distress. Then the idea of a cataclysm began to intimidate me.

Though my scientific learning isn't great, I knew that no one had ever mentioned such rains of incandescent copper. Rains of copper! There are no copper mines in the sky. And then, the clearness of the heavens didn't allow one to guess at the source. And the alarming aspect of the phenomenon was just this. The sparks were coming from everywhere and nowhere. The immense sky was crumbling invisibly in a powder of fire. The terrible copper was falling from the firmament, but the firmament remained impassively blue. Little by little a strange distress was coming over me, but (oddly) I had not yet thought about running away. That idea was mingled with unpleasant questions. Run away! And my table, my books, my birds, my fish who had

ya ennoblecidos de antigüedad, mis cincuenta años de placidez, en la dicha del presente, en el descuido del mañana . . . ?

¿Huir . . . ? Y pensé con horror en mis posesiones (que no conocía) del otro lado del desierto, con sus camelleros viviendo en tiendas de lana negra y tomando por todo alimento leche cuajada, trigo tostado, miel agria . . .

Quedaba una fuga por el lago, corta fuga después de todo, si en el lago como en el desierto, según era lógico, llovía cobre también; pues no viniendo aquello de ningún foco visible, debía de ser general.

No obstante el vago terror que me alarmaba, decíame todo eso claramente, lo discutía conmigo mismo, un poco enervado a la verdad por el letargo digestivo de mi siesta consuetudinaria. Y después de todo, algo me decía que el fenómeno no iba a pasar de allí. Sin embargo, nada se perdía con hacer armar el carro.

En ese momento llenó el aire una vasta vibración de campanas. Y casi junto con ella advertí una cosa: ya no llovía cobre. El repique era una acción de gracias, coreada casi acto continuo por el murmullo habitual de la ciudad. Ésta despertaba de su fugaz atonía, doblemente gárrula. En algunos barrios hasta quemaban petardos.

Acodado al parapeto de la terraza, miraba con un desconocido bienestar solidario la animación vespertina que era todo amor y lujo. El cielo seguía purísimo. Muchachos afanosos recogían en escudillas la granalla de cobre, que los caldereros habían empezado a comprar. Era todo cuanto quedaba de la grande amenaza celeste.

Más numerosa que nunca, la gente de placer coloría las calles; y aún recuerdo que sonreí vagamente a un equívoco mancebo, cuya túnica recogida hasta las caderas en un salto de bocacalle dejó ver sus piernas glabras, jaqueladas de cintas. Las cortesanas, con el seno desnudo según la nueva moda, y apuntalado en deslumbrante coselete, paseaban su indolencia sudando perfumes. Un viejo león, erguido en su carro, manejaba como si fuese una vela una hoja de estaño, que con apropiadas pinturas anunciaba amores monstruosos de fieras: ayuntamientos de lagartos con cisnes; un mono y una foca; una doncella cubierta por la delirante pedrería de un pavo real. Bello cartel, a fe mía; y garantiza la autenticidad de las piezas. Animales amaestrados por no sé qué hechicería bárbara, y desequilibrados con opio y con asafétida.

Seguido por tres jóvenes enmascarados pasó un negro amabilísimo, que dibujaba en los patios con polvos de colores derramados al ritmo

just moved into a new pond, my gardens already ennobled by their great age, the fifty years I had lived in tranquillity, enjoying the present, unworried about tomorrow? . . .

Run away? And I thought with horror of my estates (which I was unfamiliar with) on the other side of the desert, with the camel drivers living in tents of black wool and having as their sole nutriments curdled milk, parched wheat, wild honey . . .

The other possibility was an escape via the lake, a brief effort after all, if copper was also raining on the lake as it was on the desert, which was only logical; since, coming from no visible source, it must be universal.

Despite the vague terror that alarmed me, I stated all this clearly to myself, I discussed it with myself, a little enervated, to tell the truth, by the digestive lethargy of my customary siesta. And after all, something told me that the phenomenon wasn't going to get worse. All the same, I would lose nothing by having my chariot harnessed.

At that moment the air was filled with a vast vibration of bells. And at nearly the same time I noticed something: it was no longer raining copper. The pealing of bells was by way of thanksgiving, in which almost immediately the habitual hum of the city joined in chorus. It was awakening from its transitory lack of tone, and was twice as noisy. In some neighborhoods people were even setting off firecrackers.

Leaning on my terrace parapet, I observed, with an unfamiliar good feeling of solidarity, the eventide animation that was all love and luxury. The sky was still very serene. Industrious boys were gathering in bowls the copper granules, which the coppersmiths had begun to purchase. That was all that remained of the great celestial menace.

More numerous than ever, the people devoted to pleasure were coloring the streets; and I still recall that I smiled vaguely at an equivocal youth whose tunic, pulled up to his hips as he gave a leap at an intersection, exposed his hairless legs, crisscrossed by ribbons. The courtesans, their breasts bare in the new fashion and propped up by a dazzling corselet, were displaying their indolence, emitting fragrances. An old lion, erect in his wagon, was manipulating, as if it were a sail, a tin sheet which with appropriate paintings advertised monstrous sex acts of animals: couplings of lizards with swans; a monkey and a seal; a maiden covered by the wildly gemmed plumage of a peacock. A beautiful poster, I declare; and one that guarantees the authenticity of the performances. Animals trained by who knows what barbarous sorcery, and imbalanced by opium and asafetida.

Followed by three masked youths, a most charming African came by, drawing secret scenes in patios with diluted colored powders, to a

de una danza, escenas secretas. También depilaba al oropimente y sabía dorar las uñas.

Un personaje fofo, cuya condición de eunuco se adivinaba en su morbidez, pregonaba al son de crótalos de bronce, cobertores de un tejido singular que producía el insomnio y el deseo. Cobertores cuya abolición habían pedido los ciudadanos honrados. Pues mi ciudad sabía gozar, sabía vivir. Al anochecer recibí dos visitas que cenaron conmigo. Un condiscípulo jovial, matemático cuya vida desarreglada era el escándalo de la ciencia, y un agricultor enriquecido. La gente sentía necesidad de visitarse después de aquellas chispas de cobre. De visitarse y de beber, pues ambos se retiraron completamente borrachos. Yo hice una rápida salida. La ciudad, caprichosamente iluminada, había aprovechado la coyuntura para decretarse una noche de fiesta. En algunas cornisas alumbraban perfumando lámparas de incienso. Desde sus balcones, las jóvenes burguesas, excesivamente ataviadas, se divertían en proyectar de un soplo a las narices de los transeúntes distraídos tripas pintarrajeadas y crepitantes de cascabeles. En cada esquina se bailaba. De balcón a balcón cambiábanse flores y gatitos de dulce. El césped de los parques palpitaba de parejas . . .

Regresé temprano y rendido. Nunca me acogí al lecho con más grata pesadez de sueño.

Desperté bañado en sudor, los ojos turbios, la garganta reseca. Había afuera un rumor de lluvia. Buscando algo, me apoyé en la pared, y por mi cuerpo corrió como un latigazo el escalofrío del miedo. La pared estaba caliente y conmovida por una sorda vibración. Casi no necesité abrir la ventana para darme cuenta de lo que ocurría.

La lluvia de cobre había vuelto, pero esta vez nutrida y compacta. Un caliginoso vaho sofocaba la ciudad; un olor entre fosfatado y urinoso apestaba el aire. Por fortuna, mi casa estaba rodeada de galerías y aquella lluvia no alcanzaba las puertas.

Abrí la que daba al jardín. Los árboles estaban negros, ya sin follaje; el piso, cubierto de hojas carbonizadas. El aire, rayado de vírgulas de fuego, era de una paralización mortal; y por entre aquéllas se divisaba el firmamento, siempre impasible, siempre celeste.

Llamé, llamé en vano. Penetré hasta los aposentos famularios. La servidumbre se había ido. Envueltas las piernas en un cobertor de biso, acorazándome espaldas y cabeza con una bañera de metal que

dance rhythm. He also removed body hair with orpiment and knew how to gild fingernails.

A spongy individual, whose status as a eunuch could be guessed from his flabbiness, was advertising, to the sound of bronze castanets, coverlets of a peculiar material that produced insomnia and desire. Coverlets which the honorable citizens had petitioned to have abolished. But my city knew how to enjoy itself, it knew how to live.

At nightfall I welcomed two guests who dined with me. A jovial fellow student, a mathematician whose disorderly life was the scandal of science, and a farmer who had grown rich. People felt the need to call on one another after those copper sparks. To pay calls and to drink, since both of them went home completely drunk. I went out for a brief time. The city, whimsically illuminated, had taken advantage of the occasion to declare a night of merrymaking. On some cornices incense lamps spread light and fragrance. From their balconies, the young bourgeoises, overdressed and overadorned, were having fun blowing onto the noses of absentminded passersby gaudily painted fruit cores,[1] noisy with jingle bells. There was dancing at every corner. Between balconies flowers and candy kittens[2] were exchanged. The lawn in the parks was alive with petting couples . . .

I returned early and exhausted. I have never gone to bed more gratifyingly sleepy.

I awoke bathed in sweat, my eyes dazed, my throat parched. Outside was the sound of rain. Looking for something, I leaned on the wall, and a sudden chill of fear raced through my body like a whiplash. The wall was hot and shaken by a dull vibration. I hardly needed to open the window to ascertain what was going on.

The rain of copper had returned, but this time densely and compactly. A murky vapor was stifling the city; an odor between that of phosphate and that of urine polluted the air. Luckily, my house was encircled by porticoes, and that rain didn't reach the doors.

I opened the one that led to the garden. The trees were black, already leafless; the ground was covered with charred leaves. The air, streaked with short fiery lines, was deathly still; and in between the streaks could be seen the firmament, still impassive, still blue.

I called, I called in vain. I entered the slaves' quarters. The servants had gone. My legs wrapped in a byssus coverlet, my back and head shielded by a metal bathtub that weighed me down horribly, I was

---

1. Or "strings of catgut"? *Tripas* has even other meanings, hard to associate with this context.   2. [?].

me aplastaba horriblemente, pude llegar hasta las caballerizas. Los caballos habían desaparecido también. Y con una tranquilidad que hacía honor a mis nervios, me di cuenta de que estaba perdido. Afortunadamente, el comedor se encontraba lleno de provisiones; su sótano, atestado de vinos. Bajé a él. Conservaba todavía su frescura; hasta su fondo no llegaba la vibración de la pesada lluvia, el eco de su grave crepitación. Bebí una botella, y luego extraje de la alacena secreta el pomo de vino envenenado. Todos los que teníamos bodega poseíamos uno, aunque no lo usáramos ni tuviéramos convidados cargosos. Era un licor claro e insípido, de efectos instantáneos. Reanimado por el vino, examiné mi situación. Era asaz sencilla. No pudiendo huir, la muerte me esperaba; pero con el veneno aquel, la muerte me pertenecía. Y decidí ver eso todo lo posible, pues era, a no dudarlo, un espectáculo singular. ¡Una lluvia de cobre incandescente! ¡La ciudad en llamas! Valía la pena.

Subí a la terraza, pero no pude pasar de la puerta que daba acceso a ella. Veía desde allá lo bastante, sin embargo. Veía y escuchaba. La soledad era absoluta. La crepitación no se interrumpía sino por uno que otro ululato de perro, o explosión anormal. El ambiente estaba rojo; y a su través, troncos, chimeneas, casas, blanqueaban con una lividez tristísima. Los pocos árboles que conservaban follaje retorcíanse, negros, de un negro de estaño. La luz había decrecido un poco, no obstante la persistencia de la limpidez celeste. El horizonte estaba, esto sí, mucho más cerca, y como ahogado en ceniza. Sobre el lago flotaba un denso vapor, que algo corregía la extraordinaria sequedad del aire.

Percibíase claramente la combustible lluvia, en trazos de cobre que vibraban como el cordaje innumerable de un arpa, y de cuando en cuando mezclábanse con ella ligeras flámulas. Humaredas negras anunciaban incendios aquí y allá.

Mis pájaros comenzaban a morir de sed y hube de bajar hasta el aljibe para llevarles agua. El sótano comunicaba con aquel depósito, vasta cisterna que podía resistir mucho al fuego celeste; mas por los conductos que del techo y de los patios desembocaban allá habíase deslizado algún cobre, y el agua tenía un gusto particular, entre natrón y orina, con tendencia a salarse. Bastóme levantar las trampillas de mosaico que cerraban aquellas vías, para cortar a mi agua toda comunicación con el exterior.

Esa tarde y toda la noche fue horrendo el espectáculo de la ciudad. Quemada en sus domicilios, la gente huía despavorida, para arderse en las calles, en la campiña desolada; y la población agonizó bárbara-

able to reach the stables. The horses had vanished, too. And with a calmness that did honor to my nerves, I realized I was doomed.

Luckily, the dining room was full of provisions; its cellar, crammed with wines. I went down there. It still retained its coolness; the vibration of the heavy rain, the echo of its heavy crackling, didn't reach the far end of the cellar. I drank a bottle, and then I drew from the secret cupboard the flask of poisoned wine. All of us who had a wine cellar possessed one, even if we didn't use it or have troublesome guests. It was a clear, tasteless liquid which worked instantaneously.

Refreshed by the wine, I examined my situation. It was quite simple. I was unable to escape, so that death awaited me; but with that poison, death was at my beck and call. And I decided to observe as much of this as possible, since without a doubt it was a unique spectacle. A rain of incandescent copper! The city in flames! It was worthwhile.

I ascended to the terrace, but was unable to get past the door that gave access to it. Nevertheless, I saw enough from there. Saw and heard. The solitude was absolute. The crackling was interrupted only by the occasional howling of a dog or unusual explosion. The atmosphere was red; and through it tree trunks, chimneys, and houses shone whitely with a most melancholy lividness. The few trees that retained their leaves were twisted and black, a tinny black. The light had diminished a little, despite the persistence of the clearness in the sky. This, yes: the horizon was much closer and as if smothered in ash. Over the lake floated a dense vapor, which to some extent moderated the unusual dryness of the air.

The fiery rain could be clearly seen, in streaks of copper that vibrated like the innumerable strings of a harp, and every so often slight pennants of flame mingled with it. Black columns of smoke indicated burning buildings here and there.

My birds were starting to die of thirst, and I had to go down to the water tank to bring them water. The cellar was connected to that reservoir, a vast cistern that could offer great resistance to the heavenly fire; but some copper had made its way into the pipes that entered it from the roof and patios, and the water had an odd taste, something between natron and urine, with a tendency toward saltiness. I only needed to raise the mosaic hatches that blocked those passages to protect my water from any contact with the outside.

That afternoon and all night the spectacle of the city was horrendous. Their homes burnt out, people were fleeing in fright, only to be burned in the streets and the desolate countryside; and the populace

mente, con ayes y clamores de una amplitud, de un horror, de una variedad estupendos. Nada hay tan sublime como la voz humana. El derrumbe de los edificios, la combustión de tantas mercancías y efectos diversos, y más que todo la quemazón de tantos cuerpos acabaron por agregar al cataclismo el tormento de su hedor infernal. Al declinar el sol, el aire estaba casi negro de humo y polvaredas. Las flámulas que danzaban por la mañana entre el cobre pluvial eran ahora llamaradas siniestras. Empezó a soplar un viento ardentísimo, denso, como alquitrán caliente. Parecía que se estuviese en un inmenso horno sombrío. Cielo, tierra, aire: todo acababa. No había más que tinieblas y fuego. ¡Ah, el horror de aquellas tinieblas que todo el fuego, el enorme fuego de la ciudad ardida no alcanzaba a dominar; y aquella fetidez de pingajos, de azufre, de grasa cadavérica en el aire seco que hacía escupir sangre; y aquellos clamores que no sé cómo no acababan nunca, aquellos clamores que cubrían el rumor del incendio, más vasto que un huracán, aquellos clamores en que aullaban, gemían, bramaban todas las bestias con un inefable pavor de eternidad . . . !

Bajé a la cisterna, sin haber perdido hasta entonces mi presencia de ánimo, pero enteramente erizado con todo aquel horror; y al verme de pronto en esa oscuridad amiga, al amparo de la frescura, ante el silencio del agua subterránea, me acometió de pronto un miedo que no sentía —estoy seguro— desde cuarenta años atrás, el miedo infantil de una presencia enemiga y difusa; y me eché a llorar, a llorar como un loco, a llorar de miedo, allá en un rincón, sin rubor alguno.

No fue sino muy tarde, cuando al escuchar el derrumbe de un techo, se me ocurrió apuntalar la puerta del sótano. Hícelo así con su propia escalera y algunos barrotes de la estantería, devolviéndome aquella defensa alguna tranquilidad; no porque hubiera de salvarme, sino por la benéfica influencia de la acción. Cayendo a cada instante en modorras que entrecortaban funestas pesadillas, pasé las horas. Continuamente oía derrumbes allá cerca. Había encendido dos lámparas que traje conmigo, para darme valor, pues la cisterna era asaz lóbrega. Hasta llegué a comer, bien que sin apetito, los restos de un pastel. En cambio, bebí mucha agua.

De repente mis lámparas empezaron a amortiguarse, y junto con eso el terror, el terror paralizante esta vez, me asaltó. Había gastado, sin prevenirlo, toda mi luz, pues no tenía sino aquellas lámparas. No advertí, al descender esa tarde, traerlas todas conmigo.

Las luces decrecieron y se apagaron. Entonces advertí que la cisterna empezaba a llenarse con el hedor del incendio. No quedaba otro

died barbarously, with groans and yells of a stupendous volume, horror, and variety. There is nothing as sublime as the human voice. The collapse of the buildings, the burning of so much merchandise and various possessions, and especially the charring of so many bodies finally added to the cataclysm the torment of their infernal stench. When the sun went down, the air was almost black with smoke and dustclouds. The fiery streamers that had been dancing among the raining copper in the morning were now sinister flares. A very violent wind began to blow, dense, like hot pitch. It felt like being in an immense, somber furnace. Sky, land, air: everything was ending. There was nothing left but darkness and fire. Ah, the horror of that darkness which all the fire, the enormous blaze of the burnt city, didn't succeed in overcoming; and that stench of rags, sulphur, and the fat of corpses in the dry air that made you spit blood; and those shouts which somehow or other never ended, those shouts which drowned out the noise of the blaze, which was vaster than a hurricane, those shouts in which every beast was howling, moaning, bellowing with the unspeakable fear of eternity! . . .

I went down to the cistern, without yet having lost my presence of mind, but completely on edge with all that horror; and suddenly finding myself in that friendly darkness, in the shelter of the coolness, facing the silence of the underground water, I was suddenly assailed by a fear which I hadn't felt (I'm sure of it) since forty years previously, the childish fear of a diffuse hostile presence; and I started to weep, to weep like a madman, in a corner there, with no feeling of shame.

It was only very late, on hearing a roof collapse, that it occurred to me to shore up the cellar door. I did it using its own stairs and a few planks of shelving, and that defensive measure restored some calm to me; not because I would be rescued, but by the beneficial effect of the activity. Dropping every minute into a doze interrupted by grim nightmares, I spent the hours. I constantly heard crashes nearby. I had lit two lamps I had brought with me to give me courage, because the cistern was quite gloomy. I even managed to eat the remains of a pie, though without appetite. On the other hand, I drank a lot of water.

All at once my lamps began to dim, and simultaneously terror, a paralyzing terror this time, assailed me. Without foreseeing it, I had used up all my light, since I had no other lamps. When I had come down that evening, I didn't think to bring them all with me.

The lights dwindled and went out. Then I noticed that the cistern was beginning to be filled with the stench of the fire. There was noth-

remedio que salir; y luego, todo, todo era preferible a morir asfixiado como una alimaña en su cueva.

A duras penas conseguí alzar la tapa del sótano que los escombros del comedor cubrían . . .

. . . Por segunda vez había cesado la lluvia infernal. Pero la ciudad ya no existía. Techos, puertas, gran cantidad de muros, todas las torres yacían en ruinas. El silencio era colosal, un verdadero silencio de catástrofe. Cinco o seis grandes humaredas empinaban aún sus penachos; y bajo el cielo que no se había enturbiado ni un momento, un cielo cuya crudeza azul certificaba indiferencias eternas, la pobre ciudad, mi pobre ciudad, muerta, muerta para siempre, hedía como un verdadero cadáver.

La singularidad de la situación, lo enorme del fenómeno, y sin duda también el regocijo de haberme salvado, único entre todos, cohibían mi dolor reemplazándolo por una curiosidad sombría. El arco de mi zaguán había quedado en pie, y asiéndome de las adarajas pude llegar hasta su ápice.

No quedaba un solo resto combustible y aquello se parecía mucho a un escorial volcánico. A trechos, en los parajes que la ceniza no cubría, brillaba con un bermejor de fuego el metal llovido. Hacia el lado del desierto resplandecía hasta perderse de vista un arenal de cobre. En las montañas, a la otra margen del lago, las aguas evaporadas de éste condensábanse en una tormenta. Eran ellas las que habían mantenido respirable el aire durante el cataclismo. El sol brillaba inmenso, y aquella soledad empezaba a agobiarme con una honda desolación, cuando hacia el lado del puerto percibí un bulto que vagaba entre las ruinas. Era un hombre, y habíame percibido ciertamente, pues se dirigía a mí.

No hicimos ademán alguno de extrañeza cuando llegó, y trepando por el arco vino a sentarse conmigo. Tratábase de un piloto, salvado como yo en una bodega, pero apuñaleando a su propietario. Acababa de agotársele el agua y por ello salía.

Asegurado a este respecto, empecé a interrogarlo. Todos los barcos ardieron, los muelles, los depósitos; y el lago habíase vuelto amargo. Aunque advertí que hablábamos en voz baja, no me atreví —ignoro por qué— a levantar la mía.

Ofrecíle mi bodega, donde quedaban aún dos docenas de jamones, algunos quesos, todo el vino . . .

De repente notamos una polvareda hacia el lado del desierto. La polvareda de una carrera. Alguna partida que enviaban, quizá, en socorro, los compatriotas de Adama o de Seboim.

ing for it but to leave; and, besides, anything, anything was preferable to dying of asphyxiation like an animal in its lair.

With great difficulty I managed to lift the cellar trapdoor, which was covered with the debris from the dining room . . .

. . . For the second time the infernal rain had stopped. But the city no longer existed. Roofs, doors, a large number of walls, all the towers, lay in ruins. The silence was colossal, a truly catastrophic silence. Five or six tall columns of smoke still raised their plumes aloft; and beneath the sky, which hadn't become turbid even for a moment, a sky whose blue rawness bespoke the indifference of eternal beings, the poor city, my poor city, dead, forever dead, stank like a true corpse.

The uniqueness of the situation, the enormity of the phenomenon, and no doubt also my joy in having been the only one of all to escape, restrained my grief, replacing it with a somber curiosity. The arch of my carriageway had remained standing, and, gripping the protruding blocks of stone, I was able to climb to its top.

There wasn't a single thing left over that could burn, and the view was much like that of a volcanic slag field. In places, here and there, which the ashes didn't cover, the metal that had rained down was shining a fiery vermilion. In the direction of the desert, a stretch of coppery sand gleamed as far as the eye could reach. In the mountains, on the far side of the lake, its evaporated waters were condensing into a downpour. It was those waters which had kept the air breathable during the cataclysm. An immense sun was shining, and that solitude was beginning to overwhelm me with a deep desolation, when in the direction of the harbor I espied a form roaming amid the ruins. It was a man, and he had surely seen me, for he was coming my way.

We made no sign of surprise when he arrived, climbed up the arch, and sat down beside me. He was a lake pilot, rescued like me in a wine cellar, but after stabbing its owner. His water supply had just become exhausted, and therefore he had departed.

Assured in that regard, I began to question him. All the boats had burned, the wharves, the warehouses; and the lake had turned bitter. Though I noticed we were speaking in low tones, I didn't dare raise my own voice (I don't know why).

I offered him my cellar, where there were still two dozen hams, a few cheeses, and all the wine . . .

Suddenly we noticed a dustcloud in the direction of the desert. A dustcloud raised by running feet. Perhaps a party sent out in our aid by our fellow countrymen in Adama or Seboim.

Pronto hubimos de sustituir esta esperanza por un espectáculo tan desolador como peligroso.

Era un tropel de leones, las fieras sobrevivientes del desierto, que acudían a la ciudad como a un oasis, furiosos de sed, enloquecidos de cataclismo. La sed y no el hambre los enfurecía, pues pasaron junto a nosotros sin advertirnos. Y en qué estado venían. Nada como ellos revelaba tan lúgubremente la catástrofe.

Pelados como gatos sarnosos, reducida a escasos chicharrones la crin, secos los ijares, en una desproporción de cómicos a medio vestir con la fiera cabezota, el rabo agudo y crispado como el de una rata que huye, las garras pustulosas, chorreando sangre —todo aquello decía a las claras sus tres días de horror bajo el azote celeste, al azar de las inseguras cavernas que no habían conseguido ampararlos.

Rondaban los surtidores secos con un desvarío humano en sus ojos, y bruscamente reemprendían su carrera en busca de otro depósito, agotado también; hasta que sentándose por último en torno del postrero, con el calcinado hocico en alto, la mirada vagarosa de desolación y de eternidad, quejándose al cielo, estoy seguro, pusiéronse a rugir.

Ah . . . nada, ni el cataclismo con sus horrores, ni el clamor de la ciudad moribunda era tan horroroso como ese llanto de fiera sobre las ruinas. Aquellos rugidos tenían una evidencia de palabra. Lloraban quién sabe qué dolores de inconsciencia y de desierto a alguna divinidad oscura. El alma sucinta de la bestia agregaba a sus terrores de muerte el pavor de lo incomprensible. Si todo estaba lo mismo, el sol cotidiano, el cielo eterno, el desierto familiar, ¿por qué se ardían y por qué no había agua . . . ? Y careciendo de toda idea de relación con los fenómenos, su horror era ciego, es decir, más espantoso. El transporte de su dolor elevábalos a cierta vaga noción de provenencia, ante aquel cielo de donde había estado cayendo la lluvia infernal; y sus rugidos preguntaban ciertamente algo a la cosa tremenda que causaba su padecer. Ah . . . esos rugidos, lo único de grandioso que conservaban aún aquellas fieras disminuidas: cuál comentaban el horrendo secreto de la catástrofe; cómo interpretaban en su dolor irremediable la eterna soledad, el eterno silencio, la eterna sed . . .

Aquello no debía durar mucho. El metal candente empezó a llover de nuevo, más compacto, más pesado que nunca.

En nuestro súbito descenso alcanzamos a ver que las fieras se desbandaban buscando abrigo bajo los escombros. Llegamos a la bodega,

Soon we were forced to give up that hope in the face of a sight as grievous as it was dangerous.

It was a pride of lions, animals that had survived in the desert, coming for shelter to the city as if to an oasis, raging with thirst, maddened by the disaster.

Thirst, not hunger, was driving them wild, because they passed right by us without noticing us. And what a state they were in! Nothing bespoke the catastrophe more mournfully than they did.

Hairless as mangy cats, their manes reduced to a handful of cracklings, their flanks emaciated, out of proportion like half-costumed actors with their big fierce heads, their tails sharp and curled as those of a fleeing rat, their claws covered with pustules, their blood gushing—all that spoke clearly of their three days of horror beneath the celestial scourge, randomly finding unsafe caves that hadn't managed to protect them.

They prowled around the dry fountains with a human delirium in their eyes, then brusquely started running again in quest of another reservoir, equally exhausted; until they finally sat down around the last one, their charred muzzles raised, their wandering gaze telling of desolation and eternity (lamenting to heaven, I'm sure), and started to roar.

Ah . . . nothing, neither the cataclysm with its horrors, nor the shouts of the dying city, was as awful as that animal lament in the ruins. Those roars were as comprehensible as words. They were beweeping who knows what sorrows of the desert, of the lack of conscious awareness, addressing their complaint to some obscure deity. Their incomplete animal souls added the fear of the incomprehensible to their terrors of death. If everything was the same, the everyday sun, the eternal sky, the familiar desert, why were they burning and why wasn't there any water? . . . And lacking any notion of connection with external phenomena, their horror was blind—that is, more frightening. The passion of their grief elevated them to a certain vague notion of cause and effect, in the face of that sky from which the infernal rain had fallen; and their roars were surely asking some question of the tremendous thing that was causing their suffering. Ah . . . those roars, the only thing grandiose still retained by those diminished animals; how they commented on the terrible secret of the catastrophe! How in their incurable pain they interpreted the eternal solitude, the eternal silence, the eternal thirst . . .

It was not to last long. The white-hot metal began to rain down again, more compactly, more heavily, than ever before.

In our sudden descent we managed to see the animals scattering to seek shelter amid the debris. We reached the wine cellar, not without

no sin que nos alcanzaran algunas chispas; comprendiendo que aquel nuevo chaparrón iba a consumar la ruina, me dispuse a concluir.

Mientras mi compañero abusaba de la bodega —por primera y última vez, a buen seguro— decidí aprovechar el agua de la cisterna en mi baño fúnebre; y después de buscar inútilmente un trozo de jabón, descendí a ella por la escalinata que servía para efectuar su limpieza. Llevaba conmigo el pomo de veneno, que me causaba un gran bienestar, apenas turbado por la curiosidad de la muerte.

El agua fresca y la oscuridad me devolvieron a las voluptuosidades de mi existencia de rico que acababa de concluir. Hundido hasta el cuello, el regocijo de la limpieza y una dulce impresión de domesticidad acabaron de serenarme.

Oía afuera el huracán de fuego. Comenzaban otra vez a caer escombros. De la bodega no llegaba un solo rumor. Percibí en eso un reflejo de llamas que entraban por la puerta del sótano, el característico tufo urinoso . . . Llevé el pomo a mis labios, y . . .

FABIO FIALLO

El beso

A Ismael E. Arciniegas

Un día el viejo monarca de los Gnomos me dijo:

Pagado estás, oh poeta, del carmín que bulle en los labios de tu amada; mas si quieres aceptar mi apuesta, convencido quedarás de que un rubí de mi corona humilla el rojo de ese carmín.

—¿Y qué apostarías, señor?

—Mi espada de combate que ostenta por empuñadura un solo diamante extraído de mis dominios de Golconda, mi lecho de amores, tallado en una esmeralda, y mi carro de topacio que en irradiaciones vence al sol.

—¿Cuál de mis tesoros te dignarás escoger, oh poderoso monarca, en cambio del valor de tu apuesta? ¿Quieres el velo impalpable de mi Musa, o el ritmo arrullador de mis estrofas que hace palpitar de amores el corazón de las vírgenes, o la copa de oro en que los Sueños imposibles me escancian su bebida inmortal que ahuyenta la tristeza?

some sparks hitting us; realizing that this new shower would consummate the destruction, I got ready to make an end of it.

While my companion was making excessive use of the cellar (for the first and last time, no doubt), I decided to take advantage of the cistern water for my funeral bath; and after looking in vain for a piece of soap, I climbed into it by the stairs that served for cleaning it.

I brought with me the flask of poison; this gave me a very good feeling, which was only slightly troubled by my curiosity about death.

The cool water and the darkness brought me back to the voluptuous feelings of my existence as a rich man, which had just concluded. Immersed up to my neck, I was finally calmed by my joy in being clean and by a pleasant impression of domesticity.

Outside, I heard the hurricane of fire. Slag was beginning to fall again. From the wine cellar came not a single sound. Just then I perceived a reflection of flames that were entering the basement door, and smelled the characteristic urine odor . . . I raised the flask to my lips, and . . .

FABIO FIALLO

The Kiss

To Ismael E. Arciniegas[1]

One day the aged monarch of the Gnomes said to me:

"You are contented, O poet, with the carmine that seethes on the lips of your beloved; but if you're willing to wager with me, you'll be convinced that a ruby from my crown surpasses by far the redness of that carmine."

"And what will you wager, sire?"

"My battle sword, which displays as its hilt a single diamond extracted from my domains in Golconda; my lovemaking bed, carved from an emerald; and my topaz chariot, which outshines the sun in radiance."

"Which of my treasures will you deign to choose, O mighty monarch, in exchange for the value of your stakes? Do you wish the impalpable veil of my Muse, or the lulling rhythm of my strophes, which makes maiden hearts palpitate with love, or the golden goblet into which impossible Dreams pour for me their immortal beverage, which dispels sadness?"

1. A Colombian poet and translator (1865–1938).

—No, poeta, guarda esas miserias indignas de mi cetro y mi corona. Yo tengo por velo el manto de la noche cuajado de pedrerías, por estrofas el ritmo atronador de los torrentes despeñados, y son los volcanes la copa donde bebo el licor de llama que enciende mi sangre y ahuyenta las tristezas. Quiero . . .

—Habla. Cualquiera que sea el tesoro que me exijas queda aceptado.

—Pues . . . tu amada misma.

—Mucho pides, y no alcanzarían las riquezas todas de tus arcas subterráneas para compensar el más leve átomo del tesoro que pretendes, pero la apuesta hecha está.

¡Ay, era muy hermoso aquel rubí arrancado a las entrañas de la tierra, y razón tenía el viejo monarca de los Gnomos para mostrarse tan orgulloso del ardiente fulgor que irradiaban las mil facetas de la sangrienta piedra!

¿Fue la timidez, fue la ansiedad de la apuesta? No lo sé. Lo cierto es que mi amada aquel día estaba temblorosa y pálida como nunca. Su boca ya no era la encendida flor del granado, sino un marchito pétalo de magnolia. Perdida estaba para siempre, y en vano se debatía llorosa y suplicante. El viejo Gnomo la reclamaba con acento que su repugnante pasión hacía más odioso.

Trémulo de dolor y de impotencia me arrojé en sus brazos y en un beso de angustia indecible puse todo mi amor.

El viejo Gnomo lanzó un grito horrible, y lleno de rabia huyó a su caverna para devorar a solas la cólera de su humillación.

Mi beso habíale arrebatado el triunfo incendiando con su fuego los labios de la amada, que aparecieron más que nunca rojos y lucientes.

HORACIO QUIROGA

A la deriva

El hombre pisó algo blanduzco, y enseguida sintió la mordedura en el pie. Saltó adelante, y al volverse, con un juramento, vio a una yararacusú que, arrollada sobre sí misma, esperaba otro ataque.

El hombre echó una veloz ojeada a su pie, donde dos gotitas de

"No, poet, keep those wretched trifles, unworthy of my scepter and my crown. For a veil I possess the night's mantle, spangled with gems; for strophes, the deafening rhythm of the torrents plunging over cliffs; and volcanoes are the goblet in which I drink the flaming liquid that ignites my blood and dispels my sadness. I want . . ."

"Speak. Whatever treasure you demand of me will be accepted."

"Well, then . . . the very woman you love."

"You ask a lot, and all the riches of your subterranean coffers would not suffice to repay me for the least atom of the treasure you lay claim to, but the wager is on."

Alas, that ruby torn from the bowels of the earth was very beautiful, and the aged monarch of the Gnomes was right to manifest such pride in the ardent glow emitted by the thousand facets of that blood-red stone!

Was it timidity? Was it worry over the wager? I don't know. But the fact is that my beloved that day was tremulous and pale as never before. Her mouth was no longer the blazing-red flower of the pomegranate, but a faded magnolia petal. She seemed lost forever, and expostulated in vain with weeping and supplications. The aged Gnome was demanding her in tones that his repellent passion made even more odious.

Shivering with grief and helplessness, I flung myself into her arms, and I put all my love into a kiss of unspeakable anguish.

The aged Gnome uttered a terrible cry and, filled with rage, fled to his cavern to swallow in solitude the wrath of his humiliation.

My kiss had snatched away his triumph, igniting with its fire my beloved's lips, which appeared redder and more luminous than ever.

HORACIO QUIROGA

Adrift

The man stepped on something soft, and immediately felt the bite on his foot. He leaped forward and, turning around with an oath, he saw a pit viper,[1] which was coiled up and awaiting a second attack.

The man cast a swift glance at his foot, where two little drops of blood

---

1. The *yararacusú* (or *yarará*) is a pit viper of the genus *Bothrops*, related to the fer-de-lance. The venom of these snakes causes rapid, massive internal bleeding.

sangre engrosaban dificultosamente, y sacó el machete de la cintura. la víbora vio la amenaza y hundió más la cabeza en el centro mismo de su espiral; pero el machete cayó de plano, dislocándole las vértebras.

El hombre se bajó hasta la mordedura, quitó las gotitas de sangre y durante un instante contempló. Un olor agudo nacía de los dos puntitos violetas y comenzaba a invadir todo el pie. Apresuradamente se ligó el tobillo con su pañuelo y siguió por la picada hacia su rancho.

El dolor en el pie aumentaba, con sensación de tirante abultamiento, y de pronto el hombre sintió dos o tres fulgurantes puntadas que, como relámpagos, habían irradiado desde la herida hasta la mitad de la pantorrilla. Movía la pierna con dificultad; una metálica sequedad de garganta, seguida de sed quemante, le arrancó un nuevo juramento.

Llegó por fin al rancho, se echó de brazos sobre la rueda de un trapiche. Los dos puntitos violetas desaparecían ahora en una monstruosa hinchazón del pie entero. La piel parecía adelgazada y a punto de ceder, de tensa. Quiso llamar a su mujer, y la voz se quebró en un ronco arrastre de garganta reseca. La sed lo devoraba.

—¡Dorotea! —alcanzó a lanzar en un estertor—. ¡Dame caña!

Su mujer corrió con un vaso lleno, que el hombre sorbió en tres tragos. Pero no había sentido gusto alguno.

—¡Te pedí caña, no agua! —rugió de nuevo—. ¡Dame caña!

—¡Pero es caña, Paulino! —protestó la mujer, espantada.

—¡No, me diste agua! ¡Quiero caña, te digo!

La mujer corrió otra vez volviendo con la damajuana. El hombre tragó uno tras otro dos vasos, pero no sintió nada en la garganta.

—Bueno; esto se pone feo —murmuró entonces, mirando su pie, lívido y ya con lustre gangrenoso. Sobre la honda ligadura del pañuelo la carne desbordaba como una monstruosa morcilla.

Los dolores fulgurantes se sucedían en continuos relampagueos y llegaban ahora hasta la ingle. La atroz sequedad de garganta, que el aliento parecía caldear más, aumentaba a la par. Cuando pretendió incorporarse un fulminante vómito lo mantuvo medio minuto con la frente apoyada en la rueda de palo.

Pero el hombre no quería morir, y descendiendo hasta la costa subió a su canoa. Sentóse en la popa y comenzó a palear hasta el centro del Paraná. Allí la corriente del río, que en las inmedia-

were growing larger with difficulty, and he drew his machete from his belt. The viper saw its danger and sunk its head more deeply into the very center of its spiral; but the machete fell squarely, severing its vertebrae.

The man stooped down over the bitten area, wiped away the drops of blood, and observed the bite for an instant. An acrid odor was emanating from the two little purple dots and was beginning to invade his whole foot. Hastily he bound up his ankle with his handkerchief and followed the jungle track toward his farm.

The pain in his foot was increasing, with the sensation of taut swollenness, and all at once the man felt two or three flashing stitches which, like lightning, had radiated from the wound up to the middle of his calf. It was hard for him to move his leg; a metallic dryness in his throat, followed by a burning thirst, drew a second oath from him.

He finally reached his farm and flung himself, arms forward, onto the wheel of a sugar mill. The two little purple dots had now disappeared in a monstrous swelling of the whole foot. The skin looked as if it had become thinner and on the point of breaking open, it was so tense. He tried to call his wife, but his voice cracked into a hoarse scrape in his parched throat. Thirst was devouring him.

"Dorotea!" he managed to shout with a rattle. "Give me some sugar-cane brandy!"

His wife came running with a full glass, which the man drained in three gulps. But he hadn't noticed any taste.

"I asked you for brandy, not water!" he roared again. "Give me brandy!"

"But it *is* brandy, Paulino!" his wife protested, frightened.

"No, you gave me water! I want brandy, I tell you!"

The woman ran off again, returning with the demijohn. The man gulped down two glasses, one after the other, but felt nothing in his gullet.

"Well, well, this is getting ugly," he then muttered, looking at his foot, which was livid and now had a gangrenous luster. Over the deepset handkerchief tourniquet his flesh was protruding like a monstrous black pudding.

The flashes of pain succeeded one another in continuous spurts, and were now reaching his groin. The atrocious dryness in his throat, which his breath seemed to heat even more, was increasing at the same time. When he tried to sit up, a sudden fit of vomiting left him for half a minute with his forehead resting on the wooden wheel.

But the man didn't want to die, and, descending to the riverbank, he entered his canoe. He sat down at the stern and began to paddle into the center of the Paraná. There the river current, which in the

ciones del Iguazú corre seis millas, lo llevaría antes de cinco horas a Tacurú-Pacú.

El hombre, con sombría energía, pudo efectivamente llegar hasta el medio del río; pero allí sus manos dormidas dejaron caer la pala en la canoa, y tras un nuevo vómito —de sangre esta vez— dirigió una mirada al sol, que ya trasponía el monte.

La pierna entera, hasta medio muslo, era un bloque deforme y durísimo que reventaba la ropa. El hombre cortó la ligadura y abrió el pantalón con su cuchillo: el bajo vientre desbordó hinchado, con grandes manchas lívidas y terriblemente doloroso. El hombre pensó que no podría jamás llegar él solo a Tacurú-Pacú y se decidió a pedir ayuda a su compadre Alves, aunque hacía mucho tiempo que estaban disgustados.

La corriente del río se precipitaba ahora hacia la costa brasileña, y el hombre pudo fácilmente atracar. Se arrastró por la picada en cuesta arriba; pero a los veinte metros, exhausto, quedó tendido de pecho.

—¡Alves! —gritó con cuanta fuerza pudo; y prestó oído en vano.

—¡Compadre Alves! ¡No me niegue este favor! —clamó de nuevo, alzando la cabeza del suelo.

En el silencio de la selva no se oyó un sólo rumor. El hombre tuvo aún valor para llegar hasta su canoa, y la corriente, cogiéndola de nuevo, la llevó velozmente a la deriva.

El Paraná corre allí en el fondo de una inmensa hoya, cuyas paredes, altas de cien metros, encajonan fúnebremente el río. Desde las orillas, bordeadas de negros bloques de basalto, asciende el bosque, negro también. Adelante, a los costados, detrás, la eterna muralla lúgubre, en cuyo fondo el río arremolinado se precipita en incesantes borbollones de agua fangosa. El paisaje es agresivo y reina en él un silencio de muerte. Al atardecer, sin embargo, su belleza sombría y calma cobran una majestad única.

El sol había caído ya, cuando el hombre, semitendido, en el fondo de la canoa, tuvo un violento escalofrío. Y de pronto, con asombro, enderezó pesadamente la cabeza: se sentía mejor. La pierna le dolía apenas, la sed disminuía, y su pecho, libre ya, se abría en lenta inspiración.

El veneno comenzaba a irse, no había duda. Se hallaba casi bien, y aunque no tenía fuerzas para mover la mano, contaba con la caída del rocío para reponerse del todo. Calculó que antes de tres horas estaría en Tacurú-Pacú.

El bienestar avanzaba, y con él una somnolencia llena de recuerdos. No sentía ya nada ni en la pierna ni en el vientre. ¿Viviría aún su com-

vicinity of the Iguazú, flows at six miles an hour, would carry him to Tacurú-Pacú in less than five hours.

With somber energy, the man was indeed able to reach the center of the river; but there his numb hands let the paddle drop into the canoe, and after further vomiting—this time, of blood—he cast a glance at the sun, which was already disappearing behind the forest.

His entire leg, up to mid-thigh, was a shapeless, very hard block that was bursting his clothing. The man cut his tourniquet and opened his trousers with his knife: his lower belly was swollen and protruding; it had big livid spots and was terribly painful. The man didn't think he could ever reach Tacurú-Pacú on his own, and decided to ask his old buddy Alves for help, even though they had been sore at each other for a long time.

The river current was now hastening toward the Brazilian bank, and it was easy for the man to berth. He dragged himself along the uphill track; but after twenty meters, exhausted, he remained lying on his stomach.

"Alves!" he shouted with all his might; and he listened in vain.

"Alves, my buddy! Don't refuse me this favor!" he called again, lifting his head off the ground.

In the silence of the jungle not a sound was to be heard. The man still had enough strength to reach his canoe, and the current, catching it up again, swiftly bore him adrift.

In that spot, the Paraná flows at the bottom of an immense pit, whose walls, a hundred meters high, box in the river funereally. From the banks, which are edged with black blocks of basalt, rises the forest, also black. Ahead, at the sides, behind, is the eternal gloomy wall, at the foot of which the eddying river dashes onward in incessant bubblings of muddy water. The landscape is aggressive, and a deathly silence prevails in it. Nevertheless, when evening falls its somber beauty and its calm take on a unique majesty.

The sun had already gone down when the man, semirecumbent in the bottom of the canoe, felt a violent chill. And suddenly, with surprise, he heavily straightened up his head: he was feeling better. His leg hardly hurt him, his thirst was abating, and his breast, now free, was opening in a slow inhalation.

The poison was beginning to go away, there was no doubt of it. He was feeling almost good, and, even though he wasn't strong enough to move his hand, he expected the fall of the dew to restore him entirely. He calculated that he'd be in Tacurú-Pacú in less than three hours.

His comfort was increasing and, with it, a drowsiness filled with memories. By now he felt nothing either in his leg or in his belly.

padre Gaona en Tacurú-Pacú? Acaso viera también a su ex patrón míster Dougald y al recibidor del obraje.

¿Llegaría pronto? El cielo, al Poniente, se abría ahora en pantalla de oro, y el río se había coloreado también. Desde la costa paraguaya, ya entenebrecida, el monte dejaba caer sobre el río su frescura crepuscular en penetrantes efluvios de azahar y miel silvestre. Una pareja de guacamayos cruzó muy alto y en silencio hacia el Paraguay.

Allá abajo, sobre el río de oro, la canoa derivaba velozmente, girando a ratos sobre sí misma, ante el borbollón de un remolino. El hombre que iba en ella se sentía cada vez mejor, y pensaba entretanto en el tiempo justo que había pasado sin ver a su ex patrón Dougald. ¿Tres años? Tal vez no, no tanto. ¿Dos años y nueve meses? Acaso. ¿Ocho meses y medio? Eso sí, seguramente.

De pronto sintió que estaba helado hasta el pecho. ¿Qué sería? Y la respiración también . . .

Al recibidor de maderas de míster Dougald, Lorenzo Cubilla, lo había conocido en Puerto Esperanza un Viernes Santo . . . ¿Viernes? Sí, o jueves . . .

El hombre estiró lentamente los dedos de la mano.

Un jueves . . .

Y cesó de respirar.

ELOY FARIÑA NÚÑEZ

La muerte de Pan

Pan fue el último sobreviviente de los dioses de la Hélade.

Extinguido el reinado de Zeus, conforme a la profecía de Prometeo, y viendo que no le era posible librarse del inexorable decreto del destino, ante cuyo voluntad se doblegan los propios dioses, se refugió en una isla desierta, pesaroso del espectáculo que ofrecían a su vista los altares destruidos y las estatuas mutiladas.

Veía próximo su fin, y la congoja que sentía ante la idea de la muerte, era para el dios el más claro testimonio del término de su inmortalidad. Su condición divina experimentaba ahora las zozobras de la naturaleza humana: inaccesible al dolor, conocía hoy el sufrimiento; inmutable, perdía a menudo la serenidad inherente a los seres olímpi-

Could his buddy Gaona still be living in Tacurú-Pacú? Maybe he'd also see his former boss, Mr. Dougald, and the mill collector.

Would he arrive soon? The sky, in the west, was now opening out into a golden screen, and the river had taken on color, too. From the Paraguay bank, already in the dark, the forest cast its twilight coolness onto the river in piercing effluvia of tree blossoms and wild honey. A pair of macaws silently crossed the sky, very high up, on their way to Paraguay.

Down there, on the golden river, the canoe was drifting rapidly, at times moving in circles in the frothing of a whirlpool. The man borne in it was feeling better all the time, and was meanwhile thinking about the exact amount of time that had passed since he had last seen his former boss Dougald. Three years? Maybe not, not that long. Two years and nine months? Perhaps. Eight and a half months? That was it, definitely.

Suddenly he felt frozen up to his chest. What could it be? And his breathing, too . . .

Mister Dougald's timber collector, Lorenzo Cubilla, he had met in Puerto Esperanza one Good Friday . . . Friday? Yes, or Thursday . . .

The man's fingers slowly stretched out.

One Thursday . . .

And he stopped breathing.

ELOY FARIÑA NÚÑEZ

The Death of Pan

Pan was the last survivor among the gods of Hellas.

After the reign of Zeus had come to an end, in conformity with the prophecy of Prometheus,[1] Pan saw that he could not possibly escape the inexorable decree of destiny, before whose will even the gods bow down, and he took refuge on a desert island, saddened by the view of ruined altars and mutilated statues that met his eyes.

He saw that his end was near, and the distress he felt at the idea of death was to the god the clearest testimony to the termination of his immortality. His divine status was now experiencing the ups and downs of human nature: inaccessible to pain, today he knew suffering; changeless, he frequently lost the serenity inherent in Olympian be-

---

1. In Aeschylus's *Prometheus Bound.*

cos; exento de flaquezas, desfallecía con frecuencia. Como participaba de las dos naturalezas, sufría como divinidad y como criatura perecedera. El Pan humano suspiraba por una inmortalidad inextinguible, en tanto que el Pan divino acataba sin protesta el fallo de los hados. Según su costumbre, hallábase aquella memorable tarde a la sombra de una enramada, frente al mar azul cuyas olas llegaban blandamente a la playa arenosa de la isla, desde la cual se distinguía la costa de la sagrada tierra de los dioses. Una rama colgante acariciaba sus cuernos de cabra.

—¡Oh Pan, la tierra ya no es digna de ser habitada por los inmortales —díjole el postrer fauno, tratando de endulzar sus últimos momentos—. Mira a tu alrededor y no verás más que ruinas por todas partes. Oprime el corazón pensar en lo que ha venido a parar tanta grandeza. Hasta los olímpicos, menos tú, el más antiguo de ellos, han desaparecido. Todo lo que está pasando es extraordinario y me llena de terror. Algún titán, más poderoso que nosotros, se habrá hecho señor del mundo. Tal vez el dios desconocido . . .

Nada repuso el inmortal a las palabras del fauno, el cual se tendió resignado sobre la hierba a los pies caprinos de Pan, en vista del tenaz silencio de éste.

Nada del idílico paisaje ambiente veía el numen en aquel momento; su imaginación volaba por los rientes y húmedos prados de Arcadia donde viviera feliz y respetado durante tantos siglos, en compañía de pastores y ganados que amaban, como él, la libertad del campo, la frescura de la fuente, la espesura de la enramada. Nunca quiso reinar en la ciudad ni pretendió que sus devotos le erigiesen templos suntuosos en los sitios públicos; contentábase con ser adorado de la gente del campo, bajo formas rústicas y groseras, al aire libre, en plena naturaleza, en el propio centro de las fuerzas que reconocían su dominio. ¿Para qué altares magníficos si él lo era todo y estaba en todo? El ritmo de su flauta concertaba la armonía universal; una nota de su caramillo resumía los murmullos de la selva, el rumor de las corrientes, el canto de las aves, todas las voces de la naturaleza corpórea e invisible. Adorar el eco más imperceptible era rendirle tributo.

Después fue acrecentándose su poderío. De las verdes praderas de Arcadia pasó a los campos de toda la Hélade y su culto fue extendiéndose, propagado por los poetas bucólicos.

ings; free of weaknesses, he often swooned. Since he partook of both natures, he suffered as a deity and as a mortal creature. The human Pan sighed for an imperishable immortality, while the divine Pan respected without protest the decision of the fates.

As was his wont, on that memorable evening he was in the shade of an arbor, facing the blue sea, whose waves were softly striking the island's sandy beach, from which could be made out the coast of the holy land of the gods. A low-hanging bough caressed his goat horns.

"O Pan, the earth is no longer worthy to be inhabited by the immortals," said the last of the fauns, trying to sweeten his final moments. "Look about you, and you will see only ruins everywhere. It pains one's heart to think of what such grandeur has come down to. Even the Olympians, except you, the eldest of all, have vanished. All that is going on is extraordinary and fills me with terror. Some titan, more powerful than we are, must have made himself lord of the world. Perhaps that unknown god . . ."[2]

The immortal made no reply to the words of the faun, who in resignation stretched out on the grass at Pan's goatlike feet, seeing how stubbornly silent he remained.

The deity saw nothing of the idyllic landscape around him at that moment; his imagination was soaring through the moist, smiling meadows of Arcadia, where he had lived, happy and respected, for so many centuries, in the company of shepherds and flocks which, as he did, loved the freedom of the countryside, the coolness of the fountain, the density of the arbor. He had never wished to reign in cities, nor had he insisted that his devotees build him sumptuous temples in public places; he was satisfied to be worshipped by country folk, in rough, rustic forms, in the open air, in the midst of nature, in the very heart of the forces that acknowledged his sovereignty. What need was there of splendid altars if he was All[3] and was contained in All? The rhythm of his flute coordinated universal harmony; one note from his shawm summed up the murmurs of the forest, the sound of the streams, the song of the birds, all the voices of nature both corporeal and invisible. To worship the most imperceptible echo was to offer him tribute.

Later, his might went on increasing. From the green meadows of Arcadia it spread to every rural area in Hellas, and his worship kept growing, fostered by the bucolic poets.

---

2. Christ, as St. Paul preached in Athens (Acts 17:22).   3. A pervasive folk etymology connects the deity's name with the Greek (neuter!) adjective *pan* ("entire").

La frente del numen arcádico llenóse de pensamientos sombríos, al llegar a este punto de su evocación. Como náufrago de un desastre, encontrábase en la isla solitaria, sin otra compañía que la de un fiel fauno, el único sobreviviente, también, de la raza de los sátiros, silenos y faunos. El inmenso mar glauco se hundía en las primeras sombras del crepúsculo que iba a presenciar el ocaso del último dios heleno. Pan creyó percibir un debilísimo eco del canto de las sirenas y las oceanidas hacía tiempo extinguido. De los montes de la isla descendía a la pradera como un murmullo de trinos apagados. En una verde colina triscaba una manada de cabras. En la distante costa se aprestaban a lanzarse a alta mar unos barqueros.

—Ya que todos han muerto, voy a morir yo también —dijo el numen, saliendo de su abstracción melancólica—. No quiero sobrevivir a la desgracia que ha caído sobre la raza de los dioses; pero conmigo ha de hundirse para siempre algo que ya no conocerán las gentes venideras.

Luego, dirigiéndose al fauno, ordenó:

—Pásame la flauta . . . Voy a tocarla por última vez.

Tomó su instrumento favorito, hinchó los carrillos y sonaron los cuatro primeros tonos de una solemne y fúnebre melopea hipolidia. Con la mirada fija en dirección a Atenas y con el pensamiento puesto en las praderas de Arcadia, arrancó a su flauta los postreros sonidos de la melodía infinita del Olimpo y de la augusta armonía del pensamiento griego.

El fauno al oírla, comprendió toda la intensa angustia humana del dios agonizante y procuró consolarlo de nuevo, exclamando con júbilo:

—¡Io, Pan! ¡Lánzate a la conquista del centro del mundo, salva a los tuyos, como en otros tiempos venciste al enemigo, infundiéndole terror con tu presencia!

Pan dejó de tocar y repuso serenamente:

—Es tarde ya y, además, no puedo eludir el cumplimiento de la voluntad del destino. Nuestra suerte estaba escrita, antes de existir nosotros, los primeros dioses, de los cuales salieron los demás. Era inevitable la extinción de la descendencia de Zeus y la ley va a cumplirse totalmente. El oráculo de Delfos ha enmudecido y es fuerza que todas las voces divinas, que han venido resonando en las profundidades del mar, en las alturas del firmamento, en las umbrías del bosque y en el fondo de los santuarios, se apaguen para siempre.

The brow of the Arcadian deity became filled with somber thoughts when he reached this point in his recollections. Like one who had suffered shipwreck, he found himself on that lonely island, with no other company than that of a faithful faun, himself the sole survivor of the race of satyrs, silenuses, and fauns. The immense blue-green sea was sinking into the first shadows of the dusk which was to witness the sunset of the last Hellenic god. Pan thought he could hear a very faint echo of the song of the sirens and daughters of Ocean, a song silenced long before. From the island hills there descended to the meadow something like a murmur of subdued trills. On a green hillock a flock of goats was frisking. On the distant shore some boatmen were preparing to put to sea.

"Now that everyone else is dead, I too shall die," said the deity, emerging from his melancholy musing. "I do not wish to outlive the misfortune that has befallen the race of the gods; but along with me will sink forever something that future generations of man will no longer know."

Then, addressing the faun, he commanded:

"Hand me my flute . . . I shall play it for the last time."

He took his favorite instrument and puffed out his cheeks, and there sounded the first four notes of a solemn, funereal Hypolydian melopoeia. His gaze fixed in the direction of Athens, and his thoughts set on the meadows of Arcadia, he elicited from his flute the last tones of the infinite melody of Olympus and the august harmony of Greek thought.

Hearing this, the faun understood all of the intense human anguish of the dying god, and once again tried to console him, exclaiming in exultation:

"Io, Pan! Set out to conquer the center of the world, rescue your people, just as in earlier days you vanquished the enemy, striking terror into them by your presence!"[4]

Pan stopped playing and replied serenely:

"It is too late and, besides, I cannot avoid the fulfillment of the will of destiny. Our fate was written before we existed, we the first gods, from whom all the others issued. The extinction of Zeus's line was inevitable, and the law is going to be fully obeyed. The oracle at Delphi has been silenced, and it is necessary that all the divine voices that have resounded in the depths of the sea, in the heights of the firmament, in the shade of the woods, and in the inner recesses of the shrines, be silenced forever. A day will come when over the ruins of

---

4. The well-known "panic fear."

Día vendrá en que sobre las ruinas de los nuevos altares aparecerá otro dios desconocido . . . Y así, incesantemente, hasta el fin del mundo por disposición de la fatalidad; pero siento que las fuerzas se me escapan, que la inmortalidad me abandona, que muero . . .

Fueron sus últimas palabras, dichas con la serenidad de la inmortalidad caduca, de la agonía humana y del crepúsculo moribundo que se extendía sobre la isla desierta.

Rodó la flauta al suelo y el cuerpo de Pan cayó pesadamente sobre la fresca hierba en medio de un profundo silencio sólo interrumpido por los gritos del fauno.

Entretanto, los barqueros, atraídos por la extraña melodía que sonaba allá lejos, en la isla solitaria, venían remando hacia ella. Cuando llegaron a la ribera, cesó repentinamente la misteriosa melopea, y al cabo de una breve pausa, oyeron aterrorizados un grito desgarrador que retumbó en la inmensidad del mar y que decía:

—¡El gran Pan ha muerto!

TOMÁS CARRASQUILLA

San Antoñito

Aguedita Paz era una criatura entregada a Dios y a su santo servicio. Monja fracasada por estar ya pasadita de edad cuando le vinieron los hervores monásticos, quiso hacer de su casa un simulacro de convento, en el sentido decorativo de la palabra; de su vida algo como un apostolado, y toda, toda ella se dio a los asuntos de iglesia y sacristía, a la conquista de almas, a la mayor honra y gloria de Dios, mucho a aconsejar a quien lo hubiese o no menester, ya que no tanto a eso de socorrer pobres y visitar enfermos.

De su casita para la iglesia y de la iglesia para su casita se le iba un día, y otro, y otro, entre gestiones y santas intriguillas de fábrica, componendas de altares, remontas y zurcidos de la indumentaria eclesiástica, *toilette* de santos, barrer y exornar todo paraje que se relacionase con el culto.

En tales devaneos y campañas llegó a engranarse en íntimas relaciones y compañerismos con Damiancito Rada, mocosuelo muy pobre, muy devoto y monaguillo mayor en procesiones y ceremonias en quien vino a cifrar la buena señora un cariño tierno a la vez que extravagante, harto raro por cierto en gentes célibes y devotas.

the new altars another, unknown god will appear . . . And so on, ceaselessly, until the end of the world, by the decree of fate; but I feel my
strength deserting me, my immortality abandoning me; I feel myself
dying . . ."

Those were his last words, spoken with the serenity of the perish-
able immortality, the human agony, and the moribund twilight that
was spreading over the desert island.

The flute rolled to the ground, and Pan's body fell heavily onto the
fresh grass amid a deep silence broken only by the shouts of the faun.

Meanwhile, the boatmen, allured by the strange melody that resounded there in the distance, on the lonely island, had been rowing
toward it. When they reached the shore, the mysterious melopoeia
suddenly ceased, and after a brief pause, in their terror they heard a
piercing shriek that reechoed on the immensity of the sea, with the
words:

"Great Pan is dead!"

TOMÁS CARRASQUILLA

Little Saint Anthony

Aguedita Paz was a creature devoted to God and his holy service.
Unable to become a nun because she was already somewhat elderly
when her monastic fervor came upon her, she tried to turn her home
into an imitation convent, in the merely decorative sense of the word;
to turn her life into something like an apostleship; and she dedicated
herself entirely, but entirely, to matters of church and sacristy, to the
gaining of souls, to the greater honor and glory of God; she gave much
counsel to those who needed it and those who didn't, but did less in
the way of succoring the needy and visiting the sick.

Shuttling between her little house and the church, and the church
and her little house, she spent her days one after the other in ecclesiastical activities and little holy intrigues, the arrangement of altars, the
mending and patching of priestly robes, the toilette of the saints, the
sweeping and decorating of every area related to worship.

In the course of such trifles and campaigns, she came to establish close
relations and comradeship with young Damián Rada, a little brat who was
very poor, very devout, and the chief altar boy in processions and cere-
monies; for him the good lady came to have an affection as tender as it was
extravagant, one that was surely rare among unmarried devout persons.

Damiancito era su brazo derecho y su paño de lágrimas; él la ayudaba en barridos y sacudidas, en el lavatorio y lustre de candelabros e incensarios; él se pintaba solo para manejar albas y doblar corporales y demás trapos eucarísticos; a su cargo estaba el acarreo de flores, musgos y forrajes para el altar, y era primer ayudante y asesor en los grandes días de repicar recio, cuando se derretía por esos altares mucha cera y esperma, y se colgaban por esos muros y palamentas tantas coronas de flores, tantísimos paramentones de colorines.

Sobre tan buenas partes, era Damiancito sumamente rezandero y edificante, comulgador insigne, aplicado como él solo dentro y fuera de la escuela, de carácter sumiso, dulzarrón y recatado; enemigo de los juegos estruendosos de la chiquillería, y muy dado a enfrascarse en *La monja santa, Práctica de amor a Jesucristo* y en otros libros no menos piadosos y embelesadores.

Prendas tan peregrinas como edificantes, fueron poderosas a que Aguedita, merced a sus videncias e inspiraciones, llegase a adivinar en Damián Rada no un curita de misa y olla, sino un doctor de la Iglesia, mitrado cuando menos, que en tiempos no muy lejanos había de refulgir cual astro de sabiduría y santidad para honra y santificación de Dios.

Lo malo de la cosa era la pobreza e infelicidad de los padres del predestinado y la no mucha abundancia de su protectora. Mas no era ella para renunciar a tan sublimes ideales: esa miseria era la red con que *el Patas* quería estorbar el vuelo de aquella alma que había de remontarse serena, serena, como una palomita, hasta su Dios; pues no, no lograría *el Patas* sus intentos. Y discurriendo, discurriendo cómo rompería la diabólica maraña, diose a adiestrar a Damiancito en tejidos de red y *crochet;* y tan inteligente resultó el discípulo, que al cabo de pocos meses puso en cantarilla un ropón con muchas ramazones y arabescos que eran un primor, labrado por las delicadas manos de Damián.

Catorce pesos, billete sobre billete, resultaron de la invención.

Tras ésta vino otra, y luego la tercera, las cuales le produjeron obras de tres cóndores. Tales ganancias abriéronle a Aguedita tamaña agalla. Fuese al cura y le pidió permiso para hacer un bazar a beneficio de Damián. Concedióselo el párroco, y armada de tal concesión y de su mucha elocuencia y seducciones, encontró apoyo en todo el señorío del pueblo. El éxito fue un sueño que casi trastornó a la buena señora, con ser que era muy cuerda: ¡sesenta y tres pesos!

Little Damián was her right arm and her shoulder to cry on; he helped her sweep the floor and beat the rugs, and wash and polish the candelabra and censers; there was no one like him for handling albs and folding altar linen and other churchly rags; he was in charge of bringing flowers, moss, and forage for the altar, and was the principal aide and adviser on the great days of heavy bell ringing, when a lot of wax and spermaceti melted on those altars, and those walls and screens were hung with so many garlands of flowers and so very many big ornaments in gaudy colors.

Besides such good qualities as those, little Damián was supremely prayerful and edifying, top-notch at taking Communion, uniquely industrious in and out of school, of a meek character, sugar-sweet, and modest; an enemy of the boisterous games of the little kids, and much given to burying himself in *The Holy Nun, The Practice of Loving Jesus Christ,* and other books no less pious and captivating.

These gifts, as unusual as they were edifying, were strongly influential on Aguedita's coming to discern in Damián Rada (thanks to her clearsightedness and inspirations) not just some ignorant little priest but a future doctor of the Church, at least a bishop, who before too long was to shine like a star of learning and sanctity to the honor and sanctification of God.

The trouble with this forecast was the poverty and wretched condition of the predestinated boy's parents and the scarce wealth of his benefactress. But she was not one to give up such sublime ideals: that very poverty was the snare with which Old Nick wanted to hinder the flight of that soul which was to soar aloft serenely, serenely, like a little dove, to its God; no, no, Old Nick wouldn't achieve his intentions! And, planning and planning ways to sever that devilish knot, she began to teach little Damián how to do netting and crochet; and her pupil proved to be so bright that, only a few months later she put on the market[1] a robe with a lot of first-class floral patterns and arabesques, worked by the delicate hands of Damián.

Fourteen pesos in banknotes were the result of that brainstorm.

After the first piece came another, then a third, which brought in three golden *condor* coins. Such profits gave Aguedita tremendous pluck. She went to the parish priest and asked his permission to hold a bazaar for Damián's benefit. The priest consented, and, armed with that consent and her great eloquence and persuasiveness, she found support among all the gentlefolk in town. The success was a dream that nearly drove the good lady crazy, though she was very sane: sixty-three pesos!

---

1. A conjecture for the very unusual phrase *puso en cantarilla.*

El prestigio de tal dineral, la fama de las virtudes de Damián, que ya por ese entonces llenaba los ámbitos de la parroquia, la fealdad casi ascética y decididamente eclesiástica del beneficiado formáronle aureola, especialmente entre el mujerío y gentes piadosas. "El curita de Aguedita" llamábalo todo el mundo, y en mucho tiempo no se habló de otra cosa que de sus virtudes, austeridades y penitencias. El curita ayunaba témporas y cuaresmas antes que su santa Madre Iglesia se lo ordenase, pues apenas entraba por los quince; y no así, atracándose con el mediodía y comiendo cada rato, como se estila hogaño, sino con una frugalidad eminentemente franciscana, y se dieron veces en que el ayuno fuera al traspaso cerrado. El curita de Aguedita se iba por esas mangas en busca de soledades, para hablar con su Dios y echarle unos párrafos de *Imitación de Cristo,* obra que a estas andanzas y aislamientos siempre llevaba consigo. Unas leñadoras contaban haberle visto metido entre una barranca, arrodillado y compungido, dándose golpes de pecho con una mano de moler. Quién aseguraba que en un paraje muy remoto y umbrío había hecho una cruz de sauce y que en ella se crucificaba horas enteras a cuero pelado, y nadie lo dudaba, pues Damián volvía ojeroso, macilento, de los éxtasis y crucifixiones. En fin, que Damiancito vino a ser el santo de la parroquia, el pararrayos que libraba a tanta gente mala de las cóleras divinas. A las señoras limosneras se les hizo preciso que su óbolo pasara por las manos de Damián, y todas a una le pedían que se las metiese en parte en sus santas oraciones.

Y como el perfume de las virtudes y el olor de santidad siempre tuvieron tanta magia, Damián, con ser un bicho raquítico, arrugado y enteco, aviejado y paliducho de rostro, muy rodillijunto y patiabierto, muy contraído de pecho y maletón, con una figurilla que más parecía de feto que de muchacho, resultó hasta bonito e interesante. Ya no fue curita: fue "San Antoñito". San Antoñito le nombraban y por San Antoñito entendía. "¡Tan queridito!" —decían las señoras cuando le veían salir de la iglesia, con su paso tan menudito, sus codos tan remendados, su par de parches en las posas, pero tan aseadito y decoroso—. "Tan bello ese modo de rezar, ¡con sus ojos cerrados! ¡La unción de esa criatura es una cosa que edifica! Esa sonrisa de humildad y mansedumbre. ¡Si hasta en el camino se le ve la santidad!"

Una vez adquiridos los dineros, no se durmió Aguedita en las pajas. Avistóse con los padres del muchacho, arreglóle el ajuar; comulgó con

The prestige of such a fortune; the fame of Damián's virtues, which was spreading all over the parish at that time; and the beneficiary's ugliness, nearly ascetic and decidedly churchly, lent him a halo, especially among the women and the pious. Everyone called him "Aguedita's little priest," and for a long time no one spoke of anything but his virtues, austerities, and penances. The "little priest" would fast for ember weeks and Lents before his holy Mother Church commanded him to, since he was just going on fifteen; and not the way it's done nowadays, stuffing oneself at lunch and nibbling every little while, but with an eminently Franciscan frugality; and there were times when the fast was total for a number of days.[2] On such occasions,[3] Aguedita's little priest would seek out lonely places to commune with his God and read him some paragraphs from *The Imitation of Christ,* a book he always brought along on such journeys and retreats. Some women who collected firewood told of having seen him in a gully, kneeling in compunction, beating his breast with a heavy hand. Somebody declared that in a very remote, shady spot he had made a cross of willow wood and had crucified himself on it in the buff[4] for hours at a time, and nobody doubted it, because Damián would come back from his ecstasies and crucifixions emaciated, with rings around his eyes. In short, young Damián came to be the saint of the parish, the lightning rod that saved so many evil people from the divine wrath. It became a necessity for charitable ladies to let their "mite" pass through Damián's hands, and in a group they asked him to give them a place in his holy prayers.

And since the aroma of virtues and odor of sanctity have always worked such magic, Damián—though he was a stunted, wrinkled, and puny worm, his face prematurely aged and pale, though he was knock-kneed and bowlegged, pigeon-breasted and hunchbacked, with a small body more like a fetus's than a grown boy's—became actually good-looking and interesting in people's eyes. He was no longer "the little priest"; he was now "the little Saint Anthony of Padua." They called him "little Saint Anthony" and he responded to the name. "So charming!" the ladies would say when they saw him leaving church, with his tiny steps, his mended elbows, his pair of patches on his buttocks, but so clean and proper. "So lovely, his way of praying, with his eyes closed! That boy's unction is something edifying! That smile of humility and meekness! You can see his sanctity even in the way he walks!"

Once the money had been accumulated, Aguedita didn't remain inactive. She conferred with the boy's parents and arranged for his

---

2. *Traspaso* specifically denotes the time between Holy Thursday and Easter Saturday.   3. *Por esas mangas* is a mystery to me.   4. A conjecture for *a cuero pelado.*

él en una misa que había mandado a la Santísima Trinidad para el
buen éxito de la empresa; diole los últimos perfiles y consejos, y una
mañana muy fría de enero viose salir a San Antoñito de panceburro
nuevo, caballero en la mulita vieja de Señó Arciniegas, casi perdido
entre los zamarros del Mayordomo de Fábrica, escoltado por un
rescatante que le llevaba la maleta y a quien venía consignado.
Aguedita, muy emparentada con varias señoras muy acaudaladas de
Medellín, había gestionado de antemano a fin de recomendar a su
protegido; así fue que cuando éste llegó a la casa de asistencia y
hospedaje de las señoras Del Pino halló campo abierto y viento favo-
rable.

La seducción del santo influyó al punto, y las señoras Del Pino,
doña Pacha y Fulgencita, quedaron luego a cuál más pagada de su
recomendado. El maestro Arenas, el sastre del Seminario, fue llamado inmediatamente para que le tomase las medidas al presunto
seminarista y le hiciese una sotana y un manteo a todo esmero y
baratura, y un terno de lanilla carmelita para las grandes ocasiones
y trasiegos callejeros. Ellas le consiguieron la banda, el tricornio y
los zapatos; y doña Pacha se apersonó en el Seminario para recomendar ante el rector a Damián. Pero, ¡oh desgracia!, no pudo
conseguir la beca: todas estaban comprometidas y sobraba la mar
de candidatos. No por eso amilanóse doña Pacha: a su vuelta del
Seminario entró a la Catedral e imploró los auxilios del Espíritu
Santo para que la iluminase en conflicto semejante. Y la iluminó.
Fue el caso que se le ocurrió avistarse con doña Rebeca
Hinestrosa de Gardeazábal, dama viuda riquísima y piadosa, a
quien pintó la necesidad y de quien recabó almuerzo y comida
para el santico. Felicísima, radiante, voló doña Pacha a su casa, y
en un dos por tres habilitó de celdilla para el seminarista un cuar-
tucho de trebejos que había por allá junto a la puerta falsa; y
aunque pobres, se propuso darle ropa limpia, alumbrado, me-
rienda y desayuno.

Juan de Dios Barco, uno de los huéspedes, el más mimado de las
señoras por su acendrado cristianismo, así en el Apostolado de la
Oración y malilla en los asuntos de san Vicente, regalóle al muchacho
algo de su ropa en muy buen estado y un par de botines, que le
vinieron holgadillos y un tanto sacados y movedizos de jarrete.
Juancho le consiguió con mucha rebaja los textos y útiles en la
Librería Católica, y cátame a Periquito hecho fraile.

wardrobe; she took Communion with him at a mass she had commissioned in the Holy Trinity Church for the success of the enterprise; she gave him the finishing touches and final advice, and one very cold January morning "little Saint Anthony" could be seen setting out with a new felt hat, riding on Mr. Arciniegas's little old she-mule, almost swimming in the sheepskin capes of the steward of the church funds, and escorted by a porter who carried his suitcase and to whom he was entrusted. Aguedita, closely related to several very wealthy ladies in Medellín, had taken steps in advance to recommend her protégé to them; and so, when he arrived at the boardinghouse run by the Del Pino sisters, he found clear sailing and a following wind.

The saint's charm operated at once, and on the spot the Del Pino ladies, Doña Pacha and Doña Fulgencia, were equally taken with the boy who had been recommended to them. Master Arenas, the seminary tailor, was summoned immediately to take the measurements of the would-be seminarist, to make him a surplice and gown as skillfully and cheaply as possible, and a three-piece suit of Carmelite flannel for great occasions and ordinary outdoor activities. They obtained his sash, three-cornered hat, and shoes; and Doña Pacha visited the seminary in person to recommend Damián to the rector's attention. But, oh the misfortune, she was unable to obtain a live-in scholarship; they were all spoken for, and there was an overflow of candidates. That failed to cow Doña Pacha; on her way back from the seminary she entered the cathedral and prayed for the aid of the Holy Spirit to enlighten her in such a conflict. And enlightened she was. What happened was that she got the idea of going to see Doña Rebeca Hinestrosa de Gardeazábal, a very rich and pious widow to whom she depicted the little saint's poverty, succeeding in getting her to give him luncheon and dinner every day. Overjoyed, radiant, Doña Pacha hurried home, and in a trice she fitted out as a little cell for the seminarist a tiny tool room that was located near the back door; though they were poor, she resolved to give him linens, candles, breakfast, and a mid-afternoon snack.

Juan de Dios Barco, one of her boarders, the one most pampered by the ladies because of his spotless Christianity, active in the Apostolate of Prayer and a key player[5] in the affairs of Saint Vincent's Church, made the boy a gift of some of his clothing that was in very good condition and a pair of boots that were a little loose on him and somewhat shaky and insecure on the legs.[6] Juancho obtained texts and school supplies for him at a good discount in the Catholic bookstore, and behold: "Little Nobody" had become a friar."

---

5. A conjecture for *malilla*.   6. The last seven words conjectural.

No habían transcurrido tres meses, y ya Damiancito era dueño del corazón de sus patronas y propietario en el de los pupilos y en el de cuanto huésped arrimaba a aquella casa de asistencia tan popular en Medellín. Eso era un contagio.

Lo que más encantaba a las señoras era aquella parejura de genio; aquella sonrisa, mueca celeste, que ni aun en el sueño despintaba Damiancito, aquella cosa allá, indefinible, de ángel raquítico y enfermizo, que hasta a esos dientes podridos y desparejos daba un destello de algo ebúrneo, nacarino; aquel filtrarse la luz del alma por los ojos, por los poros de ese muchacho tan feo al par que tan hermoso. A tanto alcanzó el hombre que a las señoras se les hizo un ser necesario. Gradualmente, merced a instancias que a las patronas les brotaban desde la fibra más cariñosa del alma, Damiancito se fue quedando, ya a almorzar, ya a comer a casa; y llegó día en que se le envió recado a la señora de Gardeazábal que ellas se quedaban definitivamente con el encanto.

—Lo que más me pela del muchachito —decía doña Pacha— es ese poco metimiento, esa moderación con nosotros y con los mayores. ¿No te has fijado, Fulgencia, que si no le hablamos, él no es capaz de dirigirnos la palabra por su cuenta?

—No digás eso, Pacha, ¡esa aplicación de ese niño! ¡Y ese juicio que parece de viejo! ¡Y esa vocación para el sacerdocio! Y esa modestia: ni siquiera por curiosidad ha alzado a ver a Candelaria.

Era la tal una muchacha criada por las señoras en mucho recato, señorío y temor de Dios. Sin sacarla de su esfera y condición mimábanla cual a propia hija; y como no era mal parecida y en casa como aquélla nunca faltan asechanzas, las señoras, si bien miraban a la chica como un vergel cerrado, no la perdían de vista ni un instante.

Informada doña Pacha de las habilidades del pupilo como franjista y tejedor, púsolo a la obra, y pronto varias señoras ricas y encopetadas le encargaron antimacasares y cubiertas de muebles. Corrida la noticia por los *réclames* de Fulgencia, se le pidió un cubrecama para una novia . . . ¡Oh! ¡En aquello sí vieron las señoras los dedos de un ángel! Sobre aquella red sutil e inmaculada cual telaraña de la gloria, albeaban con sus pétalos ideales manojos de azucenas, y volaban como almas de vírgenes unas mariposas aseñoradas, de una gravedad coqueta y desconocida. No tuvo que intervenir la lavandera: de los dedos milagrosos salió aquel ampo de pureza a velar el lecho de la desposada.

Before two months had gone by, young Damián was already lord and master of his patronesses' hearts and those of their boarders and of every other guest who lodged in that house which was so popular in Medellín. It was contagious.

What delighted the ladies most was his evenness of temper; that smile, a heavenly grin, which never deserted young Damián even in his sleep, that indefinable quality of being a sickly, rachitic angel, which even lent a flash of something like ivory or mother-of-pearl to those rotten, uneven teeth; that filtering of the light of the soul through the eyes and pores of that boy who was so ugly and so handsome at the same time. The fellow managed to make himself indispensable to the ladies. Little by little, thanks to impulses welling up from his patronesses' most loving heartstrings, young Damián stayed home for luncheon and dinner more and more; and a day came when a message was sent to Señora de Gardeazábal saying that they would keep their treasure with them permanently.

"What gets me most[7] about the boy," Doña Pacha would say, "is his lack of highhandedness,[7] his careful behavior with us and with his elders. Haven't you noticed, Fulgencia, that if we don't speak to him, he isn't able to address us on his own?"

"I'll say,[7] Pacha! And the diligence of that child! And his good sense, like an old man's! And his vocation for the priesthood! And his shyness: he hasn't raised his eyes to look at Candelaria even out of curiosity."

Candelaria was a girl brought up by the ladies with much modesty, gravity, and fear of God. Without removing her from her proper milieu and station, they pampered her as if she were their own daughter; and, since she wasn't bad-looking and in a house of that sort there was never a lack of pitfalls, the ladies, even though they considered the girl to be an "enclosed garden" of virtue, nevertheless kept their eye on her constantly.

When Doña Pacha learned of her boarder's skill as a needleworker and weaver, she set him to work, and soon several rich ladies of the upper crust ordered antimacassars and furniture covers from him. The news spreading by way of Fulgencia's word-of-mouth advertising, he was asked to make a bridal bedspread . . . Oh! That's where the ladies really saw the fingers of an angel! On that fabric, as fine and immaculate as a heavenly spiderweb, bunches of white lilies shone with their fanciful petals, and several haughty butterflies, of an unfamiliar, coquettish gravity, flitted about like the souls of virgins. The laundress didn't need to participate: that pure, snowy cloth left the boy's miraculous fingers directly for the bride's bed.

---

7. Conjectural.

Del importe del cubrecama sacóle Juancho un flux de muy buen paño, un calzado hecho sobre medida y un tirolés de profunda hendidura y ala muy graciosa. Entusiasmada doña Fulgencia con tantísima percha, hízole de un retal de blusa mujeril que le quedaba en bandeja una corbata de moño, a la que, por sugestión acaso, imprimió la figura arrobadora de las mariposas supradichas. Etéreo, como una revelación de los mundos celestiales, quedó Damiancito con los atavíos; y cual si ellos influyesen en los vuelos de su espíritu sacerdotal, iba creciendo, al par que en majeza y galanura, en las sapiencias y reconditeces de la latinidad. Agachado en una mesita cojitranca, vertía del latín al romance y del romance al latín ahora a Cornelio Nepote y tal cual miaja de Cicerón, ahora a san Juan de la Cruz, cuya serenidad hispánica remansaba en unos hiperbatones dignos de Horacio Flaco. Probablemente Damiancito sería con el tiempo un Caro número dos.

La cabecera de su casta camita era un puro pegote de cromos y medallas, de registros y estampitas, a cuál más religioso. Allí Nuestra Señora del Perpetuo, con su rostro flacucho tan parecido al del seminarista; allí Martín de Porres, que armado de su escoba representaba la negrería del Cielo; allí Bernadette, de rodillas ante la blanca aparición; allí copones entre nubes, ramos de uvas y gavillas de espigas, y el escapulario del Sagrado Corazón, de alto relieve, destacaba sus chorrerones de sangre sobre el blanco disco de franela.

Doña Pacha, a vueltas de sus entusiasmos con las virtudes y angelismo del curita, y en fuerza acaso de su misma religiosidad, estuvo a pique de caer en un cisma: muchísimo admiraba a los sacerdotes, y sobre todo, al rector del Seminario, pero no le pasaba, ni envuelto en hostias, eso de que no se le diese beca a un ser como Damián, a ese pobrecito desheredado de los bienes terrenos, tan millonario en las riquezas eternas. El rector sabría mucho; tanto, si no más que el obispo; pero ni él ni su Ilustrísima le habían estudiado, ni mucho menos comprendido. Claro. De haberlo hecho, desbocarían al más pintado, a trueque de colocar a Damiancito. La Iglesia Antioqueña iba a tener un san Tomasito de Aquino, si acaso Damián no se moría, porque el muchacho no parecía cosa para este mundo.

Mientras que doña Pacha fantaseaba sobre las excelsitudes morales

With the earnings from the bedspread Juancho acquired for him a suit of very good woolen cloth, a pair of shoes made to measure, and a Tyrolean hat with a deep crease and a very graceful brim. Doña Fulgencia, in her enthusiasm over all that attire, made for him from a remnant of a woman's blouse that had remained in her drawer a bowtie, to which, perhaps through autosuggestion, she gave the bewitching form of the abovementioned butterflies. In his new finery young Damián was ethereal, like a revelation of celestial worlds; and as if it influenced the flights of his priestly spirit, at the same rate that his elegance and suaveness increased, so did his knowledge of the deepest mysteries of Latin. Bent over a little wobbly table, he would translate from Latin into Spanish and from Spanish into Latin: now Cornelius Nepos and a few crumbs of Cicero, now Saint John of the Cross, whose Spanish serenity was transformed into unusual word order worthy of Horace. Most likely, in time young Damián would be a second Caro.[8]

The head of his chaste little bed was a sheer billboard of chromos and medals, notes and small prints, all as religious as possible. There you could find Our Lady of Perpetual Help, with her thin face so much like the seminarist's; there, too, was Martín de Porres,[9] who, armed with his broom, represented the black population of heaven; there was Bernadette, kneeling before the white vision; there were ciboriums amid clouds, grapevines, and sheaves of grain; and the scapular medallion of the Sacred Heart, in high relief, made its spurts of blood stand out against the white flannel disk.

Doña Pacha, in the course of her enthusiasm for the little priest's virtues and angelic qualities, and perhaps by dint of her own religious feelings, was on the brink of falling into a schism: she admired priests greatly, and especially the rector of the seminary, but even if he were smothered in Communion wafers, she could never forgive him for having refused a scholarship to someone like Damián, that unfortunate child so poor in earthly goods and so rich in eternal wealth. The rector was probably very learned—as much as the bishop, if not more so—but neither he nor His Grace had observed the boy closely, let alone understood him. Naturally. If they had done so, they'd take a scholarship away from their star pupil and give it to young Damián. The church in Antioquia was going to have a young Saint Thomas Aquinas, if Damián didn't die—because the boy seemed to be too good for this world.

While Doña Pacha was fantasizing about Damián's moral superior-

8. Among all the Hispanic literary Caros, this probably refers to the Colombian philologist Miguel Antonio Caro (1843–1909). 9. Nicknamed "Friar Broom," this Peruvian saint, a mulatto, lived from 1579 to 1639.

de Damián, Fulgencita se daba a mimarle el cuerpo endeble que aprisionaba aquella alma apenas comparable al cubrecama consabido. Chocolate sin harina, de lo más concentrado y espumoso, aquel chocolate con que las hermanas se regodeaban en su horas de sibaritismo, le era servido en una jícara tamaña como esquilón. Lo más selecto de los comistrajes, las grosuras domingueras con que regalaban a sus comensales, iban a dar en raciones frailescas a la tripa del seminarista, que gradualmente se iba anchando, anchando. Y para aquella cama que antes fuera dura tarima de costurero, hubo blandicies por colchones y almohadas, y almidonadas blancuras semanales por sábanas y fundas, y flojedades cariñosas por la colcha grabada, de candideces blandas y flecos desmadejados y acariciadores. La madre más tierna no repasa ni revisa los indumentos interiores du su unigénito cual lo hiciera Fulgencita con aquellas camisas, con aquellas medias y con aquella otra pieza que no pueden nombrar las *misses*. Y aunque la señora era un tanto asquienta y poco amiga de entenderse con ropas ajenas, fuesen limpias o sucias, no le pasó ni remotamente al manejar los trapitos del seminarista ni un ápice de repugnancia. Qué le iba a pasar; si antes se le antojaba, al manejarlas, que sentía el olor de pureza que deben exhalar los suaves plumones de los ángeles. Famosa dobladora de tabacos, hacía unos largos y aseñorados, que eran para que Damiancito los fumase a solas en sus breves instantes de vagar.

Doña Pacha, en su misma adhesión al santico, se alarmaba a menudo con los mimos y ajonjeos de Fulgencia, pareciéndole un tanto sensuales y antiascéticos tales refinamientos y tabaqueos. Pero su hermana le replicaba, sosteniéndole que un niño tan estudioso y consagrado necesitaba muy buen alimento; que sin salud no podía haber sacerdotes, y que a alma tan sana no podían malearla las insignificancias de unos cuatro bocados más sabrosos que la bazofia ordinaria y cotidiana, ni mucho menos el humo de un cigarro; y que así como esa alma se alimentaba de las dulzuras celestiales, también el pobre cuerpo que la envolvía podía gustar algo dulce y sabroso, máxime cuando Damiancito le ofrecía a Dios todos sus goces puros e inocentes.

Después del rosario con misterios en que Damián hacía el coro, todo él ojicerrado, todo él recogido, todo extático, de hinojos sobre la áspera estera antioqueña que cubría el suelo, después de este largo coloquio con el Señor y su Santa Madre, cuando ya las patronas habían despachado sus quehaceres y ocupaciones de prima noche, solía Damián leerles algún libro místico, del padre Fáber por lo regular. Y aquella vocecilla gangosa, que se desquebrajaba al salir por aquella dentadura desportillada, daba el tono, el acento, el carácter

ity, Fulgencita went about pampering the feeble body which imprisoned that soul, surely much snowier than that snowy bedspread he had made. Chocolate without flour, the most concentrated and foamy kind, that chocolate with which the sisters regaled themselves when they felt sybaritic, was served to him in a cup as big as a cowbell. The choicest morsels, the meats they dished out to their boarders on Sundays, found their way, in huge friar's portions, into the gut of the seminarist, which kept swelling and swelling. And his bed, which had formerly been a hard tailor's bench, was now made soft with mattresses and pillows, starched white sheets and pillowcases changed weekly, lovingly soft embroidered counterpanes, yielding white fabrics, and caressing, spongy fringes. The most tender mother doesn't inspect and mend her only child's linen and underwear the way Fulgencita did with those shirts, those stockings, and that other garment which unmarried ladies can't mention. And even though the lady was a bit squeamish and didn't enjoy handling other people's clothes, whether clean or soiled, she felt not an iota of repugnance in dealing with the seminarist's garments. Why should she? In fact, as she handled them, she fancied she could smell the pure fragrance which the soft feathers of angels' wings must emit. Wonderful at rolling cigars, she made a number of long, high-class ones for young Damián to smoke in private in his brief moments of leisure.

Doña Pacha, though herself devoted to the little saint, often became alarmed at the way Fulgencia was pampering and spoiling him. She found such refinements and supplies of tobacco a little sensual and anti-ascetic. But her sister would retort that a child so studious and dedicated needed very good nourishment; that without good health there can't be priests, and that a soul so healthy couldn't be corrupted by such trifles as a few mouthfuls tastier than the regular, everyday swill, let alone by the smoke from a cigar; and that just as his soul was being nourished on heavenly sweets, so the poor body it was wrapped in could be allowed to taste sweet and delicious things, especially when Damián offered all his pure, innocent joys to God.

After the recital of the rosary with special rites, to which Damián served as chorus, his eyes tightly shut, his whole being withdrawn and ecstatic as he knelt on the rough mat made in Antioquia that covered the floor; after that long conversation with the Lord and his blessed Mother, when his patronesses had already finished their chores and business of the evening, Damián used to read aloud to them out of some book of mysticism, generally Father Fáber's. And that thin, nasal voice, which cracked as it issued between those chipped teeth, had the

místico de oratoria sagrada. Leyendo *Belén*, el poema de la Santa Infancia, libro en que Fáber puso su corazón, Damián ponía una cara, unos ojos, una mueca que a Fulgencita se le antojaban transfiguración o cosa así. Más de una lágrima se le saltó a la buena señora en esas leyendas.

Así pasó el primer año, y, como era de esperarse, el resultado de los exámenes fue estupendo; y tanto el desconsuelo de las señoras al pensar que Damiancito iba a separárseles durante las vacaciones, que él mismo, *motu proprio*, determinó no irse a su pueblo y quedarse en la ciudad, a fin de repasar los cursos ya hechos y prepararse para los siguientes. Y cumplió el programa con todos sus puntos y comas; entre textos y encajes, entre redes y cuadernos, rezando a ratos, meditando con frecuencia, pasó los asuetos; y sólo salía a la calle a las diligencias y compras que a las señoras se les ocurría, y tal vez a paseos vespertinos a las afueras más solitarias de la ciudad, y eso porque las señoras a ello lo obligaban.

Pasó el año siguiente; pero no pasó, que antes se acrecentaba más y más, el prestigio, la sabiduría, la virtud sublime de aquel santo precoz. No pasó tampoco la inquina santa de doña Pacha al rector del Seminario: que cada día le sancochaba la injusticia y el espíritu de favoritismo que aun en los mismos seminarios cundía e imperaba.

Como a fines de ese año, a tiempo que los exámenes terminaban, se les hubiese ocurrido a los padres de Damián venir a visitarlos a Medellín, y como Aguedita estuviera de viaje a los ejercicios de diciembre, concertaron las patronas, previa licencia paterna, que tampoco en esta vez fuese Damián a pasar las vacaciones a su pueblo. Tal resolución les vino a las señoras no tanto por la falta que Damián iba a hacerles, cuanto y más por la extremada pobreza, por la miseria que revelaban aquellos viejecitos, un par de campesinos de lo más sencillo e inocente, para quienes la manutención de su hijo iba a ser, si bien por pocos días, un gravamen harto pesado y agobiador. Damián, este ser obediente y sometido, a todo dijo amén con la mansedumbre de un cordero. Y sus padres, después de bendecirle, partieron, llorando de reconocimiento a aquellas patronas tan bondadosas, a mi Dios que les había dado aquel hijo.

¡Ellos, unos pobrecitos montañeros, unos ñoes, unos muertos de hambre, taitas de un curita! Ni podían creerlo. ¡Si su Divina Majestad fuese servida de dejarlos vivir hasta verlo cantar misa o alzar con sus manos la hostia, el cuerpo y sangre de mi Señor Jesucristo! Muy pobrecitos eran, muy infelices ¡pero cuanto tenían, la tierrita, la vaca, la media roza, las cuatro matas de la huerta, de todo saldrían, si nece-

tone, the accent, the mystic character of sacred oratory. Reading *Bethlehem*, the poem about the Lord's childhood, into which Fáber put his whole heart, Damián would display a face, eyes, a grin that Fulgencita fancied to be a transfiguration or something of the sort. More than one tear came to the good lady's eyes during those readings.

Thus the first year went by, and, as was to be expected, the results of the exams were marvelous; and the ladies were so depressed at the thought that young Damián would be away from them during the school vacation that he himself, spontaneously, decided not to go to his home-town but to stay in the city, in order to review the courses he had already taken and to prepare for those to come. And he fulfilled every jot and tit-tle of his program; between texts and lacemaking, between netting and notebooks, praying at times, frequently meditating, he spent the vacation; and he went outdoors only on the errands and for the purchases that oc-curred to the ladies, and perhaps on evening walks to the most solitary suburbs of the city, and this only because the ladies compelled him to.

The following year went by; but not before that precocious saint's prestige, learning, and sublime virtue had grown greater and greater. Nor did Doña Pacha's holy grudge against the rector of the seminary pass by; because every day she was incensed by the injustice and spirit of favoritism that flourished and prevailed even in seminaries.

Since, at the end of that year, when the exams were ending, Damián's parents had taken a notion to visit them in Medellín, and since Aguedita was traveling for her December retreat, the pa-tronesses, first obtaining his father's permission, planned it so that Damián wouldn't spend the vacation in his hometown this time either. The ladies came to this decision not so much because they would miss Damián's company, but even more because of the extreme poverty, the destitution which that old couple revealed, a pair of rural folk of the most simple and innocent sort, for whom it would be a very heavy and crushing burden to support their son for even a few days. Damián, that obedient, submissive creature, consented to everything with the meekness of a lamb. And after blessing him his parents de-parted, weeping with gratitude to those most kind patronesses, and to God, who had given them that son.

They, a couple of paupers from the hills, common as dirt, dying of hunger, the parents of a little priest! They just couldn't believe it. If only His Divine Majesty saw fit to let them live to see him sing mass or raise the Host, the body and blood of our Lord Jesus Christ, with his own hands! They were very poor, very wretched, but all that they had, the little farm, the cow, the cleared half-field, the handful of shrubs in their vegetable gar-

sario fuera, a trueque de ver a Damiancito hecho cura. Pues ¿Aguedita? El cuajo se le ensanchaba de celeste regocijo, la glorificación de Dios le rebullía por dentro al pensar en aquel sacerdote, casi hechura suya. Y la parroquia misma, al sentirse patria de Damián, sentía ya vibrar por sus aires el soplo de la gloria, el hálito de la santidad: sentíase la Padua chiquita.

No cedía doña Pacha en su idea de la beca. Con la tenacidad de las almas bondadosas y fervientes buscaba y buscaba la ocasión: y la encontró. Ello fue que un día, por allá en los julios siguientes, apareció por la casa, como llovida del cielo y en calidad de huésped, doña Débora Cordobés, señora briosa y espiritual, paisana y próxima parienta del rector del Seminario. Saber doña Pacha lo del parentesco y encargar a doña Débora de la intriga, todo fue uno. Prestóse ella con entusiasmo, prometiéndole conseguir del rector cuanto pidiese. Ese mismo día solicitó por el teléfono una entrevista con su ilustre allegado; y al Seminario fue a dar a la siguiente mañana.

Doña Pacha se quedó atragantándose de Te Deums y Magnificats, hecha una acción de gracias; corrió Fulgencita a arreglar la maleta y todos los bártulos del curita, no sin *chocolear* un poquillo por la separación de este niño que era como el respeto y la veneración de la casa. Pasaban horas, y doña Débora no aparecía. El que vino fue Damián, con sus libros bajo el brazo, siempre tan parejo y tan sonreído.

Doña Pacha quería sorprenderlo con la nueva, reservándosela para cuando todo estuviera definitivamente arreglado; pero Fulgencita no pudo contenerse y le dio algunas puntadas. Y era tal la ternura de esa alma, tanto su reconocimiento, tanta su gratitud a las patronas, que, en medio de su dicha, Fulgencita le notó cierta angustia, tal vez la pena de dejarlas. Como fuese a salir, quiso detenerlo Fulgencita; pero no le fue dado al pobrecito quedarse, porque tenía que ir a la Plaza de Mercado a llevar una carta a un arriero, una carta muy interesante para Aguedita.

Él que sale y doña Débora que entra. Viene inflamada por el calor y el apresuramiento. En cuando la sienten las Del Pino se le abocan, la interrogan, quieren sacarle de un tirón la gran noticia. Siéntase doña Débora en un diván exclamando:

—Déjenme descansar y les cuento.

Se le acercan, la rodean, la asedian. No respiran. Medio repuesta un punto, dice la mensajera:

—Mis queridas, ¡se las comió el santico! Hablé con Ulpianito. Hace

den, they'd give it all up, if necessary, to see little Damián become a priest. And, what about Aguedita? Her bosom swelled with heavenly joy, the glorification of God boiled inside her, when she thought about that priest, who was practically a creation of hers. And the very parish, feeling itself Damián's native soil, already felt a breeze of glory, the breath of sanctity, sweeping through its atmosphere: it felt like a miniature Padua.

Doña Pacha never gave up her idea of a scholarship. With the tenacity of kindly and fervent souls she kept seeking an opportunity: and she found one. What happened was that, one day, about the following July, there showed up in the house as a guest, as if she had rained down from heaven, Doña Débora Cordobés, a lively and witty lady, a fellow townswoman and a close relative of the rector of the seminary. The moment Doña Pacha heard they were related, she entrusted Doña Débora with her scheme. Doña Débora lent herself to it enthusiastically, promising her that she would obtain all that she asked from the rector. That very day she made an appointment by phone with her illustrious kinsman; and off she went to the seminary the next morning.

Doña Pacha kept making herself hoarse with Te Deums and Magnificats, immersed in giving thanks; Fulgencita ran to arrange the little priest's suitcase and all his odds and ends, not without feeling a little blue over her separation from that child who was like the source of respect and veneration for the household. Hours went by, and Doña Débora didn't return. The one who returned was Damián, his books under his arm, as even-tempered and smiling as ever.

Doña Pacha wanted to surprise him with the news, holding it in reserve until everything was definitely settled; but Fulgencita couldn't contain herself, and she dropped a few hints to him. And such was the tenderness of that soul, his thankfulness and gratitude to his patronesses, that in the midst of his happiness, Fulgencita noticed a certain anguish in him, perhaps the sorrow of leaving their house. As he was about to go, Fulgencita tried to hold him back; but it was impossible for the poor lad to stay, because he had to go to Market Square to take a letter to a muleteer, a letter that would greatly interest Aguedita.

He leaves and Doña Débora comes in. She is burning up with the heat and the haste she has made. As soon as the Del Pino ladies hear her, they accost her, interrogate her, try to get the great news out of her all at once. Doña Débora sits down on a divan, exclaiming:

"Let me rest and I'll tell you!"

They approach her, they surround her, they besiege her. They can't breathe. As soon as she had come to herself a little, the messenger said:

"My dear ladies, the little saint has devoured you! I spoke with

más de dos años que no ha vuelto al Seminario . . . ¡Ulpianito ni se acordaba de él! . . .

—¡Imposible! ¡Imposible! —exclamaban a dúo las dos señoras.

—No ha vuelto . . . Ni un día. Ulpianito ha averiguado con el vicerrector, con los pasantes, con los profesores todos del Seminario. Ninguno lo ha visto. El portero, cuando oyó las averiguaciones, contó que ese muchacho estaba entregado a la vagamundería. Por ai dizque lo ha visto en malos pasos. Según cuentas, hasta donde los protestantes dizque ha estado . . .

—Ésa es una equivocación, misiá Débora —prorrumpe Fulgencita con fuego.

—Eso es por no darle la beca —exclama doña Pacha, sulfurada—. ¡Quién sabe en qué enredo habrán metido a ese pobre angelito!

—Sí, Pacha —asevera Fulgencita—. A misiá Débora la han engañado. Nosotras somos testigos de los adelantos de ese niño; él mismo nos ha mostrado los certificados de cada mes y las calificaciones de los certámenes.

—Pues no entiendo, mis señoras, o Ulpiano me ha engañado —dice doña Débora, ofuscada, casi vacilando.

Juan de Dios Barco aparece.

—Oiga, Juancho, por Dios —exclama Fulgencita en cuanto le echa el ojo encima—. Camine, oiga estas brujerías. Cuéntele, misiá Débora.

Resume ella en tres palabras; protesta Juancho; se afirman las patronas; dase por vencida doña Débora.

—Ésta no es conmigo —vocifera doña Pacha, corriendo al teléfono. Tilín . . . tilín . . .

—Central . . . ¡Rector del Seminario! . . .

Tilín . . . Tilín . . .

Y principian. No oye, no entiende; se enreda, se involucra, se *tupe;* da la bocina a Juancho y escucha temblorosa. La sierpe que se le enrosca a Núñez de Arce le *pasa rumbando.* Da las gracias Juancho, se despide, cuelga la bocina y aísla.

Y aquella cara anodina, agermanada, de zuavo de Cristo, se vuelve a las señoras; y con aquella voz de inmutable simpleza, dice:

—¡Nos co-mió el ce-bo el pen-de-je-te!

Ulpianito. For over two years now, he hasn't been back in the seminary . . . Ulpianito didn't even remember him! . . ."

"Impossible! Impossible!" the two ladies exclaimed in duet.

"He hasn't been back . . . Not for a day. Ulpianito checked with the vice-rector, with the professors, with all the teachers in the seminary. No one has seen him. The doorman, when he heard the investigation going on, said that the boy was given to vagrancy. He says that he's seen him in bad company. According to rumors, he's even been with the Protestants! . . ."

"It's a mistake, Miss Débora!" Fulgencita bursts out ardently.

"It's because they didn't give him the scholarship!" exclaims Doña Pacha, furious. "Who knows what kind of mess they've gotten that poor little angel into!"

"Yes, Pacha," Fulgencita affirms. "They've fooled Miss Débora. We're witnesses to that child's progress; he himself has showed us his monthly report cards and his good marks on the exams."

"Then, either I don't understand, ladies, or else Ulpiano fooled me," says Doña Débora, confused, almost reeling.

Juan de Dios Barco makes an appearance.

"Listen, Juancho, for the love of God!" Fulgencia exclaims the moment she spots him. "Come here and listen to these incredible things. Tell him, Miss Débora!"

She sums it up in a few words; Juancho protests; the patronesses affirm what they've said; Doña Débora admits she's beaten.

"This is beyond me!"[10] shouts Doña Pacha, running to the telephone.

Ring, ring . . .

"Central, give me the rector of the seminary! . . ."

Ring, ring . . .

And they begin. She doesn't hear, she doesn't understand, she gets confused, she gets entangled, she gets embarrassed; she hands the receiver to Juancho and listens, all atremble. The serpent that coils itself around Núñez de Arce[11] "passes humming"[12] by her. Juancho says thanks, says good-bye, hangs up, and unplugs[13] the phone.

And his face, so anodyne, so Germanic, like that of a zouave of Christ, turns toward the ladies; and with that voice of unalterable simplicity, he says:

"That lit-tle rat ate us out of house and home!"

---

10. Conjectural.   11. No doubt a quotation from the Spanish writer and politician Gaspar Núñez de Arce (1834–1903).   12. Or: "ostentatiously"?   13. Conjectural.

Se derrumba Fulgencia sobre un asiento. Siente que se desmorona, que se deshiela moralmente. No se asfixia porque la caldera estalla en un sollozo.

—No llorés, Fulgencita —vocifera doña Pacha, con voz enronquecida y temblona—, ¡déjamelo estar!

Álzase Fulgencia y ase a la hermana por los molledos.

—No le vaya a decir nada, mi querida. ¡Pobrecito!

Rúmbala doña Pacha de tremenda manotada.

—¡Que no le diga! ¡Que no le diga! ¡Que venga aquí ese pasmado! . . . ¡Jesuita! ¡Hipócrita!

—No, por Dios, Pacha . . .

—¡De mí no se burla ni el obispo! ¡Vagabundo! ¡Perdido! Engañar a unas tristes viejas; robarles el pan que podían haber dado a un pobre que lo necesitara. ¡Ah malvado, comulgador sacrílego! ¡Inventor de certificados y de certámenes! . . . ¡Hasta protestante será!

—Vea mi queridita, no le vaya a decir nada a ese pobre. Déjelo siquiera que almuerce.

Y cada lágrima le caía congelada por la arrugada mejilla.

Intervienen doña Débora y Juancho. Suplican.

—¡Bueno! —decide al fin doña Pacha, levantando el dedo—. Jártalo de almuerzo hasta que reviente. Pero eso sí, chocolate del de nosotras sí no le das a ese sinvergüenza. Que beba aguadulce o que se largue sin sobremesa.

Y erguida, agrandada por la indignación, corre a servir el almuerzo.

Fulgencita alza a mirar, como implorando auxilio, la imagen de san José, su santo predilecto.

A poco llega el santico, más humilde, con la sonrisilla seráfica un poquito más acentuada.

—Camine a almorzar, Damiancito —le dice doña Fulgencia, como en un trémolo de terneza y amargura.

Sentóse la criatura y de todo comió, con mastiqueo nervioso, y no alzó a mirar a Fulgencita, ni aun cuando ésta le sirvió la inusitada taza de agua de panela.

Con el último trago le ofrece doña Fulgencia un manojo de tabacos, como lo hacía con frecuencia. Recíbelos san Antoñito, enciende y vase a su cuarto.

Doña Pacha, terminada la faena del almuerzo, fue a buscar al

Fulgencia collapses onto a chair. She feels herself crumbling, mentally thawing. She doesn't choke because her boiler bursts into a sob.

"Don't cry, Fulgencita," Doña Pacha shouts with a hoarse, shaky voice; "leave him to me!"[14]

Fulgencia gets up and grips her sister by the fleshy part of her arms.

"Don't say anything to him, dear. The poor boy!"

Doña Pacha hands her a tremendous slap.

"Not say anything! Not say anything! Just let that ninny come here! . . . The Jesuit! The hypocrite!"

"No, for the love of God, Pacha! . . ."

"Nobody makes a fool of me, not even the bishop! That tramp! That rake! To deceive two unhappy old women; to rob them of the bread they could have given to a needy poor man! Oh, the vicious person, making a sacrilege of Communion! Making up report cards and exam results! . . . He may even be a Protestant!"

"Come, dear, don't say anything to that poor fellow. At least let him have lunch."

And every tear froze as it trickled down her wrinkled cheeks.

Doña Débora and Juancho intercede. They implore her.

"All right!" Doña Pacha finally decides, lifting her finger. "Stuff him with lunch till he explodes. But this I do say: you are not to give that shameless scamp any of our good chocolate. Let him drink sugar water or let him scram without dessert."

And fully erect, made taller by her indignation, she runs off to serve lunch.

Fulgencia looks up at the image of Saint Joseph, her favorite saint, as if beseeching him for aid.

Before long, the little saint arrives, more humble, with his seraphic little smile somewhat more accentuated.

"Go have lunch, Damiancito," Doña Fulgencia says to him, in a sort of tremolo of tenderness and bitterness.

The fellow sat down and ate some of everything, chewing nervously, and didn't look up at Fulgencita, even when she served him the uncustomary cup of brown sugar water.

At his last sip, Doña Fulgencia offers him a handful of cigars, as she has frequently done. Little Saint Anthony takes them, lights one, and goes to his room.

After her luncheon chores were over, Doña Pacha went to see the

---

14. Conjectural.

protestante. Entra a la pieza y no le encuentra; ni la maleta, ni el tendido de la cama.

Por la noche llaman a Candelaria al rezo y no responde; búsqueda y no aparece: corren a su cuarto, hallan abierto y vacío el baúl . . . Todo lo entienden.

A la mañana siguiente, cuando Fulgencita arreglaba el cuarto del malvado, encontró una alpargata inmunda de las que él usaba; y al recogerla cayó de sus ojos, como el perdón divino sobre el crimen, una lágrima nítida, diáfana, entrañable.

Rafael Arévalo Martínez

El hombre que parecía un caballo

En el momento en que nos presentaron, estaba en un extremo de la habitación, con la cabeza ladeada, como acostumbran a estar los caballos, y con aire de no fijarse en lo que pasaba a su alrededor. Tenía los miembros duros, largos y enjutos, extrañamente recogidos, tal como los de uno de los protagonistas en una ilustración inglesa del libro de Gulliver. Pero mi impresión de que aquel hombre se asemejaba por misterioso modo a un caballo no fue obtenida entonces sino de una manera subconsciente, que acaso nunca surgiese a la vida plena del conocimiento, si mi anormal contacto con el héroe de esta historia no se hubiese prolongado.

En esa misma pristina escena de nuestra presentación, empezó el señor de Aretal a desprenderse, para obsequiarnos, de los traslúcidos collares de ópalos, de amatistas, de esmeraldas y de carbunclos que constituían su íntimo tesoro. En un principio de deslumbramiento, yo me tendí todo, yo me extendí todo, como una gran sábana blanca, para hacer mayor mi superficie de contacto con el generoso donante. Las antenas de mi alma se dilataban, lo palpaban y volvían trémulas y conmovidas y regocijadas a darme la buena nueva: "Éste es el hombre que esperabas; éste es el hombre por el que te asomabas a todas las almas desconocidas, porque ya tu intuición te había afirmado que un día serías enriquecido por el advenimiento de un ser único. La avidez con que tomaste, percibiste y arrojaste tantas almas que se hicieron desear y defraudaron tu esperanza, hoy será ampliamente satisfecha: inclínate y bebe de esta agua."

Y cuando se levantó para marcharse, lo seguí, aherrojado y preso como el cordero que la zagala ató con lazos de rosas. Ya en el cuarto

"Protestant." She enters his room but doesn't find him; nor his suitcase, nor the bedclothes.

At night they call Candelaria to prayers, but she doesn't answer; they search and can't locate her; they run to her room and find her trunk open and empty . . . They understand everything.

The next morning, when Fulgencita was making up the wicked boy's room, she discovered one of the filthy canvas shoes he used to wear; and when she picked it up, there fell from her eyes, like divine forgiveness washing away a crime, a clear, transparent, heartfelt tear.

RAFAEL ARÉVALO MARTÍNEZ

The Man Who Was Like a Horse

At the time we were introduced, he was at one end of the room, his head tilted, as horses are accustomed to stand, and he appeared to be paying no attention to anything happening around him. His limbs were hard, long, and thin, oddly contracted, like those of one of the protagonists in an English illustration in *Gulliver's Travels*. But my impression that that man in some mysterious way resembled a horse didn't come to me then; it came to me subconsciously, and might never have welled up into fully conscious life if my abnormal contact with the hero of this story hadn't been extended.

During this same original scene of our introduction, Señor de Aretal began to part with his jewels and bestow them on us: those translucent neck chains of opals, amethysts, emeralds, and garnets which constituted his private treasure. Dazzled at first, I spread myself out, I extended myself entirely, like a big white sheet, to enlarge my surface of contact with the generous donor. The antennae of my soul dilated, felt him, and returned, quivering, stirred, and jubilant, to give me the good news: "This is the man you were waiting for; this is the man to find whom you peered into every stranger's soul, because your intuition had already told you that some day you'd be made wealthy by the arrival of a unique being. The avidity with which you accepted, studied, and cast aside so many souls that had aroused desire but had disappointed your hopes, will be amply rewarded today: stoop down and drink of this water."

And when he got up to go, I followed him, fettered and captured like a lamb that a shepherdess has bound with bows of roses. When

de habitación de mi nuevo amigo, éste, apenas traspuestos los umbrales que le daban paso a un medio propicio y habitual, se encendió todo él. Se volvió deslumbrador y escénico como el caballo de un emperador en una parada militar. Las solapas de su levita tenían vaga semejanza con la túnica interior de un corcel de la Edad Media, enjaezado para un torneo. Le caían bajo las nalgas enjutas, acariciando los remos finos y elegantes. Y empezó su actuación teatral.

Después de un ritual de preparación cuidadosamente observado, caballero iniciado de un antiquísimo culto, y cuando ya nuestras almas se habían vuelto cóncavas, sacó el cartapacio de sus versos con la misma mesura unciosa con que se acerca el sacerdote al ara. Estaba tan grave que imponía respeto. Una risa hubiera sido acuchillada en el instante de nacer.

Sacó su primer collar de topacios o, mejor dicho, su primera serie de collares de topacios, traslúcidos y brillantes. Sus manos se alzaron con tanta cadencia que el ritmo se extendió a tres mundos. Por el poder del ritmo, nuestra estancia se conmovió toda en el segundo piso, como un globo prisionero, hasta desasirse de sus lazos terrenos y llevarnos en un silencioso viaje aéreo. Pero a mí no me conmovieron sus versos, porque eran versos inorgánicos. Eran el alma traslúcida y radiante de los minerales; eran el alma simétrica y dura de los minerales.

Y entonces el oficiante de las cosas minerales sacó su segundo collar. ¡Oh esmeraldas, divinas esmeraldas! Y sacó el tercero. ¡Oh diamantes, claros diamantes! Y sacó el cuarto y el quinto, que fueron de nuevo topacios, con gotas de luz, con acumulamientos de sol, con partes opacamente radiosas. Y luego el séptimo: sus carbunclos. Sus carbunclos casi eran tibios; casi me conmovieron como granos de granada o como sangre de héroes; pero los toqué y los sentí duros. De todas maneras, el alma de los minerales me invadía; aquella aristocracia inorgánica me seducía raramente, sin comprenderla por completo. Tan fue esto así, que no pude traducir las palabras de mi Señor interno, que estaba confuso y hacía un vano esfuerzo por volverse duro y simétrico y limitado y brillante, y permanecí mudo. Y entonces, en imprevista explosión de dignidad ofendida, creyéndose engañado, el Oficiante me quitó su collar de carbunclos, con movimiento tan lleno de violencia, pero tan justo, que me quedé más perplejo que dolorido. Si hubiera sido el Oficiante de las Rosas, no hubiera procedido así.

we arrived at my new friend's room, as soon as he crossed the threshold that led him to a propitious, habitual environment, he became fully ignited. He became as dazzling and theatrical as an emperor's horse in a military parade. The tails[1] of his frock coat vaguely resembled the inner draping of a medieval steed arrayed for a tourney. They fell below his thin buttocks, caressing his fine, elegant legs. And his dramatic performance began.

After a carefully adhered-to preparatory ritual, like a knight initiated into a very ancient cult, and after our souls had become concave, he took out the notebook of his poetry to the same unctuous measure with which a priest approaches the altar. He was so serious that he commanded respect. Laughter would have been stabbed to death the moment it arose.

He brought out his first topaz neck chain, or, rather, his first series of topaz neck chains, translucent and gleaming. His hands rose in such cadence that the rhythm was felt in three worlds. By the power of that rhythm, our entire room was tossed up to the third story, like a captive balloon, until it threw off its ties to earth and bore us aloft in a silent aerial journey. But his poetry didn't move me, because it was inorganic poetry. It was the translucent, radiant soul of minerals; it was the symmetrical, hard soul of minerals.

And then the officiant of mineral matters brought out his second neck chain. Oh, those emeralds, divine emeralds! And he brought out the third. Oh, the diamonds, bright diamonds! And he brought out the fourth and the fifth, which were again topazes, with drops of light, with accumulations of sunshine, with opaquely radiant parts. And then the seventh: his garnets. His garnets were nearly warm; they almost moved me like pomegranate seeds or like the blood of heroes; but I touched them and I found them hard. In every way, the soul of the minerals invaded me; that inorganic aristocracy charmed me strangely, though I didn't fully understand it. So much was this the case that I couldn't translate the words of my inner Lord, that I was confused and made a vain effort to become hard, symmetrical, confined, and brilliant again, but remained mute. And then, in an unexpected explosion of offended dignity, thinking he had been deceived, the Officiant took away his garnet neck chain from me, with a movement so full of violence, but so just, that I was left more perplexed than aggrieved. If he had been the Officiant of the Roses,[2] he wouldn't have acted that way.

---

1. *Solapas* normally means "lapels," but obviously not here.   2. If this means anything in particular, it may refer to a rare papal ceremony (or Rosicrucian?).

Y entonces, como a la rotura de un conjuro, por aquel acto de violencia, se deshizo el encanto del ritmo; y la blanca navecilla en que voláramos por al azul del cielo, se encontró sólidamente aferrada al primer piso de una casa.

Después nuestro común presentante, el señor de Aretal y yo, almorzamos en los bajos del hotel.

Y yo, en aquellos instantes, me asomé al pozo del alma del Señor de los topacios. Vi reflejadas muchas cosas. Al asomarme, instintivamente, había formado mi cola de pavo real; pero la había formado sin ninguna sensualidad interior, simplemente solicitado por tanta belleza percibida y deseando mostrar mi mejor aspecto, para ponerme a tono con ella.

¡Oh las cosas que vi en aquel pozo! Ese pozo fue para mí el pozo mismo del misterio. Asomarse a un alma humana, tan abierta como un pozo, que es un ojo de la tierra, es lo mismo que asomarse a Dios. Nunca podemos ver el fondo. Pero nos saturamos de la humedad del agua, el gran vehículo del amor, y nos deslumbramos de luz reflejada.

Este pozo reflejaba el múltiple aspecto exterior en la personal manera del señor de Aretal. Algunas figuras estaban más vivas en la superficie del agua: se reflejaban los clásicos, ese tesoro de ternura y de sabiduría de los clásicos; pero sobre todo se reflejaba la imagen de un amigo ausente, con tal pureza de líneas y tan exacto colorido, que no fue uno de los menos interesantes atractivos que tuvo para mí el alma del señor de Aretal, este paralelo darme el conocimiento del alma del señor de la Rosa, el ausente amigo tan admirado y tan amado. Por encima de todo se reflejaba Dios. Dios, de quien nunca estuve menos lejos. La gran alma que a veces se enfoca temporalmente. Yo comprendí, asomándome al pozo del señor de Aretal, que éste era un mensajero divino. Traía un mensaje a la humanidad: el mensaje humano, que es el más valioso de todos. Pero era un mensajero inconsciente. Prodigaba el bien y no lo tenía consigo.

Pronto interesé sobremanera a mi noble huésped. Me asomaba con tanta avidez al agua clara de su espíritu, que pudo tener una imagen exacta de mí. Me había aproximado lo suficiente, y además, yo también era una cosa clara que no interceptaba la luz. Acaso lo ofusqué tanto como él a mí. Es una cualidad de las cosas alucinadas el ser a su vez alucinadoras. Esta mutua atracción nos llevó al acercamiento y estrechez de relaciones. Frecuenté el divino templo de aquella alma hermosa. Y a su contacto empecé a encenderme. El señor de Aretal era una lámpara encendida y yo era una cosa combustible. Nuestras almas se comunicaban. Yo tenía las manos extendidas y el alma de

And then, as if a spell were being broken, the enchantment of the rhythm was undone by that act of violence; and the white vessel in which we had been flying across the blue of the sky found itself firmly attached to the second story of a building.

Afterward, Señor de Aretal and I, and the man who had introduced us, lunched on the ground floor of the hotel.

And I, during that time, peered into the well of the soul of the master of the topazes. I saw many things reflected in it. On peering in, I had instinctively spread out my peacock tail; but I had done so without any inner sensuality, merely prompted by all that beauty I perceived and wishing to put on my best face, to harmonize with that beauty.

Oh, the things I saw in that well! For me that well was the very well of mystery. To peer into a human soul as open as a well, which is an eye of the earth, is the same as peering into God. We can never see the bottom. But we saturate ourselves with the moisture of the water, the great vehicle of love, and we dazzle ourselves with reflected light.

That well reflected the multiple exterior aspects of Señor de Aretal's personal ways. Some figures were more vivid on the surface of the water: the classics were reflected, that treasure of tenderness and wisdom contained in the classics; but above all there was reflected the image of an absent friend, with such purity of line and precise coloring that it was not one of the least interesting attractions that Señor de Aretal's soul held for me: that at the same time it introduced me to the soul of Señor de la Rosa, the absent friend I had so admired and loved. On top of all else, God was reflected there. God, from whom I have never been less distant. The great soul that sometimes comes temporarily into focus. I understood, as I peered into Señor de Aretal's well, that he was a divine messenger. He was bearing a message for mankind: the human message, which is the most valuable of all. But he was a messenger unaware of what he was doing. He lavished wealth but didn't possess it.

Soon I became of great interest to my noble host. I peered so avidly into the clear water of his spirit that he was able to form an exact image of me. I had come sufficiently close, and, besides, I too was a clear thing that didn't intercept the light. Perhaps I dazzled him as much as he did me. It's a characteristic of things that are hallucinated to exert a hallucination in turn. This mutual attraction led us to become close and to see each other regularly. I frequented the divine temple of that lovely soul. And in contact with it I began to be ignited. Señor de Aretal was a lighted lamp and I was an inflammable object. Our souls communicated. My hands were held out, and the soul of

cada uno de mis diez dedos era una antena por la que recibía el conocimiento del alma del señor de Aretal. Así supe de muchas cosas antes no conocidas. Por raíces aéreas, ¿qué otra cosa son los dedos?, u hojas aterciopeladas, ¿qué otra cosa que raíces aéreas son las hojas?, yo recibía de aquel hombre algo que me había faltado antes. Había sido un arbusto desmedrado que prolonga sus filamentos hasta encontrar el humus necesario en una tierra nueva. ¡Y cómo me nutría! Me nutría con la beatitud con que las hojas trémulas de clorofila se extienden al sol; con la beatitud con que una raíz encuentra un cadáver en descomposición; con la beatitud con que los convalecientes dan sus pasos vacilantes en las mañanas de primavera, bañadas de luz; con la beatitud con que el niño se pega al seno nutricio y después, ya lleno, sonríe en sueños a la visión de una ubre nívea. ¡Bah! Todas las cosas que se completan tienen beatitud así. Dios, un día, no será otra cosa que un alimento para nosotros: algo necesario para nuestra vida. Así sonríen los niños y los jóvenes, cuando se sienten beneficiados por la nutrición.

Además me encendí. La nutrición es una combustión. Quién sabe qué niño divino regó en mi espíritu un reguero de pólvora, de nafta, de algo fácilmente inflamable, y el señor de Aretal, que había sabido aproximarse hasta mí, le había dado fuego. Yo tuve el placer de arder; es decir, de llenar mi destino. Comprendí que era una cosa esencialmente inflamable. ¡Oh padre fuego, bendito seáis! Mi destino es arder. El fuego es tambien un mensaje. ¿Qué otras almas arderían por mí? ¿A quién comunicaría mi llama? ¡Bah! ¿Quién puede predecir el porvenir de una chispa?

Yo ardí y el señor de Aretal me vio arder. En una maravillosa armonía, nuestros dos átomos de hidrógeno y de oxígeno habían llegado tan cerca, que prolongándose, emanando porciones de sí, casi llegaron a juntarse en alguna cosa viva. A veces revolaban como dos mariposas que se buscan y tejen maravillosos lazos sobre el río y en el aire. Otras se elevaban por la virtud de su propio ritmo y de su armoniosa consonancia, como se elevan las dos alas de un dístico. Una estaba fecundando a la otra. Hasta que . . .

¿Habéis oído de esos carámbanos de hielo que, arrastrados a aguas tibias por una corriente submarina, se desintegran en su base, hasta que perdido un maravilloso equilibrio, giran sobre sí mismos en una apocalíptica vuelta, rápidos, inesperados, presentando a la faz del sol lo que antes estaba oculto entre las aguas? Así, invertidos, parecen inconscientes de los navíos que, al hundirse su parte superior, hicieron descender al abismo. Inconscientes de la pérdida de los nidos que ya

each of my ten fingers was an antenna through which I received knowledge of Señor de Aretal's soul. In that way I learned many things I never knew before. By aerial roots (what else are one's fingers?) or velvety leaves (what are leaves if not aerial roots?), I received from that man something I had formerly lacked. I had been a puny shrub extending its filaments until it found the humus it needed in a new soil. And how I nourished myself! I nourished myself with the bliss with which leaves quivering with chlorophyll spread out in the sun; with the bliss with which a root encounters a decomposing corpse; with the bliss with which convalescents take their unsteady steps on light-saturated spring mornings; with the bliss with which a baby attaches itself to its nurse's bosom and then, now sated, smiles in its sleep at the vision of a snowy breast. Bah! All things that become complete feel that kind of bliss. Some day God will be nothing more than a nutriment for us: something necessary to our existence. That's how babies and youngsters smile when they feel the benefits of nutrition.

Furthermore, I was ignited. Nutrition is a form of combustion. Some unknown divine child poured onto my spirit a trail of gunpowder, gasoline, something readily inflammable, and Señor de Aretal, who had managed to get close to me, had set fire to it. I felt the pleasure of burning—that is, of fulfilling my destiny. I understood that I was an essentially inflammable object. O father fire, bless you! My destiny is to burn. Fire, too, is a message. What other souls would burn for me? To whom would I communicate my flame? Bah! Who can foretell the future of a spark?

I burned and Señor de Aretal saw me burn. In a wonderful harmony, our two atoms of hydrogen and oxygen had come so close that, extending and emitting parts of themselves, they nearly came to combine in some living thing. At times they flitted about like two butterflies seeking each other and weaving marvelous loops over the river and in the air. At other times they rose aloft by virtue of their own rhythm and harmonious consonance, as the two wings of a distich rise aloft. One was fecundating the other. Until . . .

Have you heard of those icebergs which, drawn into warm waters by undersea currents, disintegrate at their base, until their wonderful equilibrium is lost and they spin around in apocalyptic circles, rapid, unforeseen, presenting to the face of the sun that which was formerly hidden below the surface? In that state, upside down, they seem unaware of the ships which they have sent to the bottom once their upper part was submerged. Unaware of the loss of the nests that had

se habían formado en su parte vuelta hasta entonces a la luz, en la relativa estabilidad de esas dos cosas frágiles: los huevos y los hielos. Así de pronto, en el ángel transparente del señor de Aretal, empezó a formarse una casi inconsciente nubecilla obscura. Era la sombra proyectada por el caballo que se acercaba.

   ¿Quién podría expresar mi dolor cuando en el ángel del señor de Aretal apareció aquella cosa obscura, vaga e inconsistente? Había mi noble amigo bajado a la cantina del hotel en que habitaba. ¿Quién pasaba? ¡Bah! Un obscuro ser, poseedor de unas horribles narices aplastadas y de unos labios delgados. ¿Comprendéis? Si la línea de su nariz hubiese sido recta, también en su alma se hubiese enderezado algo. Si sus labios hubiesen sido gruesos, también su sinceridad se hubiese acrecentado. Pero no. El señor de Aretal le había hecho un llamamiento. Ahí estaba . . . Y mi alma, que en aquel instante tenía el poder de discernir, comprendió claramente que aquel homecillo, a quien hasta entonces había creído un hombre, porque un día vi arrebolarse sus mejillas de vergüenza, no era sino un homúnculo. Con aquellas narices no se podía ser sincero.

   Invitados por el señor de los topacios, nos sentamos a una mesa. Nos sirvieron coñac y refrescos, a elección. Y aquí se rompió la armonía. La rompió el alcohol. Yo no tomé. Pero tomó él. Pero estuvo el alcohol próximo a mí, sobre la mesa de mármol blanco. Y medió entre nosotros y nos interceptó las almas. Además, el alma del señor de Aretal ya no era azul como la mía. Era roja y chata como la del compañero que nos separaba. Entonces comprendí que lo que yo había amado más en el señor de Aretal era mi propio azul.

   Pronto el alma chata del señor de Aretal empezó a hablar de cosas bajas. Todos sus pensamientos tuvieron la nariz torcida. Todos sus pensamientos bebían alcohol y se materializaban groseramente. Nos contó de una legión de negras de Jamaica, lúbricas y semidesnudas, corriendo tras él en la oferta de su odiosa mercancía por cinco centavos. Me hacía daño su palabra y pronto me hizo daño su voluntad. Me pidió insistentemente que bebiera alcohol. Cedí. Pero apenas consumado mi sacrificio sentí claramente que algo se rompía entre nosotros. Que nuestros señores internos se alejaban y que venía abajo, en silencio, un divino equilibrio de cristales. Y se lo dije:

   —Señor de Aretal, usted ha roto nuestras divinas relaciones en este mismo instante. Mañana usted verá en mí llegar a su aposento sólo un hombre y yo sólo encontraré un hombre en usted. En este mismo instante usted me ha teñido de rojo.

   El día siguiente, en efecto, no sé qué hicimos el señor de Aretal y

been built on the part of them hitherto exposed to the sun, in the relative stability of those two fragile things: eggs and ice.

In that way, suddenly, an almost subconscious little dark cloud began to form on the transparent angel of Señor de Aretal. It was the shadow cast by the approaching horse.

Who could express my grief when that dark, vague, and insubstantial thing appeared on Señor de Aretal's angel? My noble friend had gone downstairs to the bar of the hotel he lived in. Who was passing by? Bah! An obscure being, owner of a horrible squashed nose and thin lips. Do you understand? If the line of his nose had been straight, something in his soul would have straightened out, too. If his lips had been thick, his sincerity would have increased, too. But no. Señor de Aretal had sent out an appeal to him. There he was . . . And my soul, which had the power of discernment at that moment, understood clearly that that little fellow, whom until then I had thought a man, because one day I had seen his cheeks turn red with shame, was nothing but a homunculus. With that nose he couldn't be sincere.

Invited by the master of the topazes, we sat down at a table. We were served cognac and soft drinks, as we wished. And here the harmony ended. It was ended by the alcohol. I didn't take a drink. But he did. But the alcohol was next to me, on the white marble table. And it mediated between us and intercepted our souls. Besides, Señor de Aretal's soul was no longer blue like mine. It was red and snub-nosed like that of the companion who separated us. Then I understood that what I had loved most in Señor de Aretal was my own blue.

Soon Señor de Aretal's snub-nosed soul began to speak of low things. All his thoughts had a crooked nose. All his thoughts drank alcohol and materialized vulgarly. He told us about a legion of black Jamaican women, lustful and seminude, running after him offering their odious merchandise for five cents. I was hurt by his words and soon I was hurt by his wishes. He asked me insistently to drink alcohol. I gave in. But scarcely had I made that sacrifice when I understood clearly that something between us was ending. That our inner lords were moving apart and that a divine balancing of crystals was silently collapsing. And I said to him:

"Señor de Aretal, you have broken off our divine relationship at this very moment. Tomorrow you will see, when I arrive at your room, only a man and I will encounter only a man in you. At this very moment you have painted me red."

And indeed on the following day I don't know what Señor de Aretal

yo. Creo que marchamos por la calle en vía de cierto negocio. El iba de nuevo encendido. Yo marchaba a su vera apagado ¡y lejos de él! Iba pensando en que jamás el misterio me había abierto tan ancha rasgadura para asomarme, como en mis relaciones con mi extraño acompañante. Jamás había sentido tan bien las posibilidades del hombre; jamás había entendido tanto al dios íntimo como en mis relaciones con el señor de Aretal. Llegamos a su cuarto. Nos esperaban sus formas de pensamiento. Y yo siempre me sentía lejos del señor de Aretal. Me sentí lejos muchos días, en muchas sucesivas visitas. Iba a él obedeciendo leyes inexorables. Porque era preciso aquel contacto para quemar una parte en mí, hasta entonces tan seca, como que se estaba preparando para arder mejor. Todo el dolor de mi sequedad hasta entonces, ahora se regocijaba de arder; todo el dolor de mi vacío hasta entonces, ahora se regocijaba de plenitud. Salí de la noche de mi alma en una aurora encendida. Bien está. Bien está. Seamos valientes. Cuanto más secos estemos arderemos mejor. Y así iba a aquel hombre y nuestros señores se regocijaban. ¡Ah! Pero el encanto de los primeros días, ¿en dónde estaba?

Cuando me resigné a encontrar un hombre en el señor de Aretal, volvió de nuevo el encanto de su maravillosa presencia. Amaba a mi amigo. Pero me era imposible desechar la melancolía del dios ido. ¡Traslúcidas, diamantinas alas perdidas! ¿Cómo encontraros los dos y volver a donde estuvimos?

Un día el señor de Aretal encontró propicio el medio. Eramos varios sus oyentes; en el cuarto encantado por sus creaciones habituales, se recitaron versos. Y de pronto, ante unos más hermosos que los demás, como ante una clarinada, se levantó nuestro noble huésped, piafante y elástico. Y allí, y entonces, tuve la primera visión: *el señor de Aretal estiraba el cuello como un caballo.*

Le llamé la atención:

—Excelso huésped, os suplico que adoptéis esta y esta actitud. Sí, era cierto: *estiraba el cuello como un caballo.*

Después, la segunda visión; el mismo día. Salimos a andar. Y de pronto percibí, lo percibí: *el señor de Aretal caía como un caballo.* Le faltaba de pronto el pie izquierdo y entonces sus ancas casi tocaban tierra, como un caballo claudicante. Se erguía luego con rapidez; pero ya me había dejado la sensación. ¿Habéis visto caer a un caballo?

Luego la tercera visión, a los pocos días. Accionaba el señor de Aretal sentado frente a sus monedas de oro, y de pronto lo vi mover los brazos como mueven las manos los caballos de pura sangre,

and I did. I think we walked in the street in the course of some business. He was ignited again. I walked beside him, extinguished, and far from him! I was thinking that mystery had never opened so wide a rent for me to peer into as in my relations with my odd companion. Never had I felt the possibilities of man so distinctly; never had I understood the inmost god so well as in my relations with Señor de Aretal.

We reached his room. His forms of thought were awaiting us. And I kept feeling distant from Señor de Aretal. I felt distant for many days, on many succeeding visits. I went to him in obedience to inexorable laws. Because that contact was necessary to burn away a part of me, so dry till then, as if preparing to burn better. All the grief of my preceding aridity now rejoiced in burning; all the grief of my preceding void now rejoiced in plenitude. I emerged from the night of my soul into a flaming dawn. All right. All right. Let's be brave. The drier we are, the better we'll burn. And so I kept going to that man, and our lords rejoiced. Ah! But where was the enchantment of the first days?

When I resigned myself to finding a man in Señor de Aretal, the enchantment of his wonderful presence returned. I loved my friend. But it was impossible for me to dispel my melancholy for the departed god. Translucent, diamantine wings now lost! How could we two find you and return to where we had been?

One day Señor de Aretal found the environment auspicious. There were several of us listening to him speak; in that room spellbound by his customary creations, poetry was recited. And all at once, hearing some finer than the rest, as if hearing a bugle call, our noble host stood up, pawing the ground and mettlesome. And then and there, I had the first vision: *Señor de Aretal was stretching out his neck like a horse.*

I called his attention:

"Exalted host, I beseech you to assume such and such a posture." Yes, it was true: *he was stretching out his neck like a horse.*

Later, the second vision; the same day. We went out for a walk. And suddenly I noticed, I noticed it: *Señor de Aretal stumbled like a horse.* All at once his left foot gave way, and then his hips nearly touched the ground, like a limping horse. He then straightened up rapidly; but he had already left me with the impression. Have you ever seen a horse fall?

Then the third vision, a few days later. Señor de Aretal was gesticulating as he sat facing his gold coins, and I suddenly saw him move his arms the way thoroughbred horses move their forelegs, thrusting

sacando las extremidades de sus miembros delanteros hacia los lados, en esa bella serie de movimientos que tantas veces habréis observado cuando un jinete hábil, en un paseo concurrido, reprime el paso de un corcel caracoleante y espléndido.

Después, otra visión: *el señor de Aretal veía como un caballo.* Cuando lo embriagaba su propia palabra, como embriaga al corcel noble su propia sangre generosa, trémulo como una hoja, trémulo como un corcel montado y reprimido, trémulo como todas esas formas vivas de raigambres nerviosas y finas, inclinaba la cabeza, ladeaba la cabeza, y así veía, mientras sus brazos desataban algo en el aire, como las manos de un caballo. —¡Qué cosa más hermosa es un caballo! ¡Casi se está sobre dos pies!— Y entonces yo sentía que lo cabalgaba el espíritu.

Y luego cien visiones más. El señor de Aretal se acercaba a las mujeres como un caballo. En las salas suntuosas no se podía estar quieto. Se acercaba a la hermosa señora recién presentada, con movimientos fáciles y elásticos, baja y ladeada la cabeza, y daba una vuelta en torno de ella y daba una vuelta en torno de la sala.

Veía así de lado. Pude observar que sus ojos se mantenían inyectados de sangre. Un día se rompió uno de los vasillos que los coloreaban con trama sutil; se rompió el vasillo y una manchita roja había coloreado su córnea. Se lo hice observar.

—"Bah —me dijo—, es cosa vieja. Hace tres días que sufro de ello. Pero no tengo tiempo para ver a un doctor."

Marchó al espejo y se quedó mirando fijamente. Cuando al día siguiente volví, encontré que una virtud más lo ennoblecía. Le pregunté: "¿Qué lo embellece en esta hora?" Y él respondió: "Un matiz." Y me contó que se había puesto una corbata roja para que armonizara con su ojo rojo. Y entonces yo comprendí que en su espíritu había una tercera coloración roja y que estas tres rojeces juntas eran las que me habían llamado la atención al saludarlo. Porque el espíritu de cristales del señor de Aretal se teñía de las cosas ambientes. Y eso eran sus versos: una maravillosa cristalería teñida de las cosas ambientes: esmeraldas, rubíes, ópalos . . .

Pero esto era triste a veces porque a veces las cosas ambientes eran obscuras o de colores mancillados: verdes de estercolero, palideces verdes de plantas enfermas. Llegué a deplorar el encontrarlo acompañado, y cuando esto sucedía, me separaba con cualquier pretexto del señor de Aretal, si su acompañante no era una persona de colores claros.

Porque indefectiblemente el señor de Aretal reflejaba el espíritu de su acompañante. Un día lo encontré, ¡a él, el noble corcel!, enano y

the ends of their front limbs off to the side, in that lovely series of movements that you have probably often observed when a skillful rider, on a crowded path, slows the pace of a splendid, prancing steed.

Afterward, another vision: *Señor de Aretal looked at things the way a horse does.* When intoxicated by his own words, the way a fine steed is intoxicated by his own noble blood, trembling like a leaf, trembling like a mounted steed that is restrained, trembling like all those life-forms with nervous, delicate root systems, he would bow his head, tilt his head, and gaze in that manner, while his arms untied something in the air, like a horse's forelegs.—How beautiful a creature a horse is! It almost stands on two legs!—And then I felt that he was being ridden by the spirit.

And then a hundred more visions. Señor de Aretal approached women like a horse. In sumptuous salons he couldn't keep still. He'd approach the pretty lady to whom he had just been introduced, with easy, springy movements, his head lowered and tilted, and he'd walk all around her and then all around the room.

He looked at things from the side. I was able to observe that his eyes were always bloodshot. One day, one of the capillaries that reddened his eyes with a delicate network burst; the capillary burst and a small red spot stained his cornea. I pointed it out to him.

"Bah," he said, "it's nothing new. I've been suffering from it for three days now. But I have no time to see a doctor."

He walked over to the mirror and stood there staring at himself. When I returned the next day, I found that he was ennobled by yet one more virtue. I asked him: "What makes you so handsome just now?" And he replied: "A nuance." And he told me that he had put on a red tie to go with his sore eye. And then I understood that in his spirit there was a third red coloring, and that these three reds combined were what had attracted my attention on greeting him. Because Señor de Aretal's crystalline spirit took on the color of his surroundings. And his poetry was the same: a marvelous set of crystal tinged with the things around him: emeralds, rubies, opals . . .

But this was sad at times because at times his surroundings were dark or of blemished colors: dunghill-green, the pallid green of sick plants. I came to deplore finding him in company, and when that occurred, I took my leave of Señor de Aretal on some pretext or other, if his companion wasn't a person of clear colors.

Because inevitably Señor de Aretal reflected the spirit of his companion. One day I found him—him, the noble steed!—dwarfish and

meloso. Y como en un espejo, vi en la estancia a una persona enana y melosa. En efecto, allí estaba; me la presentó. Era una mujer como de cuarenta años, chata, gorda y baja. Su espíritu también era una cosa baja. Algo rastreante y humilde; pero inofensivo y deseoso de agradar. Aquella persona era el espíritu de la adulación. Y Aretal también sentía en aquellos momentos una pequeña alma servil y obsequiosa. ¿Qué espejo cóncavo ha hecho esta horrorosa transmutación?, me pregunté yo, aterrorizado. Y de pronto todo el aire transparente de la estancia me pareció un transparente vidrio cóncavo que deformaba los objetos. ¡Qué chatas eran las sillas . . . ! Todo invitaba a sentarse sobre ello. Aretal era un caballo de alquiler más.

Otra ocasión, y a la mesa de un bullanguero grupo que reía y bebía, Aretal fue un ser humano más, uno más del montón. Me acerqué a él y lo vi catalogado y con precio fijo. Hacía chistes y los blandía como armas defensivas. Era un caballo de circo. Todos en aquel grupo se exhibían. Otra vez fue un jayán. Se enredó en palabras ofensivas con un hombre brutal. Parecía una vendedora de verduras. Me hubiera dado asco; pero lo amaba tanto que me dio tristeza. Era un caballo que daba coces.

Y entonces, al fin, apareció en el plano físico una pregunta que hacía tiempo formulaba: ¿Cuál es el verdadero espíritu del señor de Aretal? Y la respondí pronto. El señor de Aretal, que tenía una elevada mentalidad, no tenía espíritu: era amoral. Era amoral como un caballo y se dejaba montar por cualquier espíritu. A veces sus jinetes tenían miedo o eran mezquinos y entonces el señor de Aretal los arrojaba lejos de sí, con un soberbio bote. Aquel vacío moral de su ser se llenaba, como todos los vacíos, con facilidad. Tendía a llenarse.

Propuse el problema a la elevadísima mente de mi amigo y ésta lo aceptó en el acto. Me hizo una confesión:

—Sí, es cierto. Yo, a usted que me ama, le muestro la mejor parte de mí mismo. Le muestro a mi dios interno. Pero, es doloroso decirlo, entre dos seres humanos que me rodean, yo tiendo a colorearme del color del más bajo. Huya de mí cuando esté en una mala compañía.

Sobre la base de esta percepción, me interné más en su espíritu. Me confesó un día, dolorido, que ninguna mujer lo había amado. Y sangraba todo él al decir esto. Yo le expliqué que ninguna mujer lo podía amar, porque él no era un hombre, y la unión hubiera sido monstruosa. El señor de Aretal no conocía el pudor, y era indelicado en sus relaciones con las damas; como un animal. Y él:

—Pero yo las colmo de dinero.

sugary. And, as if in a mirror, I saw a dwarfish and sugary person in the room. And indeed there she was; he introduced me to her. She was a woman of about forty, snub-nosed, fat, and short. Her spirit was also short and low. Something crawling and humble, but harmless and eager to please. That person was the spirit of flattery. And at such moments Aretal, too, was affected by a smallness of soul, becoming servile and obsequious. "What concave mirror has brought about this terrible transformation?" I wondered in my fright. And suddenly all the transparent air in the room appeared to me like a transparent concave glass that deformed objects. How low the chairs were! . . . Everything urged you to sit down on it. Aretal was just one more horse for hire.

Another time, there was a riotous group at the table, laughing and drinking. Aretal was just another human being, one more in the crowd: I approached him and found him catalogued and priced. He was telling jokes and wielding them like defensive weapons. He was a circus horse. Everyone in that group was putting on an act. Another time, he was a giant and a ruffian. He entangled himself in offensive words with a brutal man. He was like a market woman hawking vegetables. He might have disgusted me, but I loved him so well that he just saddened me. He was a horse that kicks.

And then there finally appeared on the physical level a question I had been formulating for some time: What is Señor de Aretal's true spirit? And I soon answered it. Señor de Aretal, who had a lofty mind, had no spirit: he was amoral. He was amoral like a horse, and let himself be mounted by any spirit. At times his riders were afraid or were petty people, and then Señor de Aretal flung them off, far from him, with a spirited buck. That moral vacuum in his being, like all vacuums, was easily filled. It had a tendency to get filled.

I proposed this solution to my friend's very lofty mind, and his mind accepted it at once. He made me a confession:

"Yes, it's true. To you who love me I show the best side of myself. I show you my inner god. But (and it's painful to say this) between two human beings around me I tend to assume the color of the lower one. Shun me when I'm in bad company."

On the basis of this perception, I delved further into his spirit. One day he sorrowfully confessed to me that no woman had ever loved him. And when he said this he bled all over. I explained to him that no woman could love him because he wasn't a man, and the union would have been monstrous. Señor de Aretal had no sense of shame, and was indelicate in his dealings with ladies; like an animal. He retorted:

"But I shower them with money."

—También se lo da una valiosa finca en arrendamiento.

Y él:

—Pero yo las acaricio con pasión.

—También las lamen las manos sus perritos de lanas.

Y él:

—Pero yo las soy fiel y generoso; yo las soy humilde; yo las soy abnegado.

—Bien: el hombre es más que eso. Pero ¿las ama usted?

—Sí, las amo.

—Pero ¿las ama usted como un hombre? No, amigo, no. Usted rompe en esos delicados y divinos seres mil hilos tenues que constituyen toda una vida. Esa última ramera que le ha negado su amor y ha desdeñado su dinero, defendió su única parte inviolada: su señor interno; lo que no se vende. Usted no tiene pudor. Y ahora oiga mi profecía: una mujer lo redimirá. Usted, obsequioso y humilde hasta la bajeza con las damas; usted, orgulloso de llevar sobre sus lomos una mujer bella, con el orgullo de la hacanea favorita, que se complace en su preciosa carga, cuando esta mujer bella lo ame, se redimirá: conquistará el pudor.

Y otra hora propicia a las confidencias:

—Yo no he tenido nunca un amigo —y sangraba todo él al decir esto.

Yo le expliqué que ningún hombre le podría dar su amistad, porque él no era un hombre, y la amistad hubiese sido monstruosa. El señor de Aretal no conocía la amistad y era indelicado en sus relaciones con los hombres, como un animal. Conocía sólo el camaraderismo. Galopaba alegre y generoso en los llanos, con sus compañeros; gustaba de ir en manadas con ellos; galopaba primitivo y matinal, sintiendo arder su sangre generosa que lo incitaba a la acción, embriagándose de aire, y de verde, y de sol; pero luego se separaba indiferente de su compañero de una hora lo mismo que de su compañero de un año. El caballo, su hermano, muerto a su lado, se descomponía bajo el dombo del cielo, sin hacer asomar una lágrima a sus ojos . . . Y el señor de Aretal, cuando concluí de expresar mi último concepto, radiante:

—Ésta es la gloria de la naturaleza. La materia inmortal no muere. ¿Por qué llorar a un caballo cuando queda una rosa? ¿Por qué llorar a una rosa cuando queda un ave? ¿Por qué lamentar a un amigo cuando queda un prado? Yo siento la radiante luz del sol que nos posee a todos, que nos redime a todos. Llorar es pecar contra el sol. Los hombres, cobardes, miserables y bajos, pecan contra la Naturaleza, que es Dios.

"They can also get that by leasing out a valuable estate."
And he added:
"But I caress them passionately."
"Their wooly lapdogs also lick their hands."
And he added:
"But I'm faithful and generous to them; I'm humble with them; I'm unselfish with them."
"Fine, but a man is more than that. Do you love them?"
"Yes, I love them."
"But do you love them like a man? No, my friend, you don't. In those delicate, divine beings you rip a thousand fine threads that constitute an entire life. The lowest of streetwalkers who denied you her love and disdained your money was defending her only inviolate part: her inner lord, that which isn't for sale. You have no shame. And now hear my prophecy: a woman will redeem you. You, obsequious and humble with ladies to the point of baseness; you, proud to carry a beautiful woman on your back, with the pride of a favorite riding horse, which takes pleasure in its precious burden—when that beautiful woman loves you, you will be redeemed: you will win a sense of shame."
And, at another time suitable for confidences:
"I've never had a friend." And when he said his he bled all over.
I explained to him that no man could give him his friendship because he wasn't a man, and such a friendship would have been monstrous. Señor de Aretal didn't know what friendship was, and he was indelicate in his dealings with men, like an animal. He only knew comradeship. He galloped merrily and nobly over the plains, with his companions; he liked to travel in herds with them; he galloped primitively in the early morning, feeling his noble blood inciting him to action, getting drunk on the air, the greenery, and the sunshine; but then he departed as nonchalantly from his companion of an hour as from his companion of a year. The horse, his brother, who died at his side, decomposed beneath the vault of heaven, without bringing a tear to his eyes . . . And when I had finished enunciating my last idea, Señor de Aretal said radiantly:
"That's the glory of nature. Immortal matter doesn't die. Why cry over a horse while there's still a rose? Why cry over a rose while there's still a bird? Why lament a friend while there's still a meadow? I feel the radiant light of the sun that possesses us all, that redeems us all. To weep is to sin against the sun. Men, cowardly, miserable, and vile, sin against Nature, which is God."

Y yo, reverente, de rodillas ante aquella hermosa alma animal, que me llenaba de la unción de Dios:

—Sí, es cierto; pero el hombre es una parte de la naturaleza; es la naturaleza evolucionada. ¡Respeto a la evolución! Hay fuerza y hay materia: ¡respeto a las dos! Todo no es más que uno.

—Yo estoy más allá de la moral.

—Usted está más acá de la moral: usted está bajo la moral. Pero el caballo y el ángel se tocan, y por eso usted a veces me parece divino. San Francisco de Asís amaba a todos los seres y a todas las cosas, como usted; pero además, las amaba de un modo diferente; pero las amaba después del círculo, no antes del círculo, como usted.

Y él entonces:

—Soy generoso con mis amigos, los cubro de oro.

—También se lo da una valiosa finca en arrendamiento, o un pozo de petróleo, o una mina en explotación.

Y él:

—Pero yo les presto mil pequeños cuidados. Yo he sido enfermero del amigo enfermo y buen compañero de orgía del amigo sano.

Y yo:

—El hombre es más que eso: el hombre es la solidaridad. Usted ama a sus amigos, pero ¿los ama con amor humano? No, usted ofende en nosotros mil cosas impalpables. Yo, que soy el primer hombre que ha amado a usted, he sembrado los gérmenes de su redención. Ese amigo egoísta que se separó, al separarse de usted, de un bienhechor, no se sintió unido a usted por ningún lazo humano. Usted no tiene solidaridad con los hombres.

— . . .

—Usted no tiene pudor con las mujeres, ni solidaridad con los hombres, ni respeto a la ley. Usted miente, y encuentra en su elevada mentalidad, excusa para su mentira, aunque es por naturaleza verídico como un caballo. Usted adula y engaña y encuentra en su elevada mentalidad, excusa para su adulación y su engaño, aunque es por naturaleza noble como un caballo. Nunca he amado tanto a los caballos como al amarlos en usted. Comprendo la nobleza del caballo: es casi humano. Usted ha llevado siempre sobre el lomo una carga humana: una mujer, un amigo . . . ¡Qué hubiera sido de esa mujer y de ese amigo en los pasos difíciles sin usted, el noble, el fuerte, que los llevó sobre sí, con una generosidad que será su redención! El que lleva una carga, más pronto hace el camino. Pero usted las ha llevado como un caballo. Fiel a su naturaleza, empiece a llevarlas como un hombre.

And I, reverently, kneeling before that beautiful animal soul, which filled me with fervor for God:

"Yes, it's true; but man is part of nature; he is nature as it has evolved. Have respect for evolution! There is force and there is matter: have respect for both! All things are only one."

"I am beyond morality."

"You fall short of morality: you are below morality. But the horse and the angel meet, and that's why you sometimes seem divine to me. Saint Francis of Assisi loved all beings and all things, as you do; but, in addition, he loved them in a different way; he loved them after the circle, not before the circle, the way you do."

And he then said:

"I'm generous to my friends, I cover them with gold."

"They can also get that by leasing out a valuable estate, or from an oil well, or an active mine."

And he:

"But I do them a thousand little services. I've been a nurse to sick friends and a good companion at wild parties to my healthy friends."

And I:

"Man is more than that: man is solidarity. You love your friends, but do you love them with human love? No, you insult a thousand impalpable things in us. I, the first man ever to love you, have sowed the seeds of your redemption. That selfish friend who, on abandoning you, abandoned a benefactor, didn't feel bound to you by any human tie. You don't have solidarity with men."

He made no reply, and I continued:

"You have no modesty with women, or solidarity with men, or respect for the law. You tell lies, and in your lofty mind you find excuses for your lies, even though by nature you're as truthful as a horse. You flatter and deceive, and in your lofty mind, you find excuses for your flattery and deceit, even though by nature you're as noble as a horse. I have never loved horses as much as by loving them in you. I understand the horse's nobility: it's almost human. You have always borne a human burden on your back: a woman, a friend . . . What might have become of that woman and that friend in hard times without you, the noble and the strong one who carried them with a generosity which will be your redemption?! The one who bears a burden makes his way more quickly. But you have carried your burdens like a horse. Faithful to your nature, start carrying them like a man!"

Me separé del señor de los topacios, y a los pocos días fue el hecho final de nuestras relaciones. Sintió de pronto el señor de Aretal que mi mano era poco firme, que llegaba a él mezquino y cobarde, y su nobleza de bruto se sublevó. De un bote rápido me lanzó lejos de sí. Sentí sus cascos en mi frente. Luego un veloz galope rítmico y marcial, aventando las arenas del desierto. Volví los ojos hacía donde estaba la Esfinge en su eterno reposo de misterio, y ya no la vi. ¡La Esfinge era el señor de Aretal que me había revelado su secreto, que era el mismo del Centauro!

Era el señor de Aretal que se alejaba en su veloz galope, con rostro humano y cuerpo de bestia.

Guatemala, octubre de 1914

Amado Nervo

El diamante de la inquietud

Amigo, yo ya estoy viejo. Tengo una hermosa barba blanca, que sienta admirablemente a mi cabeza apostólica; una cabellera tan blanca como mi barba, ligeramente ensortijada; una nariz noble, de perfil aguileño; una boca de labios gruesos y golosos, que gustó los frutos mejores de la vida . . .

Amigo, soy fuerte aún. Mis manos sarmentosas podrían estrangular leones.

Estoy en paz con el Destino, porque me han amado mucho. Se les perdonarán muchas cosas a muchas mujeres, porque me han amado en demasía.

He sufrido, claro; pero sin los dolores ¿valdría la pena vivir? Un humorista inglés ha dicho que la vida sería soportable . . . sin los placeres. Yo añado que sin los dolores sería insoportable.

Sí, estoy en paz con la vida. Amo la vida. Como Diderot, sufriría con gusto diez mil años las penas del infierno, con tal de renacer. La vida es una aventura maravillosa. Comprendo que los espíritus que pueblan el aire ronden la tierra deseando encarnar.

—No escarmientan, dirán.

—No, no escarmientan. Las hijas de los hombres los seducen, desde los tiempos misteriosos de que habla el Génesis; una serpiente invisible les cuchichea «¿Quieres empezar de nuevo?».

I took leave of the master of the topazes, and a few days later our relations came to an end. Señor de Aretal immediately sensed that my hand was unsteady, that I was coming to him like a petty coward, and his animal nobility revolted. With a rapid buck he hurled me far off. I felt his hooves on my forehead. Then: a swift gallop, rhythmic and martial, kicking up the desert sand. I turned my eyes toward where the Sphinx remained in its eternal mysterious repose, but I no longer saw it. The Sphinx was Señor de Aretal, who had revealed to me his secret, the same as the Centaur's!

It was Señor de Aretal, moving off at his swift gallop, with the face of a man and the body of a beast.

Guatemala, October 1914

AMADO NERVO

The Diamond of Uneasiness

My friend, I'm old by now. I have a beautiful white beard admirably becoming to my apostle-like head; the hair on my head is as white as my beard, and slightly curly; my noble nose has an aquiline profile; my mouth has thick, greedy lips that have tasted the best fruits of life . . .

My friend, I'm still strong. My sinewy hands could strangle lions.

I'm at peace with Destiny, because I have been greatly loved. Many women will be forgiven for many things because they have loved me more than greatly.

I've suffered, of course; but without sorrows would life be worthwhile? An English humorist once said that life would be bearable . . . without its pleasures. I'll add that it would be unbearable without its sorrows.

Yes, I'm at peace with life. I love life. Like Diderot, I'd gladly undergo the tortures of hell for ten thousand years if I could only be born again. Life is a wonderful adventure. I understand why the spirits that inhabit the air prowl around the earth in their desire to become incarnate.

"They never learn their lesson, people will say."

No, they never do. The daughters of man have been seducing them ever since those mysterious days talked of in Genesis; an invisible serpent whispers to them: "Would you like to start over?"

Y ellos responden al segundo, al tercero, al décimo requerimiento:
«¡Sí!» . . . , y cometen el pecado de vivir:

> porque el delito mayor
> del hombre es haber nacido.

Yo, amigo, seré como ellos. Ya estoy viejo, moriré pronto . . . , ¡pero la vida me tienta! La vida prometedora no me ha dado aún todo lo suyo. Sé yo que sus senos altivos guardan infinitas mieles . . . Sólo que la nodriza es avara y las va dando gota a gota. Se necesitan muchas vidas para exprimir algo de provecho. Yo volveré, pues, volveré . . . Pero ahora, amigo, no es tiempo de pensar en ello. Ahora es tiempo de pensar en el pasado. Conviene repasar una vida antes de dejarla. Yo estoy repasando la mía y, en vez de escribir memorias, me gusta desgranarlas en narraciones e historias breves. ¿Quieres que te cuente una de esas historias?

—Sí, con tal de que en ella figure una hermosa mujer.

—En todas mis historias hay hermosas mujeres. Mi vida está llena de dulces fantasmas. Pero este fantasma de la historia que te voy a contar, mejor dicho, de la confidencia que te voy a hacer, es el más bello.

—¿Qué nombre tenía entre los humanos?

—Se llamaba Ana María . . .

—Hermoso nombre.

—Muy hermoso . . . Oye, pues, amigo, la historia de Ana María.

1

¿Que dónde la conocí?

Verás: fue en América, en Nueva York. ¿Has ido a Nueva York? Es una ciudad monstruosa, pero muy bella. Bella sin estética, con un género de belleza que pocos hombres pueden comprender.

Iba yo bobeando hasta donde se puede bobear en esa nerviosa metrópoli, en que la actividad humana parece un Niágara; iba yo bobeando y divagando por la Octava Avenida. Miraba . . . , ¡oh vulgaridad!, calzado, calzado por todas partes, en casi todos los almacenes; ese calzado sin gracia, pero lleno de fortaleza, que ya conoces, amigo, y con el que los yanquis posan enérgica y decididamente el pie en el camino de la existencia.

Detúveme ante uno de los escaparates innumerables, y un par de

And they reply to the second, the third, the tenth summons: "Yes!"
. . . and they commit the sin of living:

> because the greatest crime
> of man is having been born.[1]

I, my friend, am surely like them. I'm old by now, I'll die soon . . .
but life tempts me! Life, so promising, has not yet given me all it
holds. I know that its haughty breasts retain an infinity of honey . . .
Except that the nurse is miserly and only yields it drop by drop. Many
lives are necessary to squeeze out something useful. So I'll return, I'll
return . . . But now, my friend, isn't the time to think about that. Now
is the time to think about the past. It's fitting to review one's life before leaving it. I'm reviewing mine and, instead of writing memoirs, I
like to separate my memories into individual narratives and brief stories. Would you like me to tell you one of those stories?

"Yes, if there's a beautiful woman in it."

There are beautiful women in all my stories. My life is full of sweet
ghosts. But the ghost in the story I'm going to tell you—rather, the secret I'm going to confide in you—is the most beautiful of all.

"What was her name among mankind?"

She was called Ana María . . .

"A lovely name."

Very lovely . . . Well, then, my friend, listen to the story of Ana
María.

1

Where did I meet her?

You'll see: it was in America, in New York. Have you ever been in
New York? It's a monster of a city, but very beautiful. Beautiful without esthetics, of a kind of beauty that few men can understand.

I was killing time, to the extent that one can in that nervous me-
tropolis, where human activity is like a Niagara; I was killing time,
rambling down Eighth Avenue. I was looking at (oh, how vulgar!)
footwear, footwear everywhere, in almost every store; that footwear so
graceless but full of strength that you're already familiar with, my
friend, and with which the Yankees set their feet energetically and resolutely on the path of life.

I stopped in front of one of the innumerable window displays, and

---

1. From Calderón's play *La vida es sueño* (Life Is a Dream).

botas más feas, más chatas, más desmesuradas y estrafalarias que las vistas hasta entonces, me trajeron a los labios esta exclamación:
—¡Parece mentira! . . .
—¿Parece mentira qué? —dirás.
—No sé; yo sólo dije: ¡Parece mentira!

Y entonces, amigo, advertí —escúcheme bien—, advertí que muy cerca, viendo el escaparate contiguo (dedicado a las botas y zapatos de señora), estaba una mujer, alta, morena, pálida, interesantísima, de ojos profundos y cabellera negra. Y esa mujer, al oír mi exclamación, sonrió . . .

Yo, al ver su sonrisa, comprendí, naturalmente, que hablaba español: su tipo, además, lo decía bien a las claras (a las oscuras más bien, por su cabello de ébano y sus ojos tan negros que no parecía sino que llevaban luto por los corazones asesinados, y que los enlutaba todavía más aún el remordimiento).
—¿Es usted española, señora? —le pregunté.
No contestó, pero seguía sonriendo.
—Comprendo —añadí— que no tengo derecho para interrogarla . . . , pero ha sonreído usted de una manera . . . Es usted española, ¿verdad?
Y me respondió con la voz más bella del mundo:
—Sí, señor.
—¿Andaluza?
Me miró sin contestar, con un poquito de ironía en los ojos profundos.
Aquella mirada parecía decir:
«¡Vaya un preguntón!».
Se disponía a seguir su camino. Pero yo no he sido nunca de esos hombres indecisos que dejan irse, quizá para siempre, a una mujer hermosa. (Además: ¿no me empujaba hacia ella mi destino?)
—Perdone usted mi insistencia —la dije—; pero llevo más de un mes en Nueva York, me aburro como una ostra (doctos autores afirman que las ostras se aburren, ¡ellos sabrán por qué!). No he hablado, desde que llegué, una sola vez español. Sería en usted una falta de caridad negarme la ocasión de hablarlo ahora . . . Permítame, pues, que con todos los respetos y consideraciones debidas, y sin que esto envuelva la menor ofensa para usted, la invite a tomar un refresco, un *ice cream soda*, o, si a usted le parece mejor, una taza de té . . .
No respondió, y echó a andar lo más deprisa que pudo; pero yo apreté el paso y empecé a esgrimir toda la elocuencia de que era capaz. Al fin, después de unos cien metros de «recorrido» a gran velocidad, noté que alguna frase mía, más afortunada que las otras, lo-

a pair of boots, uglier, trashier, more excessive and outlandish than the ones I had seen previously, called to my lips the exclamation:

"I can't believe it!"

"Can't believe what?" you'll ask.

I don't know; I merely said: "I can't believe it!"

And then, my friend, I noticed (listen closely!), I noticed that quite nearby, looking into the adjoining window, which was exclusively for ladies' boots and shoes, was a tall, dark, pale, most interesting woman, with eyes of a great depth and with black hair. And that woman, hearing my exclamation, smiled . . .

Seeing her smile, I naturally realized that she spoke Spanish; besides, her physique revealed it clearly (I should say: darkly, because her ebony hair and very dark eyes seemed exactly as if they were in mourning for the hearts they had murdered, and were made even more mournful by remorse).

"Are you Spanish, ma'am?" I asked.

She didn't reply, but went on smiling.

"I realize," I added, "that I have no rights to question you . . . but you smiled in such a way . . . You *are* Spanish, right?"

And she answered me with the most beautiful voice in the world:

"Yes, sir."

"From Andalusia?"

She looked at me without replying, with a touch of irony in her deep eyes.

That glance seemed to say:

"What a nosy man!"

She was about to depart. But I have never been one of those indecisive men who let a beautiful woman get away, perhaps forever. (Besides: wasn't my fate pushing me in her direction?)

"Forgive my insistence," I said, "but I've been in New York over a month, bored as an oyster (learned authors assure us that oysters get bored; maybe *they* know why!). Ever since arriving I haven't spoken one word of Spanish. It would be a lack of charity in you to refuse me the chance to speak it now . . . So permit me, with all due respect and regard, and without its entailing the least insult to you, to invite you to have a soft drink, an ice cream soda, or, if you prefer, a cup of tea . . ."

She didn't answer, but set off as fast as she could go; but I hastened my pace and began to use all the eloquence at my command. Finally, after running after her very fast for about a hundred yards, I noticed that some phrase of mine, more felicitous than the rest, was manag-

graba abrir brecha en su curiosidad. Insistí, empleando afiladas sutilezas dialécticas, y ella aflojó aún el paso . . . Una palabra oportuna la hizo reír . . . La partida estaba ganada . . . Por fin, con una gracia infinita, me dijo:

—No sé qué hacer: si le respondo a usted que no, va a creerme una mujer sin caridad; y si le respondo que sí, ¡va a creerme una mujer liviana!

Le recordé en seguida la redondilla de sor Juana Inés:

> Opinión ninguna gana;
> pues la que más se recata,
> si no os admite, es ingrata,
> y, si os admite, es liviana . . .

—¡Eso es, eso es! —exclamó—. ¡Qué bien dicho!

—Le prometo a usted que yo me limitaré a creer que sólo es usted caritativa, es decir, santa, porque como dice el catecismo del padre Ripalda, el mayor y más santo para Dios es *el que tiene mayor caridad, sea quien fuere* . . .

—En ese caso, acepto una taza de té.

Y buscamos, amigo, un rinconcito en una pastelería elegante.

2

Ocho días después nos habíamos ya encontrado siete veces (¡siete veces, amigo: el número por excelencia, el que, según el divino Vallés, no produce ni es producido; el rey de los impares, gratos a los dioses!); y, en cierta tarde de un día de mayo, a las seis, iniciada ya una amistad honesta, delicada, charlábamos en un frondoso rincón del Central Park.

En ocho días se habla de muchas cosas.

Yo tenía treinta y cinco años y había amado ya por lo menos cuarenta veces, con lo cual dicho está que había ganado *cinco años,* al revés de cierto famoso avaro, el cual murió a los ochenta y tantos, harto de despellejar al prójimo, y es voz pública que decía: «Tengo ochenta y dos años y sólo ochenta millones de francos; he perdido, pues, dos años de mi vida».

Aquella mujer tendría, a lo sumo, veinticinco.

A estas edades el dúo de amor empieza blando, lento, reflexivo; es una melodía tenue, acompasada; un *andante maestoso* . . .

ing to make a breach in her curiosity. I insisted, employing keen dialectical subtleties, and she even slowed down . . . An opportune word made her laugh . . . The match was won . . . Finally, with infinite grace, she said:

"I don't know what to do: if I say no to you, you'll think me a heartless woman; and if I say yes, you'll think me an easy woman!"

I immediately quoted to her the redondilla by Sister Juana Inés de la Cruz:

> No opinion wins;
> because even the most modest woman
> is ungrateful if she refuses you,
> and wanton if she accepts you.[2]

"That's true, that's true!" she exclaimed. "How well said it is!"

"I promise you that I will confine myself to believing merely that you are charitable—that is, saintly—because, as Father Ripalda's[3] *Catechism* states, the man who is greatest and holiest in God's eyes is 'the man who has most charity, whoever he may be' . . ."

"In that case, I accept a cup of tea."

And, my friend, we sought out a little corner in an elegant pastry shop.

2

A week later we had already met seven times (seven times, my friend!—the number par excellence, which, according to the divine Vallés,[4] neither produces nor is produced; the king of odd numbers, which are pleasing to the gods!); and, on a certain evening in the month of May, at six, having already entered into an honorable, delicate friendship, we were conversing in a leafy corner in Central Park.

In a week, a lot can be discussed.

I was thirty-five and had been in love at least forty times, which meant that I had "gained five years," just the reverse of a certain notorious miser who died at over eighty, tired of fleecing his fellow man, and who, as is well known, said: "I'm eighty-two and possess only eighty million francs, so that I've lost two years out of my life."

That woman must have been twenty-five, at most.

At those two ages, the love duet begins softly, slowly, and reflectively; it's a quiet, stately melody, an andante maestoso . . .

2. From the 17th-century Mexican writer's most popular poem, the one beginning "Hombres necios" (Foolish men . . .).   3. Jerónimo Martínez de Ripalda (1535–1618), a Spanish Jesuit.   4. The Spanish philosopher Francisco Vallés (1524–1592).

Estábamos ya, después de aquella semana, en el capítulo de las confidencias.

—Mi vida —decíame ella— no tiene nada de particular. Soy hija de un escultor español que se estableció en los Estados Unidos hace algunos años, y murió aquí. Me casé muy joven. Enviudé hace cuatro años; no tuve hijos, desgraciadamente. Poseo un modesto patrimonio, lo suficiente para vivir sin trabajar . . . o trabajando en lo que me plazca. Leo mucho. Soy . . . relativamente feliz. Un poquito melancólica . . .

—¿No dijo Victor Hugo que la melancolía es el placer de estar triste?

—Eso es —asintió sonriendo.

—¿De suerte que no hay un misterio, un solo misterio en su vida? Creo que sí, porque nunca he visto ojos que más denuncien un estado de ánimo doloroso y excepcional.

—¡Qué vida no tiene un misterio! —me preguntó a su vez . . . misteriosamente—. Pero ¿es usted, por desgracia, poeta, o por ventura, que «a serlo, forzosamente, había de ser por ventura», como dice el paje de *La Gitanilla*?

—Ni por ventura, ni por desgracia; pero me parece imposible que unos ojos tan negros, tan profundos y tan extraños como los de usted, no recaten algún enigma.

—¡Uno esconden!

—*Eureka!* Ya lo decía yo . . .

—Uno esconden, y es tal que más vale no saberlo; quien me ame será la víctima de ese enigma.

—¿Pues?

—Sí, óigalo usted bien para que no se le ocurra amarme; yo estaré obligada por un destino oculto, que no puedo contrarrestar, a irme de Nueva York un día para siempre, dejándolo todo.

—¿Adónde?

—A un convento.

—¿A un convento?

—Sí, en una promesa, un deber . . . , una determinación irrevocable.

—¿A un convento de España?

—A un convento de . . . no sé dónde.

—Y ¿cuándo se irá usted?

—No puedo revelarlo. Pero llegará un día, debe llegar forzosamente un día en que yo me vaya. Y me he de ir repentinamente, rompiendo todos los lazos que me liguen a la tierra . . . Nadie . . . , nada, óigalo

At the end of that week, we were already on confidential terms.

"My life," she was saying, "is nothing special. I'm the daughter of a Spanish sculptor who settled in the United States a few years ago, and died here. I married very young. I was widowed four years ago; I didn't have children, unfortunately. I possess a modest inheritance, enough to live without working . . . or to work at things I like. I read a lot. I'm . . . relatively happy. A little melancholy . . ."

"Didn't Victor Hugo say that melancholy is the pleasure of being sad?"

"It's true," she assented with a smile.

"So that there's no mystery, not a single mystery, in your life? I believe there is, because I've never seen eyes that betray a sorrowful and exceptional state of mind more than yours."

"What life doesn't contain a mystery?" she asked me in turn . . . mysteriously. "But are you, by misfortune, a poet, or fortunately, because 'if you were, it would necessarily have to be fortunately,' as the page in 'La gitanilla'[5] says?"

"Neither fortunately nor unfortunately; but I find it impossible that two eyes as dark, deep, and strange as yours don't conceal some enigma."

"They do hide one!"

"Eureka! Just as I said . . ."

"They hide one, and of such a sort that it's better not to know it; any man who loves me will be the victim of that enigma."

"And so?"

"Yes, listen carefully so that you never take it into your head to love me; by a mysterious fate, which I can't resist, I will be obliged to leave New York for good some day, leaving everything behind."

"To go where?"

"To a convent."

"To a convent?"

"Yes, it's a promise, a duty . . . an irrevocable decision."

"To a convent in Spain?"

"To a convent in . . . I don't know where."

"And when will you leave?"

"I can't reveal that. But a day will come, a day must necessarily come, when I'll leave. And I'll have to leave suddenly, breaking every tie that attaches me to the earth . . . No one . . . nothing (listen carefully!) will be able to hold me back; not even my own will, because

---

5. One of Cervantes's *Novelas ejemplares*.

usted bien, podrá detenerme; ni siquiera mi voluntad, porque *hay otra voluntad* más fuerte que ella, que la ha hecho su esclava.

—¿Otra voluntad?

—¡Sí, otra voluntad invisible! . . .*. Escaparé, pues, una noche de mi casa, de mi hogar. Si amo a un hombre, me arrancaré de sus brazos; si tengo fortuna, la volveré la espalda, y, calladamente, me perderé en el misterio de lo desconocido.

—Pero, ¿y si yo la amara a usted, si yo la adorara, si yo consagrara mi vida a idolatrarla?

—Haría lo mismo: una noche usted se acostaría a mi lado, y por la mañana encontraría la mitad del lecho vacía . . ., ¡vacía para siempre!

. . . ¡Ya ve usted —añadió sonriendo—que no soy mujer a quien debe amarse!

—Al contrario, es usted una mujer a quien no se debe dejar de amar.

—¡Allá usted! No crea que esto que le digo es un artificio para encender su imaginación. Es una verdad lead y sincera. Nada podrá detenerme.

—¡Qué sabe usted —exclamé—, qué sabe usted si una fuerza podría detenerla: el amor, por ejemplo! ¡Si el destino para castigarle hace que enloquezca usted de amor por otro hombre! . . .

—Es posible que yo enloquezca de amor (ya que los pobres mortales siempre estamos en peligro de enloquecer de algo); pero aun cuando tuviese que arrancarme el corazón, me iría.

—¿Y si yo me jurase a mi vez amarla y hacerla que me amase, de tal modo que faltara usted a su promesa?

—Juraría usted en vano.

—¡Me provoca usted a intentarlo!

—¡Ay de mí! Yo no; yo le ruego, le suplico, al contrario, que no lo intente . . .

—¿Cómo se llama usted? Creo que ocho días de amistad me dan el derecho de preguntarle su nombre.

—Ana María.

—Pues bien: ¡Ana María: yo la amaré como nadie la ha amado; usted me amará como a nadie ha amado, porque lo mereceré a fuerza de solicitud incomparable, de ternura infinita!

—Es posible, pero aun así, desapareceré; ¡desapareceré irrevocablemente!

---

*Y si, lector, dijeres que todas las voluntades son «invisibles», te diré que no; que el hombre, el mundo, el universo, no son —según ciertos filósofos— más que la visibilidad de la voluntad.

there's another will stronger than mine, which has made mine its slave."

"Another will?"

"Yes, another invisible will!* . . . So, one night I'll escape from my house, from my home. If I love a man, I'll tear myself out of his arms; if I have a fortune, I'll turn my back on it and lose myself silently in the mystery of the unknown."

"But, what if I loved you, adored you, devoted my life to worshipping you?"

"I'd do the same: one night you'd lie down beside me, and in the morning you'd find half of the bed empty . . . empty forever! . . . So you see," she added with a smile, "I'm not a woman who ought to be loved!"

"On the contrary, you're a woman whom no one should fail to love."

"That's your concern! Don't think that what I'm telling you is a trick to ignite your imagination. It's the real, sincere truth. Nothing will be able to hold me back."

"How do you know," I exclaimed, "how do you know whether some force might not be able to stop you?—love, for example! Whether, to punish you, fate won't drive you crazy with love for another man? . . ."

"I may possibly go crazy with love (since we poor mortals are always in danger of going crazy over something); but even if I had to tear my heart out, I'd go."

"And what if I, for my part, swore I'd love you and make you love me, so that you didn't keep your promise?"

"You'd be swearing in vain."

"You're provoking me to try!"

"Alas for me! I'm not; I'm begging and imploring you, on the contrary, not to try . . ."

"What's your name? I think a week of friendship gives me the right to ask your name."

"Ana María."

"All right, Ana María, I will love you as nobody has; you will love me as you've never loved anyone else, because I'll earn it by my incomparable solicitude and infinite tenderness!"

"It's possible, but even so, I'll vanish; I'll vanish irrevocably!"

---

*And, reader, if you should say that every will is "invisible," I'll disagree with you; because, according to certain philosophers, man, the world, and the universe are merely the visible aspects of the will. [Footnote in the original text.]

3

Nuestro idilio siguió su curso apacible y un poco eglógico bajo las frondas, y un mes después de lo relatado, en otra tarde tan bella como la que con sus luces tenues acarició nuestras primeras confidencias, yo me presenté a Ana María de levita y sombrero de copa.

—¿De dónde viene usted tan elegante? —me preguntó.

—De casa: no he visto a nadie; no he hecho visita ninguna.

—¿Entonces?

—Vengo con esta indumentaria, relativamente ceremoniosa, porque voy a realizar un acto solemne . . .

—¡Jesús! ¡Me asusta usted!

—No hay motivo.

—¿Va usted a matarse?

—Algo más solemne aún. Moratín coloca las resoluciones extremas en este orden: primera, meterse a traductor; segunda, suicidarse; tercera, casarse; yo he adoptado la más grave, la tercera resolución.

—¡Qué atrocidad! ¿Y con quién va usted a casarse?

—Con usted: vengo a pedirla su mano, y por eso me he vestido como para una solemnidad vespertina.

—¡Qué horror! Pero ¿habla usted en serio?

—¡Absolutamente!

—Ya voy creyendo que no es usted tan cuerdo como lo asegura.

—¿Por qué?

—Hombre, porque casarse con una mujer desconocida, con una extranjera a quien acaba usted de encontrar, de quien no sabe más que lo que ella ha querido contarle, me parece infantil, por no decir otra cosa . . .

—¿Por no decir tonto? Suelte usted la palabra. ¿Hay acaso matrimonio que no sea una tontería?

—A menos —añadió ella sin hacer hincapié en mi frase— que me conozca usted por referencias secretas, que se haya valido de la policía privada, de un detective ladino, y haya usted obtenido datos tranquilizadores . . . Por lo demás, en los Estados Unidos casarse es asunto de poca monta. ¡Se divorcia uno tan fácilmente! ¡Con hacer un viaje a Dakota del Norte . . . o del Sur, todo está arreglado en unas cuantas semanas!

—Yo estoy dispuesto, señora, a casarme con usted a la española: en

3

Our idyll pursued its peaceful and somewhat pastoral course beneath the foliage, and a month after what I have just related, on another evening as lovely as the one that caressed our first confidences with its mild light, I presented myself to Ana María in a frock coat and high hat.

"Where are you coming from, dressed so elegantly?" she asked.

"From home; I haven't seen anyone; I haven't paid any call."

"Then, what does it mean?"

"I've come in this relatively ceremonious garb because I'm about to perform a serious act . . ."

"Jesus! You're frightening me!"

"You have no reason for it."

"Are you going to kill yourself?"

"Something even more serious. Moratín[6] puts extreme resolves in this ascending order: first, becoming a translator; second, committing suicide; third, getting married; I have chosen the most grave, the third resolve."

"How awful! And whom are you going to marry?"

"You: I've come to ask for your hand, and that's why I've dressed as for a formal dinner party."

"How terrible! But are you speaking in earnest?"

"Absolutely!"

"I'm beginning to think you aren't as sane as you say you are."

"Why?"

"Well, because to marry an unknown woman, a stranger you've just met, about whom you know only what it has pleased her to tell you, seems to me childish, not to put it more strongly . . ."

"Why not say foolish? Out with the word! Is there any marriage, by chance, that isn't foolish?"

"Unless," she added, without dwelling on my question, "unless you've found out who I am through secret reports, unless you've hired private policemen, some crafty detective, and you've obtained data that calm your mind . . . Furthermore, in the United States getting married doesn't matter all that much. It's so easy to get a divorce! You just have to make a trip to North Dakota . . . or South Dakota, and everything is settled in a few weeks!"

"Madam, I am willing to marry you in the Spanish fashion: in a

6. Leandro Fernández de Moratín (1760–1828), the foremost Spanish Neoclassical playwright.

una iglesia católica, con velaciones, música de Mendelssohn o Wagner, padrinos, testigos, fotografía al magnesio, etc.

—¡Qué ocurrente!

—He dicho que vengo a pedirle su mano, esa incomparable mano, que parece dibujada por Holbein en su retrato de la duquesa de Milán, o por Van Dyck . . .

—¿Quiere usted que hablemos de otra cosa?

—¡Quiero que hablemos de esto y nada más que de esto!

—Pero . . .

—No hay pero que valga, señora; supongamos que lo que voy a hacer es una simpleza; lo diré más rudamente aún y con perdón de usted; una primada. ¿No tengo derecho a los treinta y cinco años, soltero, rico, libre, de correr mi aventura, tonta o divertida, audaz o vulgar?

—Usted tiene ese derecho; pero yo tengo el mío de rehusar.

—¿Y por qué?

—Porque lo que le insinué la otra tarde es una verdad; porque en determinada hora de mi vida debo irremisiblemente romper los lazos que me unen a la tierra, quebrantar los apegos todos, hasta el último . . . y desaparecer.

—¡Quién sabe si usted, señora, es la que no está cuerda, y el amor, la locura . . . o la cordura por excelencia, va a sanarla! «Si quieres salvar a una mujer —ha dicho Zaratustra—, hazla madre.» Usted no ha sido madre. Una madre no se va a un convento dejando a su hijo.

—Santa Juana Francisca Frémiot y Chantal se fue, pasando por sobre el cuerpo de su hijo Celso Benigno, quien, para impedírselo, se había tendido en el umbral de la puerta.

—Tiene usted cierta erudición piadosa.

—Piadosamente me educaron.

—Piadosa quiero yo que sea mi mujer.

—Vuelve usted a las andadas.

—¿No la he dicho que vengo a pedirla su mano? Ana María —añadí, y, a mi pesar, en mi voz sonaba ya el metal de la emoción—, Ana María, aunque parezca mentira, yo la quiero a usted más de lo que quisiera quererla . . . , Ana María, sea usted mi mujer . . .

—*By and by!* —me respondió con una sonrisa adorable.

—Sea usted mi mujer . . . , vamos, ¡responda! ¡Se lo suplico! Necesito saberlo ahora mismo.

—¿Aun cuando un día me vaya y le abandone?

Catholic church, with a veil over us, music by Mendelssohn or Wagner, best man and woman, witnesses, flashlight photos, and all the rest!"

"How witty you are!"

"I repeat that I've come to ask for your hand, that incomparable hand, which seems to have been painted by Holbein, in his portrait of the Duchess of Milan, or by Van Dyck . . ."

"Would you mind talking about something else?"

"I want us to talk about this, and only this!"

"But . . ."

"No buts about it, ma'am; let's grant that what I want to do is foolish; I'll say it even more rudely, begging your pardon: idiotic. Don't I have the right, at thirty-five, a bachelor, well off, free, to run my risks, whether they're dumb or funny, brazen or common?"

"You have that right; but I also have the right to refuse."

"Why?"

"Because what I suggested to you that other evening is true; because at a given hour in my life I must inevitably break the ties that bind me to earth, sunder every attachment, even the supreme one, . . . and vanish."

"Who knows whether or not it's you, madam, who are the one who's not sane—and love, madness, . . . or sanity par excellence, is going to cure you! 'If you want to save a woman,' said Zarathustra, 'make her a mother.' You've never been a mother. A mother doesn't go off to a convent, leaving her child behind."

"Saint Jeanne-Françoise Frémiot de Chantal[7] did, stepping right over the body of her son Celse-Bénigne, who, to prevent her, had stretched out on the threshold of the door."

"You have some religious education."

"I was brought up in piety."

"I want my wife to be pious."

"You're rehashing that story."

"Didn't I tell you I've come to ask for your hand? Ana María," I added, and despite myself my voice by now had an emotional ring, "Ana María, even if you can't believe it, I love you more than I'd like to . . . ; Ana María, be my wife . . ."

"By and by!" she replied, with an adorable smile.

"Be my wife . . . come on, answer me! I implore you! I must know this very minute."

"Even if I leave one day and desert you?"

---

7. (1572–1641).

—¡Aunque!

—Mire usted que ese «aunque» es muy grave . . .

—¡Aunque!

—¡Pues bien, sea!

Y aquella tarde ambos volvimos del brazo, pensativos y afectuosos, por las febriles calles de la Cartago moderna, a tiempo que los edificios desmesurados se iluminaban fantásticamente.

4

Una mañana que, comprenderás, amigo, debió ser necesariamente luminosa, cumplidas todas las formalidades del caso, celebramos Ana María y yo nuestro matrimonio.

Hicimos después registrar el acta en nuestros respectivos consulados, y santas pascuas.

Un espléndido tren, uno de esos vastos y confortables trenes de la *New-York Central and Hudson River*, nos llevó a Buffalo —ciudad que siempre me ha sido infinitamente simpática—, y de allí nos fuimos en tranvía eléctrico al Niágara.

Queríamos pasar nuestros primeros días de casados al borde de las cataratas, haciendo viajes breves a las simpáticas aldeas vecinas del Canadá.

Parecíame que el perenne estruendo de las aguas había de aislar nuestras almas, cerrando nuestros oídos a todo rumor que no fuese su monótono y divino rumor milenario.

Parecíame que el perpetuo caer de su linfa portentosa habría de sumirnos en el éxtasis propicio a toda comunión de amor.

Y así fue.

A veces, forrados de impermeables oscuros, excursionábamos Ana María y yo, acompañados de un guía silencioso y discreto (¿y dónde habéis encontrado esa perla de los guías?, preguntarás), excursionábamos, digo, «bajo las cataratas». La móvil cortina líquida, toda vuelta espuma, nos segregaba del mundo. Un estruendo formidable nos envolvía, sumergiéndonos en una especie de éxtasis «monista». Millones de gotas de agua nos azotaban el rostro, y ella y yo, cogidos de la mano, ajenos a todo lo que no fuese aquel milagro, nos sentíamos en un mundo sin dimensiones de tiempo, en el cual éramos dos gotas de agua cristalinas y conscientes, que se despeñaban, se despeñaban con delicia, sin cesar, en un abismo verde, color de tecali mexicano, con florones de espumas fosforescentes.

Si yo fuera músico, te describiría, amigo, nuestra vida durante aquellos días prodigiosos. Sólo un Beethoven y un Mozart podrían hacerte comprender nuestros éxtasis. La palabra —ya lo sabemos— es

"Even then!"

"Please observe that this 'even then' is very serious . . ."

"Even then!"

"All right, yes!"

And that evening we both walked back, arm in arm, pensive and loving, through the feverish streets of the modern Carthage, at the hour when the enormous buildings were lighting up fantastically.

4

One morning, which, as you must understand, my friend, simply had to be luminous, after all necessary formalities had been accomplished, Ana María and I celebrated our marriage.

Afterward we had the event recorded at our respective consulates, and that was that.

A splendid train, one of those spacious, comfortable trains on the New York Central and Hudson River line, took us to Buffalo (a city I've always liked tremendously well), where we caught an electric trolley to Niagara.

We wanted to spend the first days of our marriage beside the falls, making short trips to the charming Canadian villages nearby.

I felt that the perennial roar of the waters would isolate our souls, shutting our ears to any other sound than its monotonous and divine, age-old sound.

I felt that the perpetual falling of its tremendous volume of water would immerse us in the ecstasy propitious to all loving communion.

And so it was.

At times, wrapped in dark raincoats, Ana María and I would take the tour, escorted by a silent, discreet guide (you'll ask where we discovered such a pearl among guides), would take the tour, as I was saying, "under the falls." The moving liquid curtain, turned completely into foam, cut us off from the world. A mighty roar enveloped us, submerging us into a sort of "monistic" ecstasy. Millions of water drops lashed our faces, and she and I, hand in hand, foreign to all things except that miracle, felt as if we were in a world without temporal dimensions, in which we were two drops of water, crystalline but conscious, which were plunging down, plunging down with delight, unendingly, into a green abyss, the color of Mexican alabaster, with phosphorescent rosettes of foam.

If I were a musician, my friend, I'd describe to you our life during those marvelous days. Only a Beethoven or a Mozart could make you understand our fits of ecstasy. Words (as we already know) are ridicu-

de una impotencia ridícula para hablarnos de estas cosas *que no están en su plano*. Más allá de ciertos estados del alma, apenas una sonata de Beethoven es capaz de expresiones coherentes y exactas.

Ana María me amaba con un amor sumiso, silencioso, de intensidad no soñada, pero sin sobresaltos. Éramos el uno del otro con toda la mansa plenitud de dos arroyos que se juntan en un río, y que caminan después copiando el mismo cielo, el propio paisaje.

Muchas mujeres, amigo, como te dije al principio, me hicieron el regalo de sus labios; pero ahora, cuando las veo desfilar como fantasmas por la zona de luz de mis recuerdos, advierto que ninguna de aquellas visiones tiene la gracia melancólica, la cadencia remota, el prestigio misterioso de Ana María.

Nunca, amigo, en ninguna actitud, alegre o triste, enferma o lozana, fue vulgar. Siempre hubo en sus movimientos, en sus gestos, en sus palabras musicales un sortilegio celeste, y en la expresión general de su hermosura, esa *extrañeza de proporciones,* sin la cual, según el gran Edgardo, no hay belleza exquisita.

Tres encantos por excelencia, que a muy pocos embelesan porque no saben lo que son, había yo soñado siempre en una mujer:

El encanto en el andar, el encanto en el hablar y el encanto de los largos cabellos.

Una mujer que anda bien, que anda con un ritmo suave y gallardo, es una delicia perpetua, amigo; verla ir y venir por la casa es una bendición.

Pues, ¿y la música de la voz? La voz que te acaricia hasta cuando en su timbre hay enojo, la voz que añade más música a la música eterna y siempre nueva de los *te quiero*.

En cuanto a los cabellos abundantes, que, en el sencillo aliño del tocado casero, caen en dos trenzas rubias o negras (las de Ana María eran de una negrura sedosa, incomparable), son, amigo, un don para las manos castas que los acarician, como pocos dones de la tierra.

Puede un hombre quedar ciego para siempre, y, si su mujer posee estos tres encantos, seguirlos disfrutando con fruición inefable.

Oirá los pasos cadenciosos, ir y venir, familiarmente, por la casa.

En su oído alerta y aguzado por la ceguera, sonará la música habitual y deliciosa de la voz amada.

lously powerless to speak to us of those things "which are not at their level." Beyond certain states of soul, only a Beethoven sonata, perhaps, is capable of coherent, precise expressions.

Ana María loved me with a submissive, silent love of an undreamed-of intensity, but without surprises. We belonged to each other with all the gentle plenitude of brooks that mingle in a river and then flow on, reflecting heaven itself, and the very landscape.

My friend, many women, as I told you at the outset, have given me the gift of their lips; but now, when I see them parading like ghosts in the zone of light of my memories, I notice that none of those visions has the melancholy grace, the faraway cadence, the mysterious wonder of Ana María.

Never, my friend, in any mood, happy or sad, sick or well, was she commonplace. There was always in her movements, in her facial expressions, in her musical words, a heavenly witchery, and in the general aspect of her beauty, there was that "oddness of proportion" without which, according to the great Edgar,[8] there can be no exquisite beauty.

Three enchantments especially, which charm very few men because they don't know what they are, I had always dreamed of finding in a woman:

The enchantment of her walk, the enchantment of her speech, and the enchantment of her long hair.

A woman who walks properly, who walks with a smooth, elegant rhythm, is a perpetual delight, my friend; to see her moving to and fro in the house is a blessing.

Then, what about the music of her voice? The voice that caresses you even when there's anger in its tone, the voice that adds more music to the eternal, but always new, music of the words "I love you."

As for abundant hair, which, in the simple arrangement of the domestic hairdo, falls in two blonde or brunette braids (Ana María's were of an incomparable silky blackness), it is, my friend, a gift for the chaste hands that caress it, like very few gifts on this earth.

A man can become permanently blind and, if his wife has these three enchantments, he can go on enjoying them with ineffable enjoyment.

He will hear her cadenced steps moving to and fro in the house, familiarly.

In his alert hearing, sharpened by his blindness, the customary, delicious music of her beloved voice will ring.

---

8. Poe. But the thought occurs in Bacon's essay "Of Beauty."

Y las manos sabias, expertas, que han adquirido la delicadeza de las antenas trémulas de los insectos, alisarán los cabellos de seda, que huelen a bosque virgen, a agua y a carne de mujer.

Pues con ser tanto, no eran estas tres cosas las solas que volvían infinitamente amable a Ana María; toda su patria, toda Andalucía, con su tristeza mora, recogida y religiosa, con su grave y delicado embeleso, estaba en ella. Y además ese no sé qué enigmático que hay en la faz de las mujeres que han peregrinado asaz por tierras lejanas.

Yo dije en alguna ocasión, hace muchos años: «Eres misteriosa como una ciudad vista de noche».

¡Así era Ana María!

5

En cierta ocasión, después de un paseo ideal a la luz de la luna, que hacía de las cataratas un hervidero de ópalos, yo, cogiendo la diestra de Ana María y oprimiéndola amorosamente contra mi corazón, pregunté a mi amada:

—No te irás, ¿verdad? No te irás nunca . . . Es falso que un día, al despertarme, he de encontrar la mitad de mi lecho vacío.

¿Por qué hice aquella pregunta?

La idea fija, la horrible y fatal idea fija, que dormía en su espíritu, se despertó de pronto y se asomó a sus ojos.

Todo su rostro se demudó. Su frente se puso pálida y un sudor frío la emperló trágicamente.

Se estremeció con brusquedad; y acercando su boca a mi oído, me dijo con voz gutural:

—¡Sí, me iré; será fuerza que me vaya!

—¡No me quieres, pues!

Y repegándose a mí, con ímpetu, respondió casi sollozando:

—Sí, te quiero; te quiero con toda mi alma. Y eres mejor de lo que yo creía, eres más bueno y más noble de lo que yo pensaba; ¡pero es fuerza que me vaya!

—¿Qué secreto es ése tan poderoso, Ana María, que te puede arrancar de mis brazos?

—Mi solo secreto: lo único que no te he dicho. Un día, ¿lo recuerdas?, la víspera de nuestro matrimonio, te pedí que no me preguntases nada . . . ¡Y tú me lo prometiste!

—Es cierto . . . ¡No te preguntaré más!

Y los dos permanecimos silenciosos, escuchando el estruendo lejano de las cataratas.

And his wise, expert hands, which have acquired the delicacy of an insect's quivering antennae, will smooth the silken hair, redolent of virgin forests, water, and female flesh.

Well, though they counted for so much, those three things weren't the only ones that made Ana María infinitely lovable; her whole native region, all of Andalusia, with its Moorish sadness, withdrawn and religious, with its solemn and delicate sorcery, was contained in her. And, in addition, that indefinable enigma which appears in the face of women who have made many pilgrimages in faraway lands.

I said on some occasion, many years ago: "You are as mysterious as a city seen by night."

Ana María was like that!

5

On a certain occasion, after a perfect walk by the light of the moon, which turned the falls into a seething fountain of opals, I took Ana María's right hand, pressed it amorously to my heart, and asked my beloved:

"You won't leave me, will you? You'll never leave me . . . It isn't true that one day, when I awaken, I'll find half of my bed empty."

Why did I ask that question?

The idée fixe, that horrible, fatal idée fixe which was dormant in her spirit, suddenly awoke and appeared in her eyes.

Her whole face changed. Her brow became pale, and a cold sweat bespangled it tragically.

She shook herself brusquely; and bringing her lips close to my ear, she said in a throaty voice:

"Yes, I *will* leave; I'll have to leave!"

"Then you don't love me!"

And, snuggling against me once more, impetuously, she replied almost in a sob:

"Yes, I love you; I love you with all my soul. And you're better than I thought you were, you're kinder and nobler than I imagined, but I must necessarily go!"

"What is this secret, Ana María, so powerful that it can tear you out of my arms?"

"My only secret; the only one I haven't told you. One day (remember?), on the eve of our wedding, I begged you not to ask me anything . . . And you promised!"

"It's true . . . I won't ask you again!"

And we both remained silent, listening to the distant roar of the falls.

Después de algunos momentos de silencio, ella inquirió tímidamente:

—¿Me guardas rencor?

—No . . .

—¿Te arrepientes de haberte casado conmigo?

—No, nunca.

—¿Estás triste?

—Sí; pero descuida: no te preguntaré más.

Reclinó su cabeza sobre mi hombro, y dijo:

—¡Tu quiero, te quiero! Lo sabes . . . Pero ¿es culpa mía si la vida ha puesto sobre mi alma el fardo de una promesa?

Y púsose a llorar dulcemente, muy dulcemente.

En el estruendo del Niágara, aquel delicado sollozo de mujer parecía perderse, como parecen perderse todas nuestras angustias, en el seno infinito del abismo indiferente.

Cuántas veces, mirando la noche estrellada, me he dicho: Cada uno de esos soles gigantescos alumbra mundos, y de cada uno de esos mundos surge un enorme grito de dolor, el dolor inmenso de millones de humanos . . . Pero no lo oímos; la noche permanece radiante y silenciosa. ¿Adónde va ese dolor inconmensurable, en qué oreja invisible resuena, en qué corazón sin límites repercute, en qué alma divina se refugia? ¿Seguirá surgiendo así inútilmente y perdiéndose en el *abismo*?

Y una voz interior me ha respondido: «¡No, nada se pierde: ni el delicado sollozo de Ana María dejaba de vibrar en el éter, a pesar del ruido de las cataratas, ni un solo dolor de los mundos deja de resonar en el corazón del Padre!».

6

YO   Te estoy leyendo en los ojos una ironía, amigo; paréceme como que dice: «¡Vaya un tonto de encargo y de remate! ¡Vaya un sentimental marido! . . . ¡Vaya uno más

De la vieille boutique
Romantique!».

EL AMIGO   ¡En efecto, eso pienso, y te lo mereces! ¡Ponerse triste, sentirse inquieto porque una mujer de dice a uno que un día se irá! ¡Cuántos solterones empedernidos se casarían si ellas les hiciesen esa dulce promesa! . . .

¿Quién, por otra parte, no se irá en este mundo? Tan pueril aprensión me recuerda a cierto monomaníaco, tonto de solemnidad, de mi pueblo natal. Había en mi pueblo una dama caritativa que se llamaba

After a few moments of silence, she inquired timidly:
"Are you mad at me?"
"No . . ."
"Are you sorry you married me?"
"No, I'll never be."
"Are you unhappy?"
"Yes; but don't worry: I won't ask you again."
She leaned her head on my shoulder, and said:
"I love you, I love you! You know I do . . . But is it my fault if life
has placed the burden of a promise on my soul?"
And she began to weep softly, very softly.
In the roar of Niagara, that gentle feminine sobbing seemed to be
lost, as all our anguish seems to get lost on the infinite bosom of the
indifferent abyss.
How often, when gazing at the starry night, I've said to myself:
"Each one of those gigantic suns illuminates worlds, and from each of
those worlds arises an enormous cry of pain, the immense pain of millions of people . . . But we don't hear it; the night remains radiant and
silent. Where does that unmeasurable pain go, in what invisible ear
does it ring, in what limitless heart does it reverberate, in what divine
soul does it take refuge? Will it keep on arising just as futilely and losing itself in the *abyss?*"
And an inner voice has answered: "No, nothing is lost; Ana María's
delicate sob continued to vibrate in the ether, despite the noise of the
falls, and each and every pain of the worlds resonates in the heart of
the Father!"

6

I: I can read an irony in your eyes, my friend; it seems to be saying:
"What an absolute fool! What a sentimental husband! . . . There goes
one more

                    from the old-fashioned
                    Romantic school!"

MY FRIEND: In fact, that's what I'm thinking, and you deserve it!
To become sad, to feel uneasy, because a woman tells you she'll leave
you some day! How many hardened bachelors would get married if
the woman made them that pleasant promise! . . .
On the other hand, who in this world doesn't go away? An appre-
hension so childish reminds me of a certain monomaniac, exceedingly
foolish, in my hometown. In my town there was a charitable lady

doña Julia, quien, harta al fin de socorrer a aquel hombre, que se lo gastaba todo en vicios, un día le negó terminantemente e irrevocablemente su auxilio.

El monomaníaco se vengó, escribiendo en el panteón municipal, en la parte más visible del sepulcro de familia de la dama (muy ostentoso, por cierto): «¡¡Doña Julia de X. *Morirá!!*».

Llegó a poco el día de Difuntos, y la señora fue, como de costumbre a ornar de flores el mausoleo familiar. Lo primero que hirió sus ojos fue el consabido letrero:

«¡¡Doña Julia de X. *Morirá!!*».

Su emoción no tuvo límites. Ni el *Mane Thecel Phares* produjo igual consternación en el festín de Baltasar.

Llegó a su casa enferma y tuvo que encamarse. ¡Por poco se muere de aquel *Morirá*.

Afortunadamente supo el origen de la profecía, y mandó llamar al semiloco, a quien le reprochó amargamente su acto.

—Yo he dicho *Morirá* —respondió el tonto tontamente, como convenía a un simple—, pero no he dicho cuándo . . . Si a la señora le parece, y me sigue dando socorros, añadiré abajo del letrero: *lo más tarde posible*.

Yo   Ni el tonto era tan tonto, ni veo la paridad; pero, en fin, acepto tu ironía y la sufro pacientemente, amigo, recordándote sólo que esta historia pasó hace veinticinco años.

Te he dicho que estaba enamorado de Ana María, para que encuentres naturales todas las apreciaciones, todos los temores, ya que estar enamorado es navegar por los mares de la inquietud. Y has de saber más: has de saber que, a medida que transcurrían los días, esta inquietud se iba acrecentando en mí de una manera alarmante.

Mi angustia era continua . . . ; pero, si he de ser justo, mi deleite era, en cambio, desmesurado. Cada beso que robaba a aquella boca tenía el sabor intenso, la voluptuosidad infinita del último beso . . . ¡Cada palabra tierna podía ser la postrer palabra oída!

Pues ¡y mis noches! ¡Si tú supieras de qué deliciosa zozobra estaban llenas mis noches!

¡Cuántas veces me despertaba con sobresalto repentino, buscando a mi lado a Ana María! ¡Con qué alivio veíala y contemplábala durmiendo apaciblemente! ¡Con qué sensación de bienestar estrechaba su mano larga y fina, inerte sobre su cuerpo tibio!

A veces ella se despertaba también; comprendía, al sorprenderme despierto, mi drama interior, se replegaba contra mí, y me decía dulcemente: «¡No pienses en eso . . . , todavía no! ¡Duerme tranquilo!».

called Doña Julia; finally getting sick of helping out that man, who spent everything on his vices, one day she categorically and definitively refused him her aid.

The monomaniac took revenge by writing, in the town cemetery, on the most visible part of the lady's family vault (which was certainly very showy): "Doña Julia de X!! *She will die!!*"

Soon the Day of the Dead arrived, and, as usual, the lady went to decorate her family mausoleum with flowers. The first thing that met her eyes was the abovementioned message:

"Doña Julia de X!! *She will die!!*"

Her emotion was unbounded. Not even the "mene tekel upharsin" created such consternation at Belshazzar's feast.

She reached home ill and had to take to her bed. She nearly died of that "She will die."

Fortunately she learned the origin of the prophecy, and sent for the semi-lunatic, whom she reproached bitterly for what he had done.

"I said 'She will die,'" the fool replied foolishly, as befitting a simpleton, "but I didn't say when . . . If you like, ma'am, and if you continue helping me out, I'll add below the message: 'at the latest possible date.'"

I: Not only was the fool not so foolish, but I fail to see the comparison; yet, after all, I accept your irony and suffer it patiently, my friend, merely reminding you that this story took place twenty-five years ago.

I told you I was in love with Ana María, so that you'd find natural all my calculations, all my fears, since to be in love is to sail the seas of uneasiness. And you should know this, too: you should know that, as the days went by, that uneasiness kept growing in me at an alarming rate.

My anguish was continuous . . . ; but, if I'm to be fair, in exchange my delight was enormous. Every kiss I stole from those lips had the intense flavor, the infinite voluptuousness, of a final kiss . . . Every tender word might be the last word I heard from her!

And, then, my nights! If you only knew what delicious anxiety filled my nights!

How often I awoke with a sudden start, seeking Ana María at my side! With what relief I saw her and watched her sleeping peacefully! With what a feeling of well-being I pressed her long, delicate hand, which lay inert on her warm body!

Sometimes she'd awaken, too; catching me awake, she understood my inner drama, she snuggled against me, and she said softly: "Don't think about it . . . , not yet! Sleep in peace!"

Una noche, el horror, la angustia, fueron terribles. Vivíamos ya en nuestra casa, en Sea Girt, en New Jersey, donde había yo alquilado una pequeña villa frente al mar. Hacía calor. Yo dormía con sueño ligero, un poco nervioso. De pronto me desperté, y al extender la siniestra sentí que la mitad del lecho estaba vacío . . . Encendí la luz . . . Ana María no se hallaba a mi lado. Di un grito y salté de la cama . . . Entonces, de la pieza inmediata, vino a mí su voz musical, llena de ternura:

—Aquí estoy, no te alarmes. No dormía y he salido a la ventana . . . Ven y verás el mar lleno de luna . . . Reina un silencio magnífico . . . Dan ganas de rezar . . . Las flores trascienden . . . Ven, pobrecito mío, a que te dé un beso (y me atraía dulcemente hacia el hueco de la ventana). Tuviste miedo, ¿verdad? Pero no hay razón. Todavía no, todavía no . . .

7

¡Un hijo! ¡Un hijo podía detenerla, para que no se fuese, para que no dejase en mitad vacío mi lecho una noche, aquella espantosa noche que tenía que llegar! Un hijo, el amor infinito de un hijo, remacharía el eslabón de la cadena.

Pero el destino se negó a traernos aquella alma nueva que apretase más nuestras almas, que fuese a modo de Espíritu Santo: relación dulcísima de amor entre dos seres que en él se adorasen.

Sí, el destino me negó ese bien; ha sido mi *fatum* ir al lado de las mujeres amadas, sin ver jamás entre ellas y yo la cabeza rubia o morena de un ángel.

La soledad de dos en compañía ha tenido para conmigo todas las crueldades . . . Pero me apresuraré a decirlo: si lamenté con Ana María la ausencia angustiosa del que debiera venir, nunca sentí a su lado esa soledad de dos: sentí siempre la plenitud, y parecióme que, poseyéndola a ella, lograba yo dulcemente mi fin natural.

El amigo   ¡Ah!, sin aquel temor, sin aquel sobresalto, que me hacen sonreír ahora que me lo cuentas, amigo, quizá porque ya no veo sobre tu faz, arada por los lustros lentos, más que la sombra del dolor vencido; ¡ah!, sin aquel sobresalto, sin aquel temor, sólo un Dios pudiera lograr la máxima ventura por ti lograda en los brazos de Ana María, ¿no es esto?

Sólo un Dios, sí, ya que no más que ellos son capaces de gozar sin miedo, con la mansa confianza de la perennidad de su goce.

One night, the horror, the anguish, were terrible. We were already living in our house in Sea Girt, New Jersey, where I had rented a small cottage facing the sea. It was hot. I was sleeping lightly, being rather nervous. Suddenly I awoke and, when I reached out with my left hand, I felt that half of the bed was empty . . . I turned on the light . . . Ana María wasn't beside me. I uttered a cry and jumped out of bed . . . Then, from the next room her musical voice came to me, full of tenderness:

"I'm here, don't be alarmed. I couldn't sleep and I came out to the window . . . Come and you'll see the ocean full of moonlight . . . A magnificent silence reigns . . . It makes me want to pray . . . The flowers are fragrant . . . Come, poor darling, so I can give you a kiss" (and she drew me gently toward the window opening). "You were frightened, weren't you? But there's no reason to be. Not yet, not yet . . ."

7

A child! A child could hold her back, so she wouldn't go, so she wouldn't leave my bed half empty some night, that terrible night which had to come! A child, the infinite love for a child, would rivet the link of the chain.

But fate refused to bring us that new soul which would join our souls more closely, which would act like the Holy Spirit: a most sweet loving relation between two beings worshipping each other in that Spirit.

Yes, fate denied me that treasure; it has been my *fatum* to walk beside the women I've loved without ever seeing between them and me the blonde or brunette head of an angel.

The solitude of two people living together has had all sorts of cruelty for me . . . But let me hasten to say: if with Ana María I lamented the painful absence of the one who should have come, with her I never felt that loneliness of a couple: I always had a feeling of fullness, and it seemed to me that, possessing her, I was sweetly accomplishing my natural goal.

MY FRIEND: Ah! Without that fear, without that scare, which make me smile now that you tell me the story, my friend, perhaps because I don't see in your face, plowed by the slow-moving years,[9] more than the shadow of the grief you have overcome—ah! without that scare, without that fear, only a god could have attained that extreme happiness which you attained in Ana María's arms, isn't that so?

Yes, only a god, because they alone are able to enjoy without fear, with bland trust in the everlastingness of their joy.

---

9. Literally, ["groups of] five years."

Yo   Pero ¿vale la pena gozar así? . . . «¡Bendita sea la juventud —dijo Lamartine en el prólogo de las poesías de Alfredo de Musset—, con tal de que no dure toda la vida!». La felicidad sin dolor que la contraste, es inconcebible . . . ¡Se necesita un poco de amargo para dar gusto al vermut!

Por eso yo nunca he podido imaginarme el paraíso, y acaso me lo imaginara si en él pudiese colocar un poco de nuestra inquietud, un *¡quién sabe!*, un solo *¡quién sabe!* tenue y vago: «*Quién sabe* si un día, en el curso mudo de las eternidades, esta contemplación beatífica cesará . . .».

El amigo   ¡Infeliz! ¡Querrías, pues, la inquietud eterna! Aquí, en esta misérrima vida, sólo el temor de perderlas da un precio a las cosas; pero allá no sucederá así; la beatitud será apacible: la conciencia de su perpetuidad no le restará nada al éxtasis, por una simplísima razón.

Yo   ¿Cuál?

El amigo   Porque nunca contemplaremos el mismo espectáculo en la insondable hondura de Dios, y nos pasaremos las eternidades aprendiendo a cada instante algo nuevo en el *panorama místico* de la *conciencia divina* . . .

Yo   Acaso estés en lo justo . . . ; pero ya volveremos dentro de unos momentos a este sabroso tema de la inquietud, como claroscuro de la dicha. Ahora prosigo mi relato.

8

El amor es más fuerte que todos los secretos.

Ana María me amaba demasiado para sellar despiadadamente su boca.

Un día mis besos reiterados de pasión y de súplica rompieron el sigilo de sus labios.

—¿Por qué, por qué ha de ser preciso que te vayas? —le pregunté con más premura y más angustia que nunca.

—Es un secreto muy sencillo —me contestó . . . sencillamente.

Habrás notado, amigo, y si no lo has notado te lo haré notar, que para Ana María todo era muy sencillo en este mundo.

Las cosas más bellas, más hondas, más complejas que pasaban en el interior de su alma selecta, de su corazón exquisito, y que yo leía, descubría (porque no era —aparte de su secreto— disimulada ni misteriosa), en cuanto se las hacía notar, que eran *muy sencillas*.

Por ejemplo: cuando dormía, sobre todo en las primeras horas de la noche, solía soñar en voz alta y sus palabras eran tan claras que podían

I: But is such enjoyment worthwhile? . . . "Blessed be youth," Lamartine said in his preface to Alfred de Musset's poetry, "so long as it doesn't last all one's life!" Happiness without grief as a contrast to it is inconceivable . . . A little bitterness is needed to lend the vermouth flavor!

That's why I've never been able to conceive of paradise; maybe I could if I were able to situate in it a little of our uneasiness, a "who knows," a single slight, vague "who knows": "Who knows if some day, in the mute course of eternities, this beatific contemplation may not come to an end . . . ?"

MY FRIEND: Unfortunate man! In other words, you'd wish for eternal uneasiness! Here, in this most wretched life, only the fear of losing things lends value to them; but in the beyond it won't be that way; our bliss will be placid: our awareness of its perpetuity will in no way diminish our ecstasy—for one very simple reason.

I: Which is?

MY FRIEND: Because we shall never be contemplating one and the same vision in God's unfathomable depths, and we shall spend the eternities discovering something new every minute in the *mystic panorama* of the *divine consciousness* . . .

I: Maybe you're right . . . ; but in just a few moments we'll be returning to that delicious subject of uneasiness, as a chiaroscuro contrast to happiness. Now I'll continue my narrative.

8

Love is stronger than any secret.

Ana María loved me too much to seal her lips pitilessly.

One day, my repeated passionate and imploring kisses broke that seal on her lips.

"Why, why is it necessary for you to leave?" I asked her with more insistency and anguish than ever before.

"It's a very simple secret," she replied . . . simply.

My friend, you must have noticed—and if you haven't, I'll call it to your attention—that for Ana María everything in this world was simple.

I discovered that the most beautiful, profound, and complex things that occurred within her elect soul and exquisite heart, and which I could read (because, aside from her secret, she didn't dissemble or try to be mysterious), were always *very simple* once she expressed them.

For example: when she slept, especially in the first hours of the night, she used to dream out loud, and her words were so clear that

percibirse distintamente. Entonces, me divertía en hablarla, intervenía, me mezclaba en su monólogo o diálogo, terciaba en su «conversación» interior, sin levantar la voz . . . Y ella conversaba conmigo, durmiendo; me introducía insensiblemente en su sueño. A veces la conversación se prolongaba por espacio de algunos minutos. Hablaba yo despierto y ella respondía, traspuesta o dormida del todo, siempre, naturalmente, que acertase yo a colarme por una rendija misteriosa en el recinto de su visión.

Al despertarnos al día siguiente, referíala yo la escena, y ella, sonriendo, respondíame:

—Es muy sencillo: aun cuando esté dormida tu voz me llega «desde lejos» porque te quiero, y como la escucho, pues . . . te respondo.

«Es muy sencillo . . .»

Su secreto, pues, era muy sencillo.

—¿Cuál?

—Te lo voy a revelar ya que te empeñas —me dijo al fin—; pero de antemano te repito que no esperes nada extraordinario; yo me casé muy joven con un hombre muy bueno a quien adoraba, como que fue mi primer amor. Ese hombre, bastante mayor que yo, era muy celoso, infinitamente celoso. ¿Tú sabes lo que son los celos? Pues es muy «sencillo»: desconfías hasta de la sombra de tu sombra . . . Yo era incapaz de engañarle; pero precisamente por eso estaba celoso. Los celos no provienen nunca de la realidad.

—«¡Puesto que sois verdad ya no sois celos!» —le recordé yo.

—¡Eso es! . . . Muy celoso era, sí; y vivía perpetuamente atormentado. Anhelaba siempre complacerme. Iba yo vestida como una princesa (si es que las princesas van bien vestidas, que suelen no irlo). Mas cada nuevo atavío era para él ocasión de tormento. «Qué bella estás —me decía—; vas a gustar mucho.» Y una sonrisa amarga plegaba sus labios.

»A medida que pasaban los años, el alma de aquel hombre se iba oscureciendo y encapotando. Y era una gran alma, te lo aseguro, una gran alma, pero enlobreguecida por la enfermedad infame . . . En vano extremaba yo mis solicitudes, mis ternuras, mis protestas, que no hacían más que aumentar su suspicacia. En la calle iba yo siempre con los ojos bajos o distraídos, sin osar clavarlos en ninguna parte. En casa, jamás recibía visitas. Todo inútil: los celos aumentaban, se volvían obsesores.

»Aquel hombre enloquecía, enloquecía de amor, de un amor desconfiado, temeroso, del más genuino amor, ¡que es, en suma, el que tiene miedo de perder al bien amado!

they could be heard distinctly. At such times I'd amuse myself by talking with her, I'd join in, I'd enter into her monologue or dialogue, I'd take part in her inner "conversation," without raising my voice . . . And she'd converse with me while asleep; imperceptibly she'd usher me into her dream. At times the conversation would go on for a few minutes. I, awake, would speak, and she, dozing or fast asleep, would reply, every time of course that I succeeded in slipping through a mysterious crack in the realm of her vision.

When we awoke the next day, I'd report the scene, and she'd reply with a smile:

"It's very simple: even when I'm asleep your voice reaches me 'from a distance' because I love you, and when I hear it, well . . . I answer you."

"It's very simple . . ."

And so her secret was very simple.

"What is it?"

"I'll reveal it to you, since you're so insistent," she finally said; "but I repeat in advance that you shouldn't expect anything out of the ordinary; I got married while very young to a man who was very kind, and whom I adored, seeing that he was my first love. That man, quite a bit older than I, was very jealous, immensely jealous. Do you know what jealousy is? Well, it's very 'simple': you mistrust even the shadow of your shadow . . . I was incapable of cheating on him; but it was precisely for that reason that he was jealous. Jealousy never arises from a real situation."

"'Since you're real, you no longer are jealousy!'" I quoted to her.

"Exactly! . . . Yes, he was very jealous, and he lived in perpetual torment. He always yearned to oblige me. I went about dressed like a princess (that is, if princesses are well dressed; generally they're not). But every new outfit of mine was a cause of torment to him. 'How beautiful you look,' he'd say; 'men will like you a lot.' And a bitter smile would curl his lips.

"As the years went by, that man's soul grew darker and cloudier. And he had a great soul, I assure you, a great soul, but one that was cast into gloom by that vile sickness . . . It was to no avail that I carried to an extreme my solicitude, my tenderness, my protests, all of which only succeeded in increasing his suspicions. In the street I'd always walk with my eyes lowered or distant, never daring to gaze in any particular direction. At home, I never received callers. All in vain: his jealousy increased, it was becoming obsessive.

"That man was going crazy, crazy with love, with an untrusting, frightened love, with the most genuine love: in short, the love that is afraid of losing the well beloved!

»Estaba enfermo de una neurastenia horrible. Cada día se levantaba más pálido, más sombrío.

»¿Eran los celos un efecto de su enfermedad, según yo creo?

»¿Era, por el contrario, su enfermedad el resultado de sus celos? No lo sé, pero aquella vida admirable (admirable, sí, porque había en ella mil cosas excelentes) se iba extinguiendo.

»Me convertí en enfermera. No salía más de casa. Él, por su parte, se negaba a tomar un alimento que yo no le diera, a aceptar los servicios de esas expertísimas ayudantas americanas, que por cinco dólares diarios cuidan "técnicamente" a los enfermos y saben más medicina que muchos médicos. Todo había de hacérselo yo.

»¿Creerás, acaso, que para mí aquello era una prueba? Sí, era una gran prueba, mas no por los cambios bruscos de carácter del enfermo, no por mis desvelos, no por mi reclusión, no por mi faena de todos los minutos; era una gran prueba porque le amaba, le amaba con un amor inmenso, ¡como se ama la primera vez!

»Ni sus desconfianzas ni su suspicacia me herían: no podían herirme, porque eran amor; no eran más que amor, un amor loco, insensato, desapoderado, delirante, como deben ser los grandes amores.

»Agonizó dos días, dos días de una torturante lucidez. Y una tarde, dos horas antes de morir, cuando empezaba la luz a atenuarse en la suavidad del crepúsculo y adquiría tonos místicos en la alcoba, él, con una gran ansia, con una ternura infinita, me cogió una mano, atrajo con su diestra mi cabeza y me dijo al oído:

»—Voy a pedirte una gracia, una inmensa merced . . .

»—Pídela, amor mío, pídela; ¿qué quieres?

»—¡Júrame que si muero te irás a un convento!

»Yo tuve un instante de vacilación; él lo advirtió.

»—¡Te irás cuando quieras!, cuando puedas . . . , pero antes de los treinta años; todavía joven, todavía bella. Te irás a ser únicamente mía, mía y de Dios; a orar por mí, que bien lo necesito; a pensar en mí; a quererme mucho . . . ¡Júramelo!

»Y con todo el ímpetu, con toda la entereza de mi alma, de mi pobre alma romántica y enamorada, de mi sencilla y dulce alma andaluza, se lo juré.

9

EL AMIGO (*Burlón.*)   Esos juramentos que se hacen a los moribundos son la mejor garantía de todo lo contrario. ¿Te acuerdas de cierto cuentecito de Anatole France? Pues este delicioso y zumbón Anatolio refiere que, en un cementerio japonés, sobre una tumba recién ce-

"He was ill with an awful neurasthenia. Every day he awoke more pallid, more somber.

"Was the jealousy a result of his illness, as I believe?

"Or, on the contrary, was his illness caused by his jealousy? I don't know, but his admirable life (yes, admirable, because it contained a thousand excellent features) was being extinguished.

"I became a nurse. I never left the house any more. For his part, he refused to eat anything unless I gave it to him, or to accept the services of those highly expert American registered nurses who, for five dollars a day, care for patients 'with proper technique' and know more about medicine than many doctors. I had to do everything for him myself.

"Will you believe, perhaps, that it was an ordeal for me? Yes, it was a great ordeal, but not because of the patient's sudden swings in mood, not because I lost sleep, not because I was shut in, not because I was busy every minute: it was a great ordeal because I loved him, loved him with an immense love, as one loves the first time around!

"Neither his distrust nor his suspicion hurt me: they couldn't hurt me because they showed his love: they were nothing other than love, a mad, foolish, unbridled, delirious love, as all great love has to be.

"He lay dying for two days, two days of torturing lucidity. And one evening, two hours before he died, when the light was beginning to soften in the gentleness of dusk, taking on mystic shades in the bedroom, with great anxiety, with immense tenderness, he gripped one of my hands, drew my head down with his right hand, and said in my ear:

"'I'm about to ask you for a favor, an enormous request . . .'

"'Ask, my darling, ask; what is it you want?'

"'Swear to me that if I die you'll enter a convent!'

"I hesitated for a moment; he noticed it.

"'You'll go whenever you like, whenever you can! . . . but before you're thirty, while you're still young, still beautiful. You shall be solely mine, mine and God's; to pray for me, and I need it so badly! To think of me; to love me greatly . . . Swear that you will!'

"And with all the force, with all the honesty in my soul, in my poor romantic, loving soul, in my simple, sweet Andalusian soul, I swore it."

9

MY FRIEND (*sarcastically*): Those oaths sworn to the dying are the best guarantee of the opposite. Do you remember a certain little anecdote by Anatole France? Well, that delightful wag Anatole relates that, in a Japanese cemetery, on a newly closed grave, a traveler saw a

rrada, un viajero vio a una mujercita nipona que, con el más coqueto de los abanicos, soplaba sobre la tierra húmeda aún.

—¿Qué rito es ése? —preguntó el viajero—. ¿Qué extraña ceremonia? Y le fue explicado el caso.

Aquella mujercita acababa de perder a su marido: el más amante y el más amado de los hombres.

En la agonía habíale hecho él jurar que no amaría a ningún otro mortal *mientras no se secase la tierra de su fosa.*

La mujercita amante, entre lágrimas y caricias, lo había prometido . . . Y para que la tierra se secara más pronto ¡soplaba con su abanico!

Yo   No se trata de un alma japonesa, sino andaluza, amigo. No me interrumpas. Sigue escuchando . . .

10

—Ese juramento es una niñería —exclamé—. No te obliga, en absoluto . . . Egoísmo de moribundo a quien se miente por piedad; promesa de la que no debe hacerse el menor caso. Él ya desapareció. *On ne peut pas vivre avec les morts* (No se puede vivir con los muertos), dice el proverbio francés.

—¿Qué sabes tú? —me respondió con voz temerosa y con una extraña vehemencia—. ¿Qué sabes tú? . . . ¡Los muertos se empeñan a veces en seguir viviendo con nosotros!

—¿Qué quieres decir?

—Es muy sencillo: que no se van. Hay algunos *que se quedan.* Escucha —añadió—: cuando te conocí, aquella tarde, sentí por ti una de esas simpatías súbitas, inexplicables, que nos hacen pensar a veces en que ya hemos vivido antes de esta vida . . . Comprendí que iba a quererte con toda mi alma, que iba a amar por segunda vez, y tuve miedo . . . El muerto, asomado perpetuamente a mi existencia, ¿qué pensaría de mi infidelidad? ¡El muerto! Te aseguro que desde que «él» se volvió invisible, lo siento con mayor intensidad a mi lado; y, desde que me casé contigo, más aún. En todo rumor, en el viento que pasa, en los silbos lejanos de las máquinas, en el choque de los cristales de las copas y los vasos, ¡hasta en el crujir misterioso de los muebles advierto que hay tonos e inflexiones de reproche! Y me miran con reproche las estrellas, y viene cargado de reproches el rayo de luna, y el hilo de agua que corre, y las ondas del mar que se desparraman ondulando por la arena, se quejan de mi inconstancia, dando voz al alma del desaparecido. Tienes en él un rival implacable . . .

»Mucho vacilé, mucho luché para no amarte; pero en esa misma lucha había ya amor. Tenía que realizar mi nueva fatalidad. Tú eras

little Nipponese lady who, with the cutest possible fan, was fanning the earth, which was still damp.

"What ritual is that?" asked the traveler. "What strange ceremony?" And the situation was explained to him.

That little woman had just lost her husband: the most loving and most beloved of men.

On his deathbed he had made her swear she wouldn't love any other mortal "until the earth on his grave was dry."

The loving little woman, between tears and caresses, had given that promise . . . And to make the earth dry faster, she was fanning it!

I: We're not talking about a Japanese soul, but an Andalusian one, my friend. Don't interrupt me. Keep listening . . .

10

"That oath is childish!" I exclaimed. "It isn't binding on you, not a bit . . . The selfishness of a dying man to whom one lies out of pity; a promise to which not the least attention should be paid. He is now gone. *On ne peut pas vivre avec les morts* (you can't live with the dead), as the French proverb goes."

"What do you know of it?" she replied in a frightened tone and with strange vehemence. "What do you know of it? . . . Sometimes the dead insist on going on living with us!"

"What do you mean?"

"It's very simple: they just don't leave. There are some *who stay.* Listen," she added. "When I met you that afternoon I felt one of those sudden, unexplainable likings for you, the kind that sometimes make us think we've lived a life before this one . . . I realized I was going to love you with all my soul, that I was going to love a second time, and I got scared . . . What would the dead man, who was constantly peering into my existence, think about my infidelity? The dead man! I assure you that ever since 'he' became invisible, I've felt him beside me with greater intensity; and ever since I married you, even more so. In every sound, in the passing breeze, in far-off factory whistles, in the clink of glass goblets and tumblers, even in the mysterious creaking of furniture, I perceive tones and inflections of reproach! And the stars look at me reproachfully, and the moonbeam is laden with reproaches; and the flowing stream, and the ocean billows splashing onto the sand in waves, complain of my inconstancy, lending their voice to the deceased man's soul. In him you have an implacable rival . . .

"I hesitated a long time, I struggled a long time, to keep from loving you; but in that very struggle, love was already present. I had to

más fuerte que yo, y me venciste. Pero a mi amor se mezclaba una angustia muy grande: te quería, te quiero aún con remordimiento . . .

»Recuerdo que una noche, sobre todo, mi congoja fue tal, los reproches interiores que el muerto parecía hacerme tan amargos, que llena de desolación y al propio tiempo de ternura por aquel amor a mí, que se empeñaba en sobrevivir a la tumba, le renové mi promesa con toda la energía de mi voluntad.

»—Aunque me case con él —le dije—, te juro de nuevo que un día le dejaré para entregarme en un converto a Dios y a ti solo, para pensar en ti y orar por ti como tú querías . . . Mi cuerpo, en suma, ¡qué te importa! Ya no puedes poseerlo. *¡Déjaselo a él, pero mi alma seguirá siendo tuya!*

»(Me perdonas, ¿verdad, amor mío?; en realidad mi alma es de los dos; está dividida. ¡No te enojes! No es culpa mía: tú tiras de la mitad de mi corazón, pero *su mano de sombra* tira de la otra mitad, y la pobre entraña sangra . . . , sangra . . .)

»Aquella noche, después de la renovación de mi promesa, me sentí repentinamente tranquila, sosegada, ecuánime, como si "él" aceptase el pacto. Dormí bien, después de muchas vigilias de inquietud . . . Pero poco a poco fui advirtiendo que a ti te amaba también; que no sólo mi cuerpo, sino la mitad de mi alma iba a ser tuya, o mejor dicho, que toda mi alma iba a ser tuya . . . sin dejar de ser del muerto y sin que en esto hubiese contradicción, amor mío; porque os adoro a los dos, sólo que de distinto modo, y porque bien mirado, él, en suma, ya no es un hombre, ¿verdad? Es algo que no se puede ni definir ni comprender; ¿es un pensamiento o un haz de pensamientos? ¿Es una voluntad? Me embrollo, amor mío . . . Pero es el caso que a él no le place que le quiera así, no me tolera que comparta con nadie el amor que exige, exclusivo; y la prueba es que, desde que te quiero, siento ese remordimiento, roedor, que me atormenta hasta volverme loca . . . Sobre todo al llegar la noche. Durante el día, él parece dormitar, parece alejarse, parece tolerar que yo te quiera; pero la noche es de su dominio. Está de acuerdo con la oscuridad. Las tinieblas deben darle una fuerza diariamente renovada. ¡Quizá encarna en la sombra misma! Y sus reproches insistentes acaban por ser intolerables . . .

»Yo, pobre de mí, refúgiome en tus brazos, o, febril, me escapo del lecho y voy a buscar un poco de aire puro, de paz y de silencio, a la ventana.

»Ayúdame tú a luchar con él, bien mío; ¡no quiero dejarte! Ahora siento que te amo más que nunca. Sé fuerte contra él, como Jacob lo

yield to my new fate. You were stronger than I, and you conquered me. But a very great anguish was mingled with my love: I loved you, and I still do, with remorse . . .

"I recall that one night especially my distress was such, the inner reproaches the dead man seemed to be heaping on me were so bitter, that, filled with desolation but, at the same time, with tenderness because of his love for me, which insisted on outliving the grave, I renewed my promise with all the energy of my will.

"'Even if I marry him,' I said to him, 'I swear to you again that I'll leave him some day in order to entrust myself to God and you alone in a convent, in order to think of you and pray for you as you wanted . . . After all, what does my body matter to you? You can no longer possess it. *Leave it to him, but my soul will continue to be yours!*'

"(You forgive me, don't you, darling? In reality my soul belongs to both of you; it's divided. Don't be angry! It's not my fault: you tug at half my heart, but *his shadowy hand* tugs at the other half, and that poor organ bleeds . . . , it bleeds . . .)

"That night, after renewing my promise, I suddenly felt calm, pacified, composed, as if 'he' had accepted the pact. I slept soundly, after many uneasy nights awake . . . But little by little I observed that I loved you, too; that not only my body, but also half my soul, was going to be yours; rather, that all my soul was going to be yours . . . without ceasing to belong to the dead man and without there being a contradiction in this, my beloved; because I adore you both, only in different ways, and because, when you come right down to it, he is after all no longer a man, is he? He's something that can't be defined or understood. Is he a thought, or a bundle of thoughts? Is he a will? I'm getting mixed up, darling . . . But the fact is that he doesn't like me to love him in that manner, he won't stand for my sharing with anyone else the love he lays exclusive claim to; and the proof is that, ever since I've loved you, I feel this gnawing remorse which tortures me till it's driving me mad . . . Especially when night comes. During the day he seems to be dormant, he seems to move away, he seems to allow me to love you; but the night is his domain. He's a partner of the darkness. The shadows must lend him a strength that's renewed daily. Maybe he comes back to life in the very darkness! And his insistent reproaches finally become unbearable . . .

"I (poor me!) take refuge in your arms, or else, feverishly, I flee the bed and go seeking for a breath of fresh air, a bit of peace and silence, at the window.

"Help me to fight him, beloved; I don't want to leave you! Now I feel that I love you more than ever. Be strong against him, as Jacob

fue contra el espíritu, con quien luchó por el espacio de una noche . . .
¡Sálvate y sálvame!

Era tan patético, tan desesperado el acento de Ana María, que yo,
amigo, aunque soy muy señor de mí mismo, me eché a llorar en sus
brazos.

EL AMIGO   Ya pareció aquello, so sentimental.

YO   ¡Todas los fuertes lloran! Tenlo presente. Lloré, pues, y pagado el tributo al corazón, la voluntad acerada dijo con firmeza:
—No temas, Ana María: yo te adoro y lucharé con esa sombra. De
sus brazos y de su influjo misterioso he de arrancarte. Como Orfeo,
iría al propio Hades a arrebatar a mi Eurídice del poder de Plutón, y
con ella en mis brazos tendría el heroísmo de no mirar hacia atrás . . .
Pero es preciso que tú te resuelvas a quebrantar ese juramento ab-
surdo.
—No puedo —gimió la infeliz escondiendo su cabecita entre mis
brazos—. ¡De veras que no puedo!
—¡Tienes que poder!
—¡Imposible! ¡Siento que me agitaría inútilmente entre las garras
invisibles! ¡Ay de mí, y cómo aprietan!

Era preciso salvarla de la locura, a pesar suyo. Había que intentar el
combate con aquella sombra, el duelo a muerte . . . , y no perdí el
tiempo. Al día siguiente fui a buscar a uno de los más celebrados es-
pecialistas en enfermedades nerviosas, en psicosis raras y tenaces.
La examinó y . . .

EL AMIGO   No me lo digas: la recetó ejercicio moderado al aire
libre, reconstituyentes, baños templados, distracciones, viajes . . .

YO   Eso es.

EL AMIGO   Pobres médicos, ¿verdad? ¡Y pobres de nosotros que
tenemos que consultarles!

11

EL AMIGO   El remedio más sencillo para el mal de Ana María hubiese
sido convencerla de que los muertos ya no pueden nada contra los
vivos, de que se mueven en un plano desde el cual nuestro plano es inaccesible. La convicción de tu esposa era todo en su dolencia. No ya
fenómenos psíquicos, sino hasta fenómenos materiales, pueden producirse por la creencia en ellos. «Hay casos —dice William James— en
que no puede producirse un fenómeno, si no va precedido de una fe
anterior en su realización». La vida está llena de estos casos. Para

was against the angel with whom he wrestled for an entire night . . . Save yourself and save me!"

Ana María's tone was so pathetic, so despairing, my friend, that even though I have firm control over myself, I burst into tears in her arms.

MY FRIEND: You've already demonstrated that, Mister Sentimental.

I: All strong people weep! Keep that in mind. Well, I wept, and after that tribute was paid to my heart, my steely will said firmly:

"Don't be afraid, Ana María: I adore you and I'll fight that shadow. I will surely tear you away from his arms and his mysterious influence. Like Orpheus, I'd go to Hades itself to snatch my Eurydice from the power of Pluto, and with her in my arms I'd have the courage not to look back . . . But *you* must also resolve to break that absurd oath."

"I can't," the unhappy woman moaned, hiding her little head in my arms. "I really can't!"

"You have to be able!"

"Impossible! I feel that I'd squirm helplessly in those invisible talons! Woe is me, how tightly they squeeze!"

She had to be saved from madness, in spite of herself. I had to undertake a combat with that shadow, a duel to the death . . . and I wasted no time. The very next day I went to see one of the most famous specialists in nervous diseases, in rare, tenacious psychoses.

He examined her, and . . .

MY FRIEND: You don't have to tell me: he prescribed moderate exercise outdoors, tonics, warm baths, amusements, travel . . .

I: Correct.

MY FRIEND: Poor doctors! Don't you agree? And poor us, who have to consult them!

11

MY FRIEND: The simplest remedy for Ana María's complaint would have been to persuade her that the dead no longer have any power over the living, that they exist on a plane from which our plane is inaccessible. Your wife's conviction was the sole cause of her illness. Not merely psychic phenomena, but even physical phenomena, can be produced by belief in them. "There are cases," William James says, "in which no phenomenon can be produced unless it is preceded by an already existing belief that it can come to be." Life is full of such cases.

vencer a aquella sombra, para «matarla», bastaba, naturalmente, que Ana María dejase de creer en ello. La duda es un proyectil del 75 contra los fantasmas; la negación sincera es un proyectil del 42.

Yo   Pero Grullo y monsieur de La Palice hubieran sido de tu opinión, amigo . . . Pero la raíz de una creencia se pierde en las lobregueces del subconsciente, y no puede nadie desceparla tan aína, mucho menos de un alma de mujer.

12

Yo   Pero volvamos a nuestro tema de hace un rato, sobre la inquietud como excitante de la dicha; aquella ansiedad perenne en que yo vivía, aquel miedo de todos los instantes acrecentaban mi amor a Ana María.

Si ella, cediendo a mis súplicas, me hubiese dicho: «¡Ya no me voy! Has vencido al muerto; me quedaré contigo para siempre . . .», quizá habría yo acabado por envidiar al difunto.

Nos irritamos contra la vida, porque no nos da nada definitivo, porque la muerte o la desgracia están siempre detrás de la cortina esperando entrar, o a nuestras espaldas, mirándonos a hurtadillas. Y en cuanto la suerte nos depara un goce relativamente seguro, nos ponemos a bostezar como las carpas.

El amigo   Así acontece, en efecto, y el autor del *Pragmatismo,* a quien te citaba hace un momento nos dice en su ensayo sobre si *La vida vale la pena o no de ser vivida:* «Es un hecho digno de notarse que ni los sufrimientos ni las penas mellan en principio el amor a la vida: parecen al contrario, comunicarle un sabor más vivo. No hay fuente de melancolía más grande que la satisfacción. Nuestros verdaderos aguijones son la necesidad, la lucha, y la hora del triunfo nos aniquila de nuevo. Las lamentaciones de la Biblia no emanan de los judíos en cautiverio, sino de la época gloriosa de Salomón. En el momento en que era aplastada Alemania por las tropas de Bonaparte fue cuando produjo la literatura más optimista y más idealista que haya habido en el mundo . . .». Y sigue citando casos por el estilo. El dolor, amigo mío, es, pues, la sola fuente posible de felicidad. ¿Sabes tú cómo definió un humorista la *ausencia? La ausencia es un ingrediente que devuelve al amor el gusto que la costumbre le hizo perder.* Y otro tanto puede afirmarse del temor que a ti te atenazaba. Ana María era

To vanquish that shadow, to "kill" it, it would naturally have been enough for Ana María to stop believing in it. Doubt is a 75-mm missile against ghosts; sincere denial is a 42-mm missile.[10]

I: Pero Grullo and Monsieur de La Palice[11] would have shared yours opinion, my friend . . . But the root of a belief is lost in the murky regions of the subconscious, and no one can uproot it that easily, least of all from a woman's soul.

12

I: But let's return to our subject of a while ago, about uneasiness as a stimulant to happiness; that constant anxiety in which I was living, that fear I felt every moment, was making my love for Ana María greater.

If she had yielded to my entreaties and had said to me, "I no longer wish to leave! You have vanquished the dead man; I'll stay with you forever . . . ," I might have ended by envying the deceased.

We get irritated at life because it gives us nothing definitive, because death or misfortune are always behind the curtain, waiting to come in, or behind us, looking at us furtively. And as soon as good luck grants us a relatively secure joy, we begin to yawn like hippos.

MY FRIEND: Yes, that's what really happens, and the author of *Pragmatism,* whom I quoted to you a moment ago, tells us, in his essay about whether life is worth living or not: "It is a noteworthy fact that neither grief nor pain diminishes our love of life fundamentally: on the contrary, they seem to lend it a better flavor. There is no source of melancholy greater than contentment. Our true stimuli are necessity and struggle, and our hour of triumph annihilates us again. The lamentations in the Bible do not emanate from the Jews in captivity, but from the glorious era of Solomon.[12] At the very time when Germany was crushed by Napoleon's troops, it produced the most optimistic and idealistic literature the world has ever seen. . . ." And he continues to cite instances of the sort. Therefore, my friend, grief is the only possible source of bliss. Do you know how one humorist defined "absence"? "Absence is an ingredient that restores to love the flavor that habit made it lose." And the same thing can be stated about the fear that was tormenting *you.* Ana María was like a diamond set in

---

10. Thus in the text available to me; one would expect the second missile (or shell) to be the more powerful.   11. In Spanish and French terminology, respectively, these two fictional characters represent people who spout the most obvious, inconsequential truisms.   12. An odd idea!

como un diamante montado en una sortija de miedo, que lo hacía valer infinitamente: ¡tu miedo de perderla!

YO   Tienes razón . . . Tienes hartísima razón.

EL AMIGO   Egoísta: me das la razón porque opino como tú.

YO   Me parece que te la daría aun en el caso contrario. Pero puesto que, por rara felicidad, coincidimos en esta tesis, voy a contarte tres hechos que la corroboran:

A un millonario amigo mío, que, además de millonario es hombre sano, de carácter alegre, le preguntaba yo en cierta ocasión:

—¿Desearía usted vivir eternamente, así como está? ¿Con la misma mujer a quien adora, el mismo hotel en la Avenida del Bosque, los mismos amigos que encuentra tan simpáticos?

Y me contestó: «Sí; pero a condición de temer fundadamente de cuando en cuando perderlo todo».

Qué sencilla y admirable filosofía, ¿verdad?

Ser inmortales, pero temiendo a cada paso no serlo: he aquí la suprema felicidad, en el marco de la suprema inquietud.

Amar a una mujer como yo a Ana María, pero temiendo perderla: he aquí la voluptuosidad por excelencia.

Vais a besarla y os decís: «Acaso este beso será el último», con lo cual el deleite llega a lo sobrehumano.

Estáis al lado de ella, leyendo, en una velada de invierno, cerca de la chimenea, y pensáis: «¡Quizá mañana ya no se halle aquí. ¡Tal vez haya huido para siempre!».

Entonces sentís todo lo que valen el sosiego divino, la paz amorosa de aquellos instantes . . .

¿Por qué adoramos tanto a las personas que se nos han muerto?

EL AMIGO   ¡Toma, porque se nos han muerto!

YO   Pues una mujer que ha de irse de un momento a otro, irrevocablemente, una mujer que temes perder a cada instante, tiene más prestigio, más extraño y misterioso embeleso que una muerta. ¿Estás de acuerdo, amigo?

EL AMIGO   Claro que estoy de acuerdo.

YO   El conde José de Maistre, para comprender y saborear el tibio embeleso, la muelle y deliciosa caricia de su lecho en las más crudas mañanas de invierno, ¿sabes lo que hacía? Él nos lo cuenta con mucha gracia: ordenaba, desde por la noche a su criado que, a partir de las seis de la mañana, le despertase . . . cada hora.

a ring of fear, which made the stone immensely valuable: your fear of losing her!

I: You're right . . . You're as right as can be.

MY FRIEND: You egotist: you say I'm right because I share your opinion.

I: I think I'd say so even in the contrary case. But, seeing that, by rare good luck, we agree on this hypothesis, I'm going to tell you three stories that corroborate it:

On a certain occasion I asked a friend of mine who's a millionaire and, on top of that, a levelheaded man with a cheerful nature:

"Would you like to live eternally just the way you are? With the same woman, whom you adore, the same town house on the Avenida del Bosco, the same friends you find so congenial?"

And he replied: "Yes, but only if I had good reason to fear every so often that I might lose it all."

What a simple and admirable philosophy, isn't it?

To be immortal, but to fear at each step lest you cease to be so: there you have supreme bliss, in the framework of supreme uneasiness.

To love a woman the way I loved Ana María, but with the fear of losing her: there you have voluptuousness par excellence.

You go to kiss her and you tell yourself: "Maybe this kiss will be the last," and so your delight attains superhuman proportions.

You're beside her, reading, some winter evening, by the fireplace, and you think: "Maybe tomorrow she'll no longer be here. Perhaps she will have run away forever!"

Then you feel the full worth of the divine repose, the loving peace, of those moments . . .

Why do we so greatly adore those whom we have lost through death?

MY FRIEND: What a silly question! Just because they've died on us!

I: Well, then, a woman who is bound to leave you at any given moment, irrevocably, a woman you fear losing at any time, possesses greater fascination, a stranger, more mysterious witchcraft, than a dead woman. Do you agree, my friend?

MY FRIEND: Of course I agree.

I: Count Joseph de Maistre,[13] in order to understand and savor the warm enchantment, the soft, delicious caress, of his bed on the most raw winter mornings—do you know what he did? He relates it to us with great charm: the night before, he'd order his valet to begin at six in the morning and wake him up . . . every hour.

13. A French essayist and philosopher (1753–1821).

A las seis, por ejemplo, el criado le tocaba suavemente en el hombro:

—¡Señor conde, son las seis de la mañana!

El conde se despertaba a medias, estiraba los brazos, se daba cuenta, fíjate, se daba cuenta de lo bien que estaba en su cama . . . y se volvía del otro lado. La inquietud, el miedo momentáneo de tener que levantarse (ya que en el primer momento no se acordaba de su orden de la víspera) avaloraban infinitamente su dicha de volverse a dormir.

—¡Señor conde, que son las siete!

Y se repetía la misma escena.

Pues te diré que yo me he imaginado la muerte como un sueño delicioso en invierno; un sueño muy largo, en un lecho muy blando, durante un invierno sin fin, al lado de los seres que amé . . . Y he pensado que allá, cada millón de años, por ejemplo, un ángel llega, me toca en el hombro y me dice: «¿Quieres levantarte?».

Y yo me desperezo; siento la suavidad maternal de mi lecho, el deleite de mi sueño, el calor blando que emana de los que amo y que duermen conmigo, el consuelo infinito de tenerlos tan cerca, y, volviéndome del otro lado, respondo al ángel:

—No, te lo ruego, déjame dormir . . .

El miedo de perder lo que amamos, sí, es la verdadera sal de la dicha. ¿Te acuerdas, amigo —y éste será el tercer cuento de los que prometí contarte—, de aquel divertido libro de Julio Verne que se intitula: *Las tribulaciones de un chino en China?* El filósofo Wang, que lo posee todo en el mundo, tiene un tedio horrible. ¡Para ser feliz sólo le falta . . . la inquietud! Y se la proporciona merced a un curioso pacto con un hombre que, cuando menos lo piense, ¡habrá de asesinarle!

Wang no sabe de qué recodo de sombra, a qué hora del día o de la noche surgirá el asesino . . .

¡Y desde entonces vive en una vibración perenne, en una emoción temblorosa, y saborea la vida!

EL AMIGO   Tienes razón: tenemos razón, mejor dicho. Aun cuando a veces se me ocurre que acaso la condición por excelencia de la felicidad es no pensar en ella. ¡En cuanto en ella piensas, piensas también que no hay motivo para ser feliz! Y, por tanto, ya no lo eres. La conciencia plena y la felicidad son incompatibles. Por eso cuando Thetis, antes de metamorfosear en mujer a la sirena enamorada de que nos habla en uno de sus encantadores *En marge* Julio Lemaître, la pre-

At six, for example, his valet would gently touch his shoulder: "Count, it's six A.M.!"

The count would half-awaken, stretch his arms, and realize (pay attention!), he'd realize how comfortable he was in his bed . . . and he'd roll over. His uneasiness, his momentary fear of having to get up (since at the very outset he didn't remember his orders of the night before), enormously enhanced his happiness in falling asleep again.

"Count, it's seven, you know!"

And the same scene was repeated.

Well, let me tell you: I have imagined death to be a delicious sleep in wintertime; a very long sleep, in a very soft bed, throughout an endless winter, alongside the people I have loved . . . And I've thought that, in the beyond, every million years or so, an angel will come, tap me on the shoulder, and say: "Do you want to get up?"

And I stretch; I feel the maternal softness of my bed, the delight of my slumber, the cozy warmth issuing from those I love, who are sleeping beside me, the enormous consolation of having them so near, and, rolling over, I answer the angel:

"No, please let me sleep . . ."

Yes, the fear of losing what we love is the true spice of happiness. Do you recall, my friend (and this will be the last of the three stories I promised to tell you), that entertaining book by Jules Verne called *The Tribulations of a Chinese in China?* The philosopher Wang, who has every possible possession, is frightfully bored. To be happy he merely needs . . . uneasiness! And he obtains it by means of a curious contract with a man who is to murder him when he least expects it!

Wang doesn't know from what dark recess, at what hour of day or night, the murderer will loom up . . .

And thenceforth he lives in a constant tingle, in a tremulous emotion, and he savors life!

MY FRIEND: You're right; rather, we're right. Though sometimes I get the notion that maybe the primary condition for happiness is not to think about it. As soon as you think about it, it also occurs to you that you have no reason to be happy! And therefore you immediately stop being happy. Full awareness and happiness are incompatible. That's why, when Thetis, before transforming into a human woman the mermaid in love, of whom Jules Lemaitre[14] tells us in one of his

---

14. French drama critic and columnist (1853–1914). There is no circumflex on the *i* in his name.

gunta si para vivir con un hombre renunciaría a la inmortalidad, la sirena responde: *Il faut ne penser à rien pour être immortelle avec plaisir!* . . . Pero aguarda y no digas que tengo el espíritu de contradicción; comprendo contigo que se adora infinitamente a un ser que está a punto de desaparecer, a una criatura que en breve ha de dejarnos, a todo lo que es alado, fugaz, veleidoso, y sé de sobra que el amor no crece si no lo riega la diaria inquietud.

YO   Pues así se agitaba el mío, merced a la obsesión de que Ana María estaba resuelta a irse. Mi corazón temblaba día y noche al lado de ella, como una pobre paloma asustada, y saboreaba yo, como pocos la han saboreado, esa copa del amor en cuyo fondo hay toda la amargura del ruibarbo, de la cuasia y de la retama . . .

EL AMIGO   ¿No dijo Shakespeare que un dracma de alegría debe tener una libra de pena? (*One dram of joy must have a pound of care* . . .)

YO   Antes había dicho Ovidio: *Nulla est sincera voluptas, sollicitumque aliquid laetis advent.*

13

No en vano, empero, se lucha con un muerto, amigo. Es posible acaso vencerle, porque los muertos no son invencibles, no *mandan* tanto como se cree; pero la pugna es muy ruda y se van dejando en ella pedazos del alma.

Nuestro delicioso y angustioso idilio, nuestro doloroso placer, nos agotaba visiblemente. Como poníamos en cada caricia una vida, ¿qué extraño es que por la brecha de un beso la vida se escapase?

En aquella lucha debía, como es natural, sucumbir más pronto el más débil, y el más débil era Ana María.

Ana María, que se me iba poniendo pálida, delgada, que languidecía de un modo alarmante, cuyos divinos ojos adquirían una expresión más honda de misterio, de vesania, de melancolía, de desolación.

¡Con qué encarnizamiento intenté hacer olvidar! Pero hay fantasmas que no nos dejan comer la flor de loto, que nos la arrebatan de los labios ávidos.

Le souvenir des morts —dice Maeterlinck— *est même plus vivant que celui des vivants, comme s'ils y aidaient, comme si de leur côté ils faisaient un effort mystérieux pour rejoindre le nôtre.*

Y aquel muerto hacía un esfuerzo verdaderamente formidable. Se

charming "marginal articles," asks her whether, in order to live with a man, she'd give up her immortality, the mermaid replies: "In order to be immortal and enjoy it, you must refrain from thinking about anything!" . . . But wait, and don't say I have the spirit of contradiction; like you, I realize that we adore immensely a person who is about to disappear, a creature that must shortly leave us, everything that's winged, fleeting, inconstant; and I know only too well that love doesn't grow unless it's watered by daily uneasiness.

I: Well, that's how mine was agitated, thanks to my obsessive knowledge that Ana María was determined to leave. In her presence, my heart trembled day and night, like a poor frightened dove, and I savored, as few men have, that chalice of love at the bottom of which there is all the bitterness of rhubarb, quassia, and broom . . .

MY FRIEND: Didn't Shakespeare say: "One dram of joy must have a pound of care"?

I: Earlier than that, Ovid had said: "No pleasure is unmixed, and some worry always interferes with those who are happy."[15]

13

Nevertheless, it's no light matter to fight a dead man, my friend. It may be possible to vanquish him, because the dead aren't invincible, they don't rule the roost as much as people think; but the combat is very rough, and in the course of it you lose pieces of your soul.

Our delightfully anguish-filled idyll, our sorrowful pleasure, was visibly exhausting us. Since we were putting a life into every caress, why is it surprising if life was escaping through the breach of a kiss?

As only natural, in that struggle the weaker vessel was bound to succumb sooner, and the weaker vessel was Ana María.

Ana María, whom I saw becoming pale and thin, who was languishing in an alarming way, whose divine eyes were taking on a deeper expression of mystery, insanity, melancholy, desolation.

How desperately I tried to make her forget! But there are ghosts that don't allow us to eat the lotus blossom, that snatch it away from our greedy lips.

"The memory of the dead," Maeterlinck says, "is even more living than that of the living, as if they were contributing, as if from their side they were making a mysterious effort to return to ours."

And that dead man was making a truly formidable effort. With his

15. The story text reprinted here has the impossible word *advent* at the end of the quotation; the correct word is *intervenit* in this quotation from Book VII of the *Metamorphoses*.

agarraba con sus uñas negras al alma de Ana, y la perseguía con el puñal implacable de la idea fija: «¡Huye de ese hombre, huye de ese hombre!», le repetía dentro de su pobre cerebro enloquecido.

Resolví viajar.

Vinimos a Europa y recorrimos todos esos sitios que hay que recorrer: navegamos en una góndola vieja y negruzca por los sucios canales de Venecia; subimos en funicular a unas montañas de Suiza, que parecían de estampería barata; paseamos por las playas de Niza; comimos *bouillabaisse,* con mucho azafrán, en una polvorosa avenida de Marsella, donda soplaba el mistral; contemplamos en una tarde, naturalmente de lluvia, las piedras negras de la abadía de Westminster; confirmamos, en suma, con un bostezo digno del Eclesiástico, que «lo que fue es lo mismo que será, y nada hay nuevo bajo el sol»; y, un poquito más aburridos que antes, volvimos a Yanquilandia *los tres:* Ana María, el muerto y yo.

EL AMIGO   ¿Sabes que tu historia me va pareciendo tonta e inverosímil?

YO   Lo de tonta es una opinión: habrá quien la encuentre bella; lo de inverosímil lo dices porque no te acuerdas del proverbio francés: *Le vrai est parfois invraisemblable.* En suma, ¿a qué llamamos verosímil? A lo vulgar, a lo común y corriente, a lo que sucede tal como lo preveíamos y sin sorpresa de lo preestablecido . . . Pues yo sostengo que eso es lo inverosímil justamente, porque dadas la infinita variedad de causas y concausas que no conocemos, el entreveramiento de influencias, de relaciones, de actos en que nos movemos, lo natural en la vida, lo verosímil debe ser justamente aquello que nos sorprende, que nos choca, que no obedece a las reglas caseras que, en nuestra ignorancia, queremos fijar a los sucesos.

Tú, amigo, que eres un hombre normal, o que crees serlo, quisieras que Ana María hubiese olvidado a su muerto, que le importasen un comino sus reproches, que procurase vivir feliz conmigo y no turbase esta felicidad con su descabellada idea de irse, de acudir a esa cita misteriosa que el difunto le daba en la soledad de un claustro . . . Pues precisamente porque esto hubiera sido lo lógico, no era lo natural y lo verosímil, ya que la naturaleza ni tiene nuestra lógica ni, como digo, obra conforme a nuestra verosimilitud.

black nails he clung to Ana's soul, and he pursued her with the implacable dagger of an idée fixe:

"Flee from that man, flee from that man!" he repeated to her inside her poor maddened brain.

I decided to travel.

We came to Europe and visited all the sites there are to visit: we rode in an old, blackened gondola down the dirty canals of Venice; we ascended by cable car a few mountains in Switzerland, which looked like cheap prints; we strolled on the beaches at Nice; we ate bouillabaisse, with a lot of saffron, on a dusty avenue in Marseilles, where the mistral was blowing; one afternoon, rainy of course, we studied the black stones of Westminster Abbey; in short, with a yawn worthy of the Ecclesiast, we verified the fact that "the thing that hath been, it is that which shall be, . . . and there is no new thing under the sun";[16] and, slightly more bored than before, *the three of us* returned to Yankeeland: Ana María, the dead man, and I.

MY FRIEND: Do you know that your story is starting to sound foolish and improbable to me?

I: The "foolish" part is just your opinion: some people might find it beautiful; and you call it improbable because you don't remember the French proverb: "The true is sometimes improbable." After all, what do we call probable? That which is vulgar, commonplace, everyday; that which occurs just as we foresaw, with no surprise affecting what was preestablished . . . Well, I maintain that all of that is precisely the improbable, because, given the infinite variety of causes and factors we're unaware of, the intermixing of influences, relations, and deeds in which we live, what is natural and probable in life ought to be precisely that which surprises us, shocks us, doesn't obey the domesticated rules which, in our ignorance, we attempt to fasten onto events.

You, my friend, who are a normal man, or think you are, would like it if Ana María had forgotten her dead man, hadn't given a damn for his reproaches, had tried to live happily with me, and hadn't disrupted that happiness with her harebrained idea of leaving, of keeping that mysterious date the deceased was making for her in the solitude of a cloister . . . Well, precisely because that would have been the logical thing, it wasn't the natural and probable thing, since nature neither follows our logic, nor, as I say, does it operate in conformity with our sense of probability.

---

16. Ecclesiastes 1:9.

También te oigo decir: «En suma, se trataba de un simple caso de neurastenia . . .». Bueno, volvemos a las andadas: ¿y qué es la neurastenia? La neurastenia, óyelo bien, no es una enfermedad; es una evolución. Si el hombre no anda aún con taparrabo, si salió de la animalidad, lo debe sólo al predominio de su sistema nervioso. El sistema nervioso le ha hecho rey de la creación, ya que su sistema muscular es bien inferior al de muchos animales. Ahora bien: cada ser que en la sucesión de los milenarios ha avanzado un poco en relación con la horda, con la masa, ha sido en realidad un neurasténico . . . Sólo que antes no se les llamaba así. No pronunciéis, pues, nunca con desdén esta palabra. Los neurasténicos se codean con un plano superior de la vida; son progenerados, candidatos a la superhumanidad.

EL AMIGO   *Also sprach Zarathustra.*

YO   ¿Te burlas? Me alegro; ¡así pondrás unos granitos de sal en estas páginas!

14

Pero bueno estoy para discutir o filosofar, amigo, cuando llego al punto más angustioso de mi relato: Ana María se me iba muriendo.

Mírala, amigo, en qué estado está: los lirios parecerían sonrosados junto a su palidez.

La asesina, sobre todo, la ausencia de sueño.

Siempre con los ojos abiertos y los párpados amoratados . . . Cuando me despierto en la noche a la luz de la veladora, lo primero que encuentro son sus ojos, sus ojos agrandados desmesuradamente, como dos nocturnas flores de misterio.

Los médicos se niegan a darla narcóticos.

Le temen al corazón, a veces ya arrítmico.

El trípode de la vida —me dice el doctor . . . doctoralmente— está formado por el pulso, la respiración, la temperatura . . . Deben marchar los tres de acuerdo: cuidado sobre todo con el pulso.

—Doctor, ¡si yo pudiera dormir . . . !

Éste es el estribillo eterno de la enferma.

Pide el sueño con una voz dulce, infantil, como un niño pediría un juguete.

¡Ay! ¿No es por ventura el sueño el juguete por excelencia de los hombres, el regalo mejor que nos ha hecho la Naturaleza?

Pero el muerto no quiere que duerma.

Los muertos nos vencen así. Ellos saben que en el día son más débiles que nosotros. Con cada rayo de sol podemos apuñalar su sombra . . . Pero se agazapan en los rincones oscuros y aguardan a que llegue la noche.

I also hear you say: "After all, it was just a simple case of neurasthenia. . . ." Fine, we're retreading old ground: and what is neurasthenia? Neurasthenia (listen carefully) is not a disease, it's an evolution. If man isn't still walking around in a loincloth, if he has emerged from the animal state, he owes it solely to the predominance of his nervous system. His nervous system has made him king of creation, since his muscular system is far inferior to that of many animals. Well, now: every being that, in the course of the millennia, has advanced a little in relation to the horde, the mass, has really been a neurasthenic . . . It's just that they weren't called that in the past. So never utter that word with contempt. Neurasthenics rub shoulders with a higher plane of life; they're ahead of their time, candidates for the state of supermen.

MY FRIEND: "Thus spoke Zarathustra!"

I: You're making jokes? I'm glad; in that way you'll add a few grains of wit to these pages!

14

But what am I doing indulging in discussions and philosophy, my friend, when I've reached the most agonizing part of my story? Ana María was dying.

See what a state she was in, my friend: Madonna lilies would look pink next to her pallor.

She was being murdered especially by lack of sleep.

Her eyes always open, and their lids purple . . . When I awoke at night in the light of the night lamp, the first thing I encountered was her eyes, her eyes enormously enlarged, like two mysterious night flowers.

The doctors refused to give her barbiturates.

They were afraid for her heart, which was already arrhythmic at times.

"The tripod of life," her doctor said to me, with a doctor's pedantry, "consists of the pulse, the respiration, and the temperature . . . The three of them ought to be in agreement: watch out especially for the pulse!"

"Doctor, if I could only sleep! . . ."

That was the sick woman's eternal refrain.

She begged for sleep in a sweet, childlike voice, the way a child would ask for a toy.

Ah! Isn't sleep, by chance, mankind's toy par excellence, the best gift that Nature has bestowed on us?

But the dead man wouldn't allow her to sleep.

That's how the dead conquer us. They know that by day they're weaker than we are. We can stab their shadow with every sunbeam . . . But they crouch in dark corners and wait for night to come.

«El día es de los hombres; la noche, de los dioses», decían los antiguos. La noche no es sólo de los dioses: también es de los muertos. ¡Cómo van adquiriendo corporeidad, apelmazándose en las tinieblas . . . ! El silencio es su cómplice, y nuestro miedo les presta una realidad poderosa. *Primus in orbe Deos fecit timor.* De día, pues, yo vencía al fantasma; Ana María se animaba un poco, sonreía, me llenaba de caricias, que tenían ya —¡ay de mí!— esa majestad dulce y melancólica de un adiós. De noche, el muerto, desalojado de sus «trincheras» lóbregas, «contraatacaba» para recobrarlas. Ella, estremecida de espanto, se asía a mí con angustia infinita, y yo, rabioso, insultaba —óyelo bien, amigo—, insultaba a aquel espectro, que se había empeñado en llevársela, que no se resignaba a compartir conmigo su posesión, y que se metía furiosamente por un resquicio del espacio y del tiempo para inmiscuirse en nuestras vidas y darles el sabor del infierno.

15

Si estas cosas que te cuento, amigo, fuesen una novela, yo las arreglaría de cierto modo para dejarte satisfecho. Ana María, con quien, a lo mejor, has simpatizado, no se moriría. La haríamos vivir feliz unos cuantos años. Tendría dos hijos, un niño y una niña. El niño sería moreno, como conviene a un hombre; la niña sería rubia, como conviene a un ángel.

Yo comprendo muy bien el cariño de un autor de teatro o de novela por los personajes que ha creado, y me explico perfectamente el desconsuelo de Alejandro Dumas padre, a quien Alejandro Dumas hijo encontró llorando cierto día, porque en el curso de *Los tres mosqueteros* había tenido que matar a Porthos, el más simpático de sus héroes.

Y, si comprendo de sobra este desconsuelo, tratándose de seres de ficción (que acaso en otro mundo, en otro plano, existen gracias a sus creadores y acaban por pedir cuenta a éstos de los vicios y pasiones que les han atribuido), imagínate, amigo, lo que me dolerá tener por fuerza que «matar» en esta historia a una mujer que tan intensamente vive en mi corazón . . . ¡Pero qué remedio si se murió, amigo!

Estábamos en Sea Girt. Era un día de principios de septiembre. Entraba por nuestras ventanas un fulgor vivo y rojizo. El mar tenía manchas trágicas. Un cercano y potente faro empezaba a encender y apagar su estrella milagrosa . . . Lo recuerdo: su pálido haz de luz barría en sentido horizontal la alcoba de la enferma y a cada minuto transfiguraba su cara.

"The day belongs to men; the night, to the gods," said the ancients. Night belongs not only to the gods; it also belongs to the dead. How they take on corporeality, becoming compact in the darkness! . . . Silence is their accomplice, and our fear lends them a powerful reality. "Fear was the first to create gods in the world."

So by day I vanquished the ghost; Ana María would become slightly animated, she'd smile, she'd cover me with caresses which, alas, already had that sweet, melancholy majesty of a farewell. By night, the dead man, dislodged from his murky "trenches," would "counterattack" to regain them.

She, shaking with fear, would hang onto me in immense anguish, and I, in my fury, would insult (listen carefully, my friend), I'd insult that specter which was determined to take her away, which wasn't resigned to sharing the possession of her with me, and which rabidly squeezed through a chink in space and time to meddle in our lives and give them the taste of hell.

15

If these things I'm telling you, my friend, were a novel, I'd arrange them in a certain way to leave you satisfied. Ana María, with whom you've perhaps sympathized, wouldn't die. We'd make her live in happiness for a number of years. She'd have two children, a boy and a girl. The boy would have dark hair, as befits a man; the girl would be blonde, as befits an angel.

I understand very well a playwright's or novelist's affection for the characters he has created, and I fully comprehend the unhappiness of Alexandre Dumas *père,* whom Alexandre Dumas *fils* found crying one day, because in the course of *The Three Musketeers* he had been obliged to kill off Porthos, the most likeable of his heroes.

And, if I understand that sadness only too well, when it involves fictional people (who perhaps in another world, on another plane, really exist thanks to their creators and finally call them to account for the vices and passions they've attributed to them), then just imagine, my friend, how sorry I will be when I'm obliged in this story to "kill off" a woman who lives so intensely in my heart . . . But what can anyone do if she died, my friend!

We were in Sea Girt. It was a day early in September. A vivid reddish glow was coming in through our windows. The sea had tragic stains. A powerful nearby lighthouse was beginning to flash its miraculous star on and off . . . I remember: its pallid beams swept the sick woman's bedroom horizontally, transfiguring her face every moment.

Quise cerrar las maderas, pero ella se opuso; «no la molestaba aquella luz; al contrario . . .».

Yo estaba sentado al borde de la cama y acariciaba su diestra, apenas tibia.

Ella se mostraba tranquila, muy tranquila. El muerto, como ya tenía segura su presa, la dejaba en paz.

—Ahora siento irme —decíame Ana María con voz apacible y dulce, en la cual no había la menor fatiga—. Siento irme porque te quiero y por lo solo que vas a quedarte; pero estoy contenta por dos cosas: lo uno, porque ya no fue preciso escapar, escapar una noche impelida por una voluntad todopoderosa y extraña, a la cual en vano hubiera intentado resistir; lo otro, porque, ahora que repaso los breves años que nos hemos amado, veo que fueron lo mejor de mi vida. A él le amé mucho, pero con reposo, y a ti te he amado mucho, pero con inquietud. Esa certidumbre de que era preciso abandonarte pronto, daba un precio infinito a tus caricias. El destino tuvo para nosotros, disponiendo así las cosas, una suprema coquetería . . . Imagínate que nuestra vida hubiese sido serena, permanente, monótona, con la íntima seguridad de su prolongación indefinida: ¿me habrías amado lo mismo? . . . Cállate —interrumpió, retirando su mano de la mía y poniéndola dulcemente sobre mi boca—, vas a decirme que sí; vas a hacerme protestas de ternura. Pero bien sabes que no hubiera sido de esta suerte . . . Mientras que ahora estoy segura de ser llorada, de ser más querida aún después de la muerte que lo fui antes; y esta certidumbre —¡perdóname!— satisface sobremanera mi egoísmo de mujer cariñosa, sentimental, romántica, que leyó mucho a los poetas y soñó siempre con ser muy amada . . . Ya ves, pues, que no debemos quejarnos. En suma, ¿qué es la vida sino *un relámpago entre dos largas noches?* . . . Ya te tocará tu vez de irte a dormir, y entonces, ¡qué bien reposarás a mi lado! . . . Dame un beso largo . . . , largo . . . ¡Ay, me sofocas! Dame otro, pero en la frente; ahora siento que en ella está mi alma, porque el corazón se va cansando . . .

Amigo, ¡no quiero describirte más esta escena! Ana María murió sobre mi pecho, blanda, muy blandamente, y recuerdo que el faro varias veces iluminó con su haz lívido nuestras cabezas juntas, como con luz de eternidad.

16

Dirás acaso que el fantasma me venció en toda la línea.

No, amigo; ¡yo vencí al fantasma!

I wanted to close the wooden shutters, but she objected; she said the light wasn't bothering her—just the opposite.

I was sitting on the edge of the bed, caressing her right hand, which was barely warm.

She appeared calm, quite calm. Since the dead man was now sure of his prey, he was leaving her in peace.

"Now I'm sorry to go," Ana María was telling me in sweet, placid tones, which indicated not the least fatigue. "I'm sorry to go because I love you and because you'll be left so lonely; but I'm contented for two reasons: first, because it's no longer necessary to run away, to run away one night, impelled by an all-powerful, strange will, which I would have tried to resist in vain; second, because, now that I review the brief years we've loved each other, I see that they were the best thing in my life. I loved *him* a great deal, but in repose, and I've loved *you* a great deal, but with uneasiness. This certainty that I had to abandon you before long lent an immense value to your caresses. By arranging things this way, fate dealt with us like a supreme coquette . . . Imagine our life as having been serene, steady, monotonous, with the sure conviction that it would be prolonged indefinitely: would your love for me have been the same? . . . Don't speak," she interrupted herself, withdrawing her hand from mine and placing it gently on my lips. "You're about to tell me it would have been; you're about to make me protestations of tenderness. But you know very well it wouldn't have been like this . . . Whereas now I'm sure I'll be lamented, and loved even more after my death than I was before; and that certainty (forgive me!) satisfies to a high degree my egotism—that of an affectionate, sentimental, romantic woman who read a lot of poetry and always dreamed of being loved dearly . . . So you see, we shouldn't complain. After all, what is life but 'a lightning flash between two long nights'? . . . Your turn will come to go to sleep, and then how soundly you'll rest beside me! . . . Give me a long kiss . . . a long one . . . Oh, you're choking me! Give me another one, but on my forehead; I now feel that that's where my soul is, because my heart is wearing out . . ."

My friend, I don't want to go on describing that scene! Ana María died on my breast, gently, very gently, and I recall that several times the lighthouse illuminated our joined heads with its livid beam, as if with the light of eternity.

16

Perhaps you'll say that the ghost vanquished me up and down the line.
No, my friend, I vanquished the ghost!

Le vencí, porque Ana María no se fue al dichoso convento a vivir exclusivamente para él, y por otra razón esencial: porque ahora iba yo a ser para el alma de mi amada el verdadero *ausente,* en vez del difunto . . . ; ¡iba yo a ser para ella el muerto! (*Vivants, vous êtes des fantómes; c'est nous qui sommes les vivants,* dijo Victor Hugo.) ¡Y los ausentes y los muertos *siempre tienen razón!* Una dorada perspectiva los transfigura, los torna sagrados . . . ¡Ah!, si algo llevamos de nuestras pasiones, de nuestros apegos al otro lado de la sombra, si la muerte no nos deshumaniza y nos descasta por completo, el fantasma aquel, que tanto daño me hizo, habrá tenido a su vez celos de mí en su lobreguez silenciosa. De mí, el *ausente* de su mundo, el amado después que él, el verdadero *muerto* . . .

Sesenta años he cumplido, amigo, como te expuse al empezar, y he amado muchas, muchas veces . . . ¡Pero en verdad te digo que es aquélla la vez en que amé más!

RÓMULO GALLEGOS

Los inmigrantes

I

Vinieron, expatriados por la miseria, en busca del oro de América: Abraham, del monte Líbano; Domenico, el calabrés. Ambos eran fuertes, jóvenes y capaces de amontonar fortunas y fundar razas nuevas y vigorosas.

Abraham se alojó en el barrio turco de Camino Nuevo, donde, en viviendas comunes hacían vida promiscua, sórdida y laboriosa los buhoneros de Caracas. Domenico fue a vivir, con otros compatriotas suyos, en una casa de vecindad, llena también, a toda hora, de la bulliciosa confusión de los varios oficios de los inmigrantes.

Pocos días después Abraham apareció por las calles de Caracas con el cajón de buhonero a cuestas. Sabía decir, apenas: *quincalla, marchante, bonito y barato;* pero con estas cuatro palabras y con su infatigable caminar de puerta en puerta, a pasos lentos, pero seguros, de bestia fuerte, bajo su carga pesada, y con la extenuada sobriedad de su vida, sólo enderezada al propósito de hacer dinero, fue amontonándolo día tras día.

Luego extendió el radio de su actividad a las parroquias foráneas y

I vanquished him, because Ana María never went to that damned convent to live exclusively for him, and for another essential reason: because now I was going to be the real "absent man" for my beloved's soul, instead of the deceased man . . . ; I was going to be the dead man for her! ("Living beings, you are ghosts; it's we who are the living," said Victor Hugo.) And absentees and the dead *are always right!* A golden perspective transfigures them, makes them sacrosanct . . . Ah, if we take along anything of our passions, of our attachments, to the other side of the shadows, if death doesn't altogether dehumanize us and chill our affections, that ghost, which did me so much harm, will have felt jealous of me in turn in his gloomy silence. Of me, the man "absent" from *his* world, the man who was loved after him, the real "dead man" . . .

I'm now sixty, as I mentioned at the outset, and I've been in love many, many times . . . But I tell you truly: that was the time I was deepest in love!

RÓMULO GALLEGOS

The Immigrants

I

Forced by poverty to emigrate, they came in search of New World gold: Abraham, from the mountains of Lebanon; Domenico, from Calabria. Both of them were strong, young, and capable of amassing fortunes and founding vigorous new lineages.

Abraham lodged in the Levantine, or "Turkish," quarter of Camino Nuevo, where the peddlers of Caracas lived a promiscuous, sordid, and laborious life in flophouses. Domenico, with other countrymen of his, went to live in a tenement building, which was also filled at all hours with the noisy confusion of the immigrants' varied trades.

A few days later, Abraham was to be seen in the streets of Caracas with his peddler's case on his back. He could barely say the Spanish words for notions, vendor, beautiful, and cheap; but with those four words and his tireless walking from door to door with the slow but sure pace of a strong animal, under his heavy load, and with the frugal sobriety of his life style, which was solely aimed at the purpose of making money, he did accumulate it day by day.

Then he extended the scope of his activity to the suburban parishes

pueblos cercanos de la capital: los lunes El Valle y Baruta, los miércoles a Petare y los pueblecitos del trayecto; los viernes a Antímano y Macarao.

De madrugada abandonaba su tugurio de la turquería de Camino Nuevo y por las carreteras, sabrosas de andar en la frescura del amanecer, que a todas aquellas poblaciones conducen por entre haciendas de caña y de café, a cuestas el cajón de las baratijas y el fardo de las telas, balanceando el andar ligero con el apoyo de la vara de medir terciada sobre los hombros y sostenida con ambas manos por los extremos, el inmigrante recorría las distancias tarareando un aire suave y dulzón de su remota montaña legendaria, a tiempo que iba soñando en el oro fantástico de América.

En la mañana recorría el poblado y los caseríos del contorno, vendiendo su mercancía cara y fiada para que se la pagasen por cuotas semanales de un real, o de dos, o de cuatro, a lo sumo, sin tomar otra precaución que la de anotar en una gruesa y mugrienta libreta de bolsillo tantas rayas como reales fuese el importe de la venta y bajo una denominación arbitraria, en caracteres hebraicos, y que sólo para él equivalía al nombre, casi siempre ignorado del cliente. Así explotaban ellos el inmoderado gusto del criollo por comprar al fiado y con una confianza inconcebible iban dejando su mercancía como en manos seguras, en las del primer comprador que, a cambio de las facilidades del pago y casi siempre con la dolosa intención de no acabar de satisfacerlo, apenas regateaba el precio excesivo.

A mediodía el almuerzo frugal bajo los árboles de la plaza del pueblo o a la sombra de algún zaguán espacioso. A veces se reunían varios buhoneros que por allí anduvieran de recorrida o que vinieran de pueblos más distantes: armenios corpulentos, sirios de cráneos cortos y rostros cuadrados, sombríos y feroces, judíos de tipos bíblicos, turcas de ojos hermosos, árabes de rostro cálido y miradas soñadoras. Platicaban en su lengua ruda y sonora mientras almorzaban con pan y aguacates o cambures; alguno que venía de tierra adentro, a través de los desiertos de los llanos, refería las zozobras del viaje, pero sus fabulosas ganancias, y cuando pasaba el bochorno del mediodía y comenzaba a caer la tarde fresca, emprendían juntos la tornada hacia la vivienda común, alegres, optimistas. Abraham caminaba siempre alejado y silencioso, más ligera la carga de los hombros, tintineando en sus bolsillos el producto del trabajo del día, y mientras las mujeres de la pequeña tropa bohemia, tocadas por la dulzura del dorado atardecer, iban murmurando cantares melancólicos del lejano y fantástico

and the towns near the capital: on Mondays, El Valle and Baruta; on Wednesdays, to Petare and the little villages on the way; on Fridays, to Antímano and Macarao.

At daybreak he'd leave his shanty in the Camino Nuevo "Turkish" ghetto, and down the roads (delightful to walk on in the coolness of dawn) which led to all those villages amid sugar and coffee plantations, his case of trinkets and bundle of fabrics on his back, balancing his lightfooted steps with the support of his yardstick straddling his shoulders and held with both hands at the ends, the immigrant would cover the distances humming a soft, sweet tune from his far-off legendary mountains, while dreaming of the fantastic gold of the Americas.

In the morning he'd visit the built-up area and the hamlets in the outskirts, selling his wares at a high price, but on credit, to be paid for at the weekly rate of a quarter, fifty cents, or a dollar at the outside, taking no other precautions than to mark down in a thick, grimy pocket notebook as many dashes as there were quarters in the amount of the sale, and using an arbitrary name, written in Hebrew characters, which for him alone stood for the customer's name, which he hardly ever knew. That's how the peddlers exploited the natives' immoderate liking for buying on credit; with an inconceivable trustingness they'd leave their wares, as if in sure hands, in the hands of the first purchaser, who, because the payment was made so easy and because he almost always had the fraudulent intention of never paying in full, hardly haggled even though the price was excessive.

At noon, a frugal lunch beneath the trees in the town square or in the shade of some spacious covered entranceway. Sometimes several peddlers whose territory it was or who had come from more distant towns would get together: fat Armenians; Syrians with short skulls and square faces, gloomy and fierce; Jews who had stepped out of the Bible; Turkish women with lovely eyes; Arabs with hot faces and dreamy eyes. They'd converse in their rough, sonorous tongue while lunching on bread with avocados or local plantains; some fellow who had come from upcountry, across the wilderness of the plains, would report the ups and downs of his journey, but also his fabulous gains; and when the midday sultriness was passing and the cool evening was starting to fall, together they would undertake their return to the flophouse, cheerful and optimistic. Abraham always walked at a distance, quietly, the load on his shoulders lighter, the income from his day's work jingling in his pockets; and while the women in the little gypsy band, affected by the sweetness of the golden approach of evening, went along murmuring melancholy chants from their faraway, fantas-

país natal, él iba contando mentalmente, como tesoro que ya empezaba a ser suyo, el oro fácil de América. Después, la animación de la anochecida en la barriada turca de Camino Nuevo. De todos los extremos de la ciudad y de los pueblos de los alrededores van llegando los buhoneros. Depositan su mercancía bajo el camastro propio del dormitorio común. Algunos salen a cenar en la posada que por allí tiene un turco viejo en el país, otros se quedan aderezándola en la casa, en el patio, en anafes encendidos y puestos en el suelo, sobre los cuales las ollas de barro criollo, llenas de la humilde comida exótica, despiden el olor penetrante del aceite cocido. Satura este olor el ambiente ya cargado con el pastoso aroma de los perfumes ordinarios que exhala la tienda del buhonero y con las emanaciones de los cuerpos sudorosos y el tufo acre de las cáscaras de frutas que se pudren en el suelo y de la mugre de la vida promiscua en la sórdida vivienda.

Luego que cenaba, Abraham, el taciturno, solía alejarse un poco del barrio bullicioso e iba a fumar su pipa de oloroso tabaco turco sentado en el pretil de un puentecito que por allí había, en el camino de Agua Salud. Allí permanecía horas enteras contemplando el pintoresco caserío suspendido al borde del camino, sobre los taludes, o diseminado aquí y allá, sobre rojas colinas desnudas de vegetación que el atardecer iba ungiendo de dulzura y de paz y que, cuando la noche ya era entrada, comenzaban a decorarse con las lunas de oro de las lámparas encendidas en los interiores humildes, mientras arriba fulgía, callado y misterioso, el polvo de plata de las constelaciones del trópico.

Y mientras la pipa se consumía en los labios pensaba en su aldea del Líbano y se preguntaba qué estarían haciendo allá los que quedaron. Mitigábale, es cierto, el acerbo dolor de las nostalgias, tanto como el halago de la fortuna que ya comenzaba a amasar, la emoción de un amor nuevo que le estaba naciendo en el alma: gustábale aquel paisaje y miraba con simpatía el espectáculo de la vida, todavía extraña para él, de los hombres de la raza autóctona, en el torrente de cuya sangre la suya estaba destinada a confundirse y transformarse.

II

Domenico, el calabrés, recorría todas las mañanas las calles de Caracas, cargado con dos grandes cestas, rebosantes de frutas.

Duraznos de las montañas de Galipán, piñas y naranjas de los cerros de El Hatillo, cambures de las tierras ardientes de la costa, aguacates de Guarenas, mangos de las riberas del Sebucán, olorosos mem-

tic homeland, he would be mentally counting, as if it were a treasure already starting to be his, the easily won gold of America.

Afterward, the animation of nightfall in the Levantine section of Camino Nuevo. From every corner of the city, and from the outlying towns, the peddlers arrive. They stow away their wares under their own miserable cots in the dormitory they share. Some go out for dinner at the local inn kept by a Turk who has been long in the country; others stay and prepare dinner at home, in the courtyard, on portable stoves lit and placed on the ground, on top of which the pots of local clay, full of their humble foreign food, emit the pungent odor of heated oil. This odor saturates the atmosphere, which is already laden with the cloying smell of the cheap perfumes emanating from the peddlers' packs and with the effluvia from their sweaty bodies and the acrid stench of the fruit peels rotting on the ground and the grime of their promiscuous life in the sordid house.

After dinner, Abraham, the taciturn man, generally walked a little distance away from the noisy neighborhood and went to smoke his pipe of fragrant Turkish tobacco while sitting on the parapet of a little bridge in the vicinity, on the way to Agua Salud. There he'd linger for hours at a time observing a picturesque hamlet suspended at the side of the road, above the slopes, or scattered here and there, atop red hills bare of vegetation, which the fall of evening was anointing with sweetness and peace, and which, after night had closed in, were beginning to adorn themselves with the golden moons of the lamps lighted in the humble interiors, while above there shone, in mysterious silence, the silvery dust of the tropical constellations.

And while his pipe burned away between his lips, he'd think about his village in Lebanon and he'd wonder what those who had remained there might be doing. To tell the truth, both the sharp pain of his homesickness and his pleasure in the fortune he was already starting to amass were moderated by a new love that was being born in his soul: he liked that landscape and gazed sympathetically at the spectacle of that life, still foreign to him, of the men of the native stock, in the torrent of whose blood his own was destined to mingle and become transformed.

II

Domenico the Calabrian walked the streets of Caracas every morning laden with two big baskets overflowing with fruit.

Peaches from the mountains of Galipán, pineapples and oranges from the hills of El Hatillo, local plantains from the steamy coastal lands, avocados from Guarenas, mangoes from the banks of the

brillos de Los Altos, fresas de los cangilones del Ávila, húmedos y sombrosos, donde la sinfonía de los grillos prolonga el suave rumor de la noche hasta la mitad del día . . . Todo el dulce jugo de la tierra nuestra, que el sol nuestro cuaja y acendra, iba despidiendo su olorosa madurez en las cestas del inmigrante, llenas de todos los encendidos colores, por las calles de Caracas, de puerta en puerta, al grito musical y gracioso de: ¡Frutero, marchante!

Y a medida que se vaciaban, el dinero iba cayendo, fácil y abundante, en los bolsillos del amplio pantalón de pana burda de *musiú* Domingo.

En las noches el calabrés infatigable se echaba a cuestas un organillo y emprendía otra vez la recorrida de la ciudad, ahora por las parroquias de las afueras, por las calles humildes de los arrabales, de esquina en esquina, dándole al manubrio para solaz de la chiquillería y gusto de la plebe. A veces los pulperos le pagaban algo, o lo obsequiaban con un vaso de vino para que tocase más de las dos piezas con que él solía regalar al vecindario, y con este menudeo de centavos y con la ganancia de mayor monto que hacía cuando lo llamaban en alguna casa de la vecindad o de familias humildes para que tocase un bailecito de santo o amenizase un velorio de cruz, la hucha del inmigrante se iba inflando rápidamente.

El pianito de musiú Domingo era el preferido. Los muchachos lo conocían desde lejos y lo anunciaban con gritos de júbilo, y para oírlo tocar se formaban corrillos en las esquinas. Las estampas de vivos colores que lo decoraban, entre ellas una grande de los reyes de Italia que musiú Domingo había rodeado de flores de trapo y cintajos de la bandera de su patria, atraían y embelesaban la curiosidad de los pequeños; su música sencilla, su variado repertorio y, sobre todo, la jovialidad simpática y atrayente de su dueño y el gusto *artístico* con que éste le daba al manubrio, acentuando los pasajes de sabor sentimental con una expresión, entre sincera y burlona, de arrobamiento que le daba a su rostro, le conquistaron muy pronto la popularidad.

Música inocente de aquellos pianitos de antaño que congregaba en las esquinas gente de la plebe embobada por su sabrosa cadencia, sacaba a las puertas, jubilosos, a los niños pobres que sólo aquello tenían para divertirse y detenía, para mecerlo en ingenuos arrobamientos, el furtivo idilio de los novios humildes en las ventanas. Aires melancólicos de músicos anónimos que nos fueron propicios a los balbuceos de la ensoñación —¿por qué no confesarlo?—, y des-

Sebucán, fragrant quinces from Los Altos, strawberries from the wetlands of the Ávila, damp shadowy lands where the symphony of the crickets prolongs the gentle sounds of the night till halfway through the day . . . All the sweet juice of our country, which our sun compacts and refines, emitted their ripe fragrance from the immigrant's baskets, full of all those glowing colors, on the streets of Caracas, from door to door, to the charming musical cry of: "Fruit man, vendor!"

And as they were emptied, money, easy and abundant, kept falling into the pockets of "*musiú*[1] Domingo's" wide trousers of coarse corduroy.

At night the tireless Calabrian would sling a barrel organ across his back and undertake another journey through the city, now in the neighborhoods of the periphery, down the humble streets of the suburbs, from corner to corner, plying the crank to the delight of the children and the pleasure of the common folk. Sometimes the tavern keepers paid him something or offered him a glass of wine so he'd play more than the two numbers with which he'd normally regale the neighborhood; and with that trickle of pennies and with the larger sums he earned when he was called into some tenement or humble home to play for a saint's-day dance or enliven some religious festivity, the immigrant's money box swelled rapidly.

Musiú Domingo's barrel organ was everyone's favorite. The children recognized its sound from a distance and announced it with cries of joy, and to hear him play they gathered in knots on the corners. The brightly colored pictures that decorated it, including a big one of the king and queen of Italy, which musiú Domingo had encircled with rag flowers and strips of his nation's flag, attracted and fascinated the curiosity of the little ones; its simple music, its varied repertoire, and especially the likeable, attractive joviality of its owner, and the "artistic" taste with which he turned the crank, emphasizing the passages of sentimental flavor with a facial expression (part sincere, part joking) of ecstasy, won him popularity very quickly.

Innocent music of those street organs of yesteryear which brought together at corners common folk tickled by their delicious rhythm; which called to their doorways in delight the children of the poor who had only that to entertain them; and which, cradling them in ingenuous raptures, detained the furtive idyll of humble lovers at their windows! Melancholy tunes by anonymous composers which were propitious to our stammering daydreams (why not confess it?), and which we have

---

1. This rendering of *monsieur* serves as a general term for foreigners.

pués hemos recordado siempre con cariño porque iluminaron nuestra
turbia edad de niños pobres y tristes con la primera concepción de la
belleza,·tosca y humilde, pero ingenua y sabrosa de añorar . . . ¡Música
de aquellos pianitos que ya no suenan en las noches de esta ciudad
que se va quedando sin costumbres pintorescas, antes de tiempo,
como un adolescente precoz que pierde el candor y se vuelve de-
sagradable, escéptico y malicioso antes de que pueda ser realmente
malo; música de la fiesta nocturna de las alcabalas, anunciada con júbilo por los muchachones, cuando en lal semioscuridad de las cuadras
mal alumbradas por los farolitos de gas o kerosene, se divisaba la
silueta del musiú, con el pianito a cuestas y el catrecillo en la mano,
acercándose doblegado por el medio de la calle! . . . ¡No sé por qué
me recuerdan, especialmente, las noches azarosas de los tiempos de
guerra, cuando a la voz de que estaban reclutando gente, las calles se
quedaban desiertas y en el silencio de las esquinas gemían los or-
ganillos indiscernibles tristezas nuestras!

III

Pasaron los años. Musiú Domingo abandonó el pianito y las cestas de
frutas. Ya tenía una base de fortuna y se fue a uno de los pueblos de
Aragua a establecer una fábrica de pastas italianas.

Abraham, por su parte, abandonó también la turquería de
Camino Nuevo. En viajes que anualmente hiciera al Llano ganó
crecidas sumas y dejando el duro trabajo de buhonero abrió una
quincalla frente al mercado de Caracas, en un zaguán: "La
Bonita".

Ambos negocios progresaron rápidamente, gracias a la infatigable
laboriosidad de aquellos hombres sobrios, fuertes y codiciosos de
riqueza bien lograda. Musiú Domingo compró unos potreros en
Aragua y más adelante una hacienda de café; pero no abandonó la
fábrica de pastas, a la cual atendía Francisca, una compatriota suya
con la cual casara. Abraham ensanchó poco a poco la quincalla y al
cabo ésta se convirtió en una de las tiendas de moda más concurridas
de Caracas.

IV

Un buen día, al terminar el inventario anual, vio que tenía ya una
suma apreciable de riqueza adquirida y pensó que era tiempo de re-

ever since recalled affectionately because they illuminated our confused youth, while we were needy, sad children, with our first concep-
tion of beauty, rough and humble but ingenuous and delightful to look
back on with longing . . . Music of those street organs which no longer
play during the nights of this city, which is losing all its picturesque customs prematurely like a precocious adolescent losing his candor and becoming unpleasant, skeptical, and malicious before he can be really bad;
music of nighttime parties at the excise stations on the edge of town,
joyfully announced by the bigger children, when in the semidarkness of
the blocks of houses dimly lit by the little gas or kerosene streetlamps,
we could make out the silhouette of the musiú, his barrel organ on his
back and his folding chair in his hand, approaching, all stooped over,
down the middle of the street! . . . I don't know why I particularly remember the dangerous nights of times of war, when at the report that
men were being recruited, the streets were emptied and in the silence
of the corners the invisible barrel organs moaned along with our grief!

III

The years went by. Musiú Domingo gave up his barrel organ and baskets of fruit. He already possessed the foundation of a fortune and he
moved to one of the small towns in Aragua[2] to set up a plant manu-
facturing Italian pasta.

Abraham, for his part, also left behind the Levantine colony in
Camino Nuevo. On trips he had made yearly to the plains in the
south, he had made substantial profits and, abandoning the hard work
of a peddler, he opened a general store facing the Caracas market-
place, in an entranceway: "The Pretty Woman."

Both businesses progressed rapidly, thanks to the tireless industry
of those sober, strong men eager for well-earned wealth. Musiú
Domingo bought some horse farms in Aragua, and later a coffee plantation; but he didn't give up the pasta factory, which was looked after
by Francisca, a countrywoman of his whom he had married. Abraham
gradually expanded his store, which finally became one of the most
frequented fashionable shops in Caracas.

IV

One fine day, after completing his yearly inventory, he found that he
had now acquired an appreciable amount of money, and he thought it

---

2. A Venezuelan state on the coast, west of Caracas.

gresar a su tierra. Anunció que estaba dispuesto a vender el negocio y participó a sus empleados su determinación.

En la tarde, a la hora de cerrar, cuando ya se habían ido todos los dependientes del detal, notando Abraham que Domitila, la encargada del taller de sombreros, no había salido todavía, pasó al interior de la tienda, llamándola:

—Criatura. ¿Usted se va a quedar a dormir aquí?

La mujer, que estaba de codos frente a su mesa de trabajo, con la cara hundida entre las manos y como absorta en sus pensamientos, se levantó sorprendida por la voz de Abraham, y como éste notase su aire apesadumbrado y le preguntara afectuoso:

—¿Qué le pasa, Domitila? Está usted triste.

—¡Qué ha de pasarme! Que estoy obstinada de la vida.

Y parándose frente al espejo del taller comenzó a arreglarse el peinado.

Ya la tienda estaba cerrada y sólo quedaban dentro Abraham y Domitila. Aquél la contemplaba en silencio; ella dándole la espalda lo miraba con disimulo por el espejo.

Era una muchacha buena moza, que se vestía bien y hasta con alguna elegancia, en lo cual invertía casi todo el sueldo que ganaba en "La Bonita". Abraham la distinguía entre todas sus empleadas por la contracción y la inteligencia con que desempeñaba su trabajo; pero nunca le había sucedido, como ahora le acontecía, detenerse a mirarla como a una mujer. Ocupado siempre con el pensamiento del negocio ni había podido fijarse en el juego de seducciones que hacía algún tiempo venía desplegando Domitila en torno suyo, esmerándose en el trabajo, excediéndose en agradarlo, rodeándolo de atenciones y solicitudes por las cuales sus compañeras de taller la llamaban *adulanta*; pero nunca se le había ocurrido a Abraham pensar que aquello fuese inspirado por algo más que por el deseo de conservar el puesto en la casa y lograr un aumento de sueldo. Ahora todo aquello adquiría para él un sentido claro y preciso, al mismo tiempo que se abría paso en su corazón, inconfundible, un sentimiento que hasta entonces ignoraba que existiese en él.

Lo expresó sin ambages:

—Domitila. ¡Usted me gusta, criatura!

Pasada la sorpresa que tales palabras le causaron, la mujer rió y dijo:

—Tarde piaste.

—¿Qué quiere decir con eso, mujer?

was time to return to his homeland. He announced his willingness to sell the business, and he communicated his decision to his employees.

In the evening, at closing time, after all the retail clerks had gone, Abraham noticed that Domitila, the head of the hat workshop, had not yet left, and he walked into the back of the store, calling her:

"Child, are you going to spend the night here?"

The woman, who had been resting her elbows on her work table, her face buried in her hands as if she were lost in thought, arose, surprised by Abraham's voice; when he noticed her gloomy appearance, he asked her solicitously:

"What's wrong with you, Domitila? You look sad."

"What could be wrong with me! I'm just bored with life."[3]

And, stopping in front of the workshop mirror, she started to adjust her hairdo.

The store was now closed, and only Abraham and Domitila were inside. He observed her in silence; she, her back turned to him, was looking at him furtively in the mirror.

She was a good-looking young woman who dressed well and even with some elegance, investing in her wardrobe almost all the salary she made in "The Pretty Woman." Abraham had singled her out among all his female employees for the concentration and intelligence with which she performed her duties; but never before had he stopped to look upon her as a woman, as he was now doing. Always occupied with business matters, he hadn't even been able to pay attention to the gamut of seductive ways that Domitila had been deploying in his vicinity for some time, taking great pains with her work, going out of her way to please him, besieging him with attentions and solicitude which led her workshop companions to call her "the toady"; but it had never occurred to Abraham to imagine that all of that was inspired by anything more than the desire to keep her job in the store and earn a raise in pay. Now it all acquired a clear, precise meaning for him, while at the same time there burgeoned unmistakably in his heart a feeling he didn't know until then existed in him.

He put it into words without beating around the bush:

"Domitila, girl, I like you!"

Once the surprise she felt at such words had passed, the woman laughed and said:

"You've piped up too late."

"What do you mean by that, woman?"

---

3. A conjectural rendition.

—Que ya no es tiempo porque usted se va para su tierra.

—Si tú quieres no me voy.

—¡Guá! Eso es cosa suya.

Y volvió a reír, arreglándose todavía el peinado.

—Pues ya está resuelto. No vendo el negocio. Me quedo.

Y la unión quedó concertada aquella misma noche. Abraham prometió que se casaría al cabo de un mes. Domitila, que quería desempeñar con toda corrección su papel de novia, abandonaría su empleo en el taller. Entretanto, éste sería reformado e instalado a todo lujo, porque si había de seguir siendo modista, Domitila no quería serlo sino en grande, para clientela aristocrática, cosa que a Abraham le pareció razonable y ventajosa.

Durante el noviazgo fueron apareciendo los parientes de Domitila: dos hermanos, un tío, un primo, finalmente. Todos eran pobres y se manifestaban tan deseosos de hacer dinero por medio del trabajo y tanto demostraron estar orgullosos de que Abraham fuese a entrar en la familia, que éste, por darle a Domitila una muestra de afecto, les suministró dinero para que se establecieran, cada cual en el ramo que decía que era su oficio. Uno de los dos hermanos puso una zapatería en La Guaira, donde vivía; el otro una barbería lujosamente montada en uno de los sitios más céntricos de Caracas; el tío abrió un portal en el mercado; el primo, finalmente, obtuvo una suma para irse al llano a comerciar en ganados.

No volvió ni se supo más de él. El zapatero se presentó en quiebra, la cual resultó fraudulenta, envolviendo a Abraham en nuevos compromisos con el comercio de la Capital por fianzas que le prestara; el de la barbería no cumplía los suyos y se daba una vida regalada, descaradamente, y el tío botaba cuanto ganaba en la semana en las borracheras que cogía los domingos.

Al fin comprendió Abraham que se habían confabulado para estafarlo y aunque no había esperanzas de recuperar lo perdido no quiso hacer papel de tonto y les echó a la cara su mala fe en cartas donde los llamaba *tramposos*. Indignáronse ellos y le respondieron cubriéndole de improperios, estando todos de acuerdo en afirmar que, si bien se miraba, el dinero de Abraham les pertenecía de todo derecho, pues era dinero venezolano, ganado en el país, y que el ladrón era el turco, el perro judío, que se había enriquecido exprimiendo al pueblo, mientras ellos, los criollos, las eternas víctimas del extranjero, no salían de la miseria.

Domitila, como lo supiera, aprovechó la coyuntura para romper con aquellos parientes que la avergonzaban con sus bajos oficios y su

"That there's no more time because you're returning to your own country."

"If you wish it, I won't go."

"Well! That's your affair."

And she laughed again, still adjusting her hairdo.

"Then that's settled. I won't sell the business. I'll stay."

And their union was agreed on that very night. Abraham promised to marry her in a month. Domitila, who wanted to play her role as fiancée as properly as possible, would give up her job in the workshop. Meanwhile, the workshop would be renovated and made more luxurious, because if she was to continue being a milliner, Domitila only wanted to be one on a grand scale, for an aristocratic clientele, something that Abraham found reasonable and profitable.

During the period of betrothal Domitila's relatives showed up: two brothers, an uncle, and lastly a cousin. They were all poor and displayed such eagerness to make money by hard work and seemed so proud that Abraham was becoming part of their family, that in order to give Domitila a sample of his affection, he furnished them with money to set themselves up, each one in the field he claimed was his trade. One of the two brothers opened a shoe store in La Guaira, where he lived; the other, a luxuriously furnished barber shop in one of the most central locations in Caracas; the uncle set up a booth in the market; the cousin, lastly, obtained a sum to go to the plains and deal in cattle.

He never returned and was never heard from. The shoemaker declared bankruptcy, which turned out to be fraudulent, involving Abraham in new obligations to the businessmen of the capital, to whom he had given guaranties; the barber-shop brother didn't meet his own obligations, but shamelessly lived high on the hog; and the uncle squandered everything he earned during the week on his Sunday drinking jags.

Abraham finally realized that they had conspired to swindle him, and, though he had no hopes of recouping his losses, he didn't want to play the fool and threw up their dishonesty to them in letters in which he called them "cheats." They got angry and heaped insults on him in their replies, all of one mind in asserting that, when you came right down to it, Abraham's money was theirs by right, because it was Venezuelan money, earned in this country, and that if there was any crook it was the "Turk," the Jewish dog, who had enriched himself by squeezing the people dry, while they, the natives, the eternal victims of foreigners, were unable to emerge from poverty.

When Domitila learned of all this, she used the opportunity to break with those relatives, who were shaming her with their low-class

condición plebeya, y que, de seguir tratándolos, iba a ser un obstáculo a los nuevos proyectos que estaban rebullendo en su cabeza. Era el caso que ya no quería seguir siendo modista. Su trabajo al frente del taller de modas de "La Bonita" y el impulso que su carácter audaz y emprendedor había sabido imprimir a la marcha de los negocios, segura y firme, pero un poco lenta en las manos de Abraham, que no era comerciante de grandes vuelos, habían hecho en poco tiempo de la antigua tienda modesta uno de los primeros establecimientos del ramo, frecuentado por la gente de dinero y de buen tono; pero Abraham era rico y era tiempo de que ella entrase a disfrutar de aquel bienestar, de manera más cónsona con sus aspiraciones. Siempre había pensado, aun cuando era la humilde y pobre empleada a sueldo en la tienda del turco, que ella no había nacido para llevar vida oscura y mezquina, sino para figurar en las alturas, para brillar en sociedad. Por otra parte, ya sus hijos estaban creciendo y ella quería que se acostumbrasen desde pequeños a la buena vida, en esferas de comodidad y de distinción. Confundiendo la vanidad con el amor maternal, se proponía introducirlos en la aristocracia por el camino de la ostentación de la riqueza. Un día, como Abraham dijera que ya Samuelito estaba en edad de trabajar, iba a emplearlo en "La Bonita", para que fuese aprendiendo, ella atajó, inflada de soberbia:

—¡Mi hijo tendero! ¡Qué mano!

Y el hombre tuvo que desistir de la idea. Poco después tuvo que prescindir de la colaboración de Domitila, cosa que hizo con gusto pues reconocía que ella tenía bastante trabajo con el cuidado y educación de las criaturas.

Pero Domitila no era mujer fácilmente contentadiza y cuando se le metía un propósito en la cabeza no estaba tranquila hasta que no lo veía plenamente realizado. Antojárasele que ella debía vivir en parroquia aristocrática, frente a la plaza de Altagracia que reputaba ser el centro de la distinción y del dinero, y Abraham, para complacerla en todo, compró allí una casa y la montó con lujo y esplendidez, gastando en ello crecidas sumas de las cuales no pudo separarse sin dolor.

Instalada en su nueva casa, en medio de un vecindario aristocrático, puso manos a la obra de adquirir relaciones. Un instinto certero y la experiencia de casos semejantes la guiaron en los pasos que había que dar para introducirse en aquella esfera. Lo primero ofrecerse al vecindario y esperar a que las señoras del alto mundo de la cuadra viniesen a hacerle la visita de costumbre. Era apenas todo lo que necesitaba para vencer las primeras resistencias del orgullo. Bien sabía ella que

trades and plebeian status; if she kept on seeing them, it would be an obstacle to the new plans that were bubbling in her head.

The fact is that she no longer wished to continue as a milliner. Her work in charge of the fashions workshop at "The Pretty Woman," and the impetus that her bold, enterprising character had given to the progress of the business, a progress that had been steady and secure, but a little slow, in Abraham's hands, since he wasn't a highly imaginative businessman, had quickly turned the former modest store into one of the leading establishments in its line, frequented by people of wealth and *bon ton;* but Abraham was rich and it was time for her to share the enjoyment of that comfort in a manner more consonant with her aspirations. She had always thought, even when she was a poor, humble salaried employee in the "Turk's" store, that she wasn't born to lead an obscure, shabby life, but to dwell on the heights, to glitter in society. Furthermore, her children were already growing up and she wanted them to become accustomed from childhood to the good life, in spheres of wealth and distinction. Confusing vanity with maternal love, she planned to introduce them into the aristocracy by way of flaunting their riches. One day, after Abraham said that little Samuel was already old enough to work and he was going to give him a job in "The Pretty Woman" so he could learn the business, she cut him short, swelling with haughtiness:

"My son a shopkeeper! I should say not!"

And the man had to give up his idea. Shortly afterward, he had to do without Domitila's participation, something he did gladly because he realized she had enough to do caring for and bringing up the children.

But Domitila wasn't an easily satisfied woman, and when she got a plan in her head, she couldn't rest until she saw it completely brought to fruition. She had taken the notion that she ought to reside in an aristocratic neighborhood, facing the Plaza de Altagracia, which was on the verge of becoming the center of distinction and money; and Abraham, to oblige her every wish, bought a house there which he furnished in luxury and splendor, spending substantial sums on it which he couldn't relinquish without sorrow.

After she had moved into her new house, among aristocratic neighbors, she set herself the task of acquiring relations with them. Her unerring instinct and her experience with similar situations guided her in the steps she had to take to introduce herself into that sphere. The first thing was to make her presence known to her neighbors and wait for the ladies of high society on her block to come and pay the customary call. That was nearly all she needed to overcome the first resistance of

al principio *la tragarían pero no la mascarían;* pero todo era saber ir introduciéndose poco a poco. No era el primer caso.

En efecto, las primeras visitas que recibió fueron tardías y de puro cumplimiento. Orgullosas señoras fueron a visitarla escogiendo las horas del mediodía, con lo cual entendían establecer una diferencia de tratamiento; pero Domitila no se dio por enterada y se valió de sus habilidades. A una de aquellas señoras, la de más alto rango, la retuvo amablemente hasta la hora de abrir las ventanas, a fin de que los transeúntes y el vecindario se enterasen de que la visitaba. La estratagema dio sus resultados: puesto que aquella escrupulosa dama no se desdeñaba de visitarla a la vista de todo el mundo, la amistad de Domitila podía ser aceptada y correspondida, y las más reacias fueron llegando de una manera más ostensible. El primer paso estaba dado.

Luego fueron las invitaciones a los niños de la cuadra, a las fiestas dadas para celebrar el santo de Sarita. Se presentaba la sirvienta en las casas del vecindario.

—Que manda a decirle misia Domitila que cómo están por aquí y que hoy es el santo de Sarita y quiere que le mande los niñitos a la piñata. Que no deje de mandarlos.

Y los niñitos de la aristocracia iban a la piñata de Sarita.

De este modo la familia de Domitila se fue introduciendo en el gran mundo, furtivamente, por sorpresa al principio y luego al amparo de una tolerancia benévola a la cual no le faltaban buenas justificaciones: era meritorio levantarse de un origen oscuro a esfuerzos propios. Y aunque todavía no era acogida sino en una penumbra de tolerancia y a títulos de vecina, ya vendría lo demás. Todo era proponerse.

V

Y he aquí que ahora es cuando comienzan, verdaderamente, el infortunio y las tribulaciones del pobre Abraham.

Domitila, que hasta allí fuera afectuosa y buena con él, se volvió áspera y desdeñosa: no toleraba sus gustos y costumbres, le causaba todo género de contrariedades, lo irrespetaba y lo deprimía en presencia de los hijos y hasta lo desautorizaba ante el servicio.

Un día estalló abiertamente el conflicto.

Era la víspera del Kipur, cerca de anochecido. Abraham, que era fiel observador de la ley hebraica, había cerrado temprano la tienda, la cual no se abriría durante todo el día siguiente, y estaba en su casa tomando una pequeña colación, antes de entrar en el ayuno y en las oraciones de aquella solemnidad, que celebraban todos los años los

their pride. She was well aware that at the outset "they'd swallow her but they wouldn't digest her"; but it was all a matter of knowing how to introduce herself gradually. It wouldn't be the first time.

And indeed the first calls she received came belatedly and were purely out of courtesy. Prideful ladies chose the midday hours to call on her, thereby intending to establish a difference in their relations; but Domitila pretended not to notice and made use of her skills. One of those ladies, the one of highest rank, she kept with her gracefully until it was time to open the windows, so that the passersby and the neighbors could see she was visiting her. The stratagem paid off: seeing that such a scrupulous lady deigned to visit her in view of everyone, Domitila's friendship could be accepted and reciprocated, and even the most stubborn ladies came to visit her in a more conspicuous way. The first step had been taken.

Then followed invitations to the children on the block to attend little Sara's birthday party. The maid showed up in the neighbors' homes.

"Mis' Domitila sends me to say as how you're not away and today is little Sara's birthday and she wants you to send the kiddies to break the piñata. So be sure to send them."

And the little children of the aristocracy went to little Sara's piñata.

In that way Domitila's family was introduced into high society, furtively, by surprise at the beginning and then under cover of a benevolent tolerance which didn't lack strong justifications: it was meritorious to raise oneself from obscure origins by one's own efforts. And, even though she was still only accepted in the shadow of tolerance and just because she was a neighbor, the rest would follow. It was all a matter of making up her mind.

V

And now is when poor Abraham's misfortune and tribulations really begin.

Domitila, who till then had been affectionate and kind to him, became harsh and scornful: she wouldn't stand for his tastes and habits, she caused him all sorts of vexations, she treated him with disrespect and belittled him in the presence of their children, even undermining his authority with the servants.

One day the conflict broke out into the open.

It was the eve of Yom Kippur, almost nightfall. Abraham, who was a faithful observer of the Jewish law, had closed the store early, and it wouldn't open all the next day; he was at home eating a light snack, before beginning the fast and the prayers of that high holiday, which

miembros de la colonia israelita en Caracas, en la casa de un comerciante marroquí que era el rabino.

Samuelito, envalentonado por lo que tantas veces le oyera decir a su madre acerca de la ceremonia judía, comenzó a hacer burla y escarnio del Kipur y de la religión paterna, y como Abraham le exigiese respeto a su fe, así como él respetaba la de ellos, y viendo que no lo lograba lo amenazó con castigarlo y lo mandó que se retirara de su presencia. Domitila apoyó al muchacho y le dio ánimos para que siguiera molestando e irrespetando al padre. Protestó Abraham, más con resentimiento que con energía y ella respondió cubriéndolo de oprobios.

—¡Bueno está, mujer! ¡Bueno está! —decía el pobre hombre, manso y resignado, tratando de aplacar la cólera de Domitila.

Pero ésta no lo oía y metida en sus habitaciones junto con Samuelito, por allá dentro clamaba y decía que bien merecida tenía su suerte por haberse casado con un judío. ¡Razón tenía Dios para castigarla!

—¡Partida de hipócritas! ¡Quién los viera! ¡Y esperando al Mesías! ¡Seguramente para crucificarlo otra vez!

El dolor detuvo en el corazón de Abraham el movimiento subitáneo de la cólera y la secular resignación de su raza maldita ahogó en su alma hasta el deseo de la protesta. Se paró de la mesa, pálido y vacilante, y se metió en su cuarto sin ánimos para ir a reunirse con los demás hombres de su fe que lo esperaban. Ayunaría y haría las oraciones del Kipur allí en su casa; aquel año, para el día de la purificación espiritual tenía un gran sacrificio que ofrecer a su Dios: ¡una injuria grave que perdonar!

Pero desde aquel día llevaría para siempre en el fondo de su pecho una incurable amargura: ¡él en su casa, como su raza en el mundo, no tenía un sitio de amor en los corazones!

VI

Pero no era solamente la antinomia inconciliable de las creencias religiosas lo que separaba a Abraham de su mujer y de sus hijos.

Causas mezquinas, flaquezas humanas, obraban en el ánimo de Domitila entibiándole, hasta extinguírselo totalmente, el afecto al marido. Cuando se casó con Abraham ella era una palurda, una humilde obrera, cuya condición inferior respecto al hombre no podía menos de hacerla considerar aquel matrimonio como un ascenso que la libraría de la pobreza y del trabajo; pero ahora los términos se habían invertido: Abraham seguía siendo el hombre humilde, de una

all the members of the Jewish colony of Caracas celebrated yearly in the home of a Moroccan businessman who was the rabbi.

Little Samuel, emboldened by what he had so often heard his mother say about that Jewish ceremony, began to heap satire and scorn on Yom Kippur and his father's religion; and when Abraham commanded him to respect his faith just as he respected theirs, and saw that he was getting nowhere, he threatened to punish him and ordered him to leave his presence. Domitila stood up for the boy and encouraged him to go on annoying his father and showing him disrespect. Abraham protested, more out of hurt feelings than forcefully, and she responded by heaping insults on him.

"All right, woman! All right!" the poor man kept saying, meek and resigned, trying to placate Domitila's anger.

But she paid no attention and, shutting herself up in her own rooms together with little Samuel, kept crying out in there, saying that her fate was just what she deserved for having married a Jew. God was right in punishing her!

"Bunch of hypocrites! Just look at them! Waiting for the Messiah! In order to crucify him again, I'm sure!"

Abraham's sorrow restrained the sudden impulse to anger in his heart, and the age-old resignation of his cursed race stifled in his soul even the desire to protest. He left the table, pale and tottering, and shut himself up in his room; he no longer had the heart to join the other men of his faith who were awaiting him. He'd fast and recite the Yom Kippur service right there at home; that year, on the day of spiritual purification, he had a great sacrifice to offer to his God: the forgiving of a serious insult!

But from that day on he was to bear always an incurable bitterness in the bottom of his heart: he in his own home, like his race in the world, didn't have a loving place in people's hearts!

VI

But it was not only the irreconcilable clash of religious beliefs that separated Abraham from his wife and children.

Petty reasons, human weaknesses, were at work in Domitila's mind, cooling her affection for her husband until it was completely extinguished. When she married Abraham she was a bumpkin, a humble worker, whose inferior status vis-à-vis her husband couldn't fail to make her consider that marriage as a step upward which would free her from poverty and work; but now the terms had become inverted: Abraham went on being a humble man of a scorned race, while she,

raza despreciada, mientras que ella, gracias al influjo del dinero y como resultado de su tenaz empeño de introducirse en esferas más altas, comenzaba a saborear los halagos de una distinción social que le daba derechos para ir olvidando ya su pasado oscuro y para comenzar a considerarse como una gran señora. Para lograrlo de un todo lo único que le estorbaba, pensaba ella, era precisamente lo que antes había sido una ventaja: ser la esposa de un antiguo buhonero de quien todo Caracas se acordaba todavía de haberlo conocido con el cajón a cuestas, no tanto porque fuese pasado reciente, sino porque Abraham no se había propuesto que lo olvidaran, haciendo lo que tanto le aconsejara Domitila que lo sabía por instinto y por experiencia propia: introducirse en los altos círculos sociales, hacerse miembro de los Clubes de buen tono. Pero el hombre, consecuente con su humildad primitiva, se había conservado siempre como antes era: modesto en sus aspiraciones, humilde en sus costumbres, sencillo y chabacano en su traje y en sus modales. Y Domitila reventaba de despecho contra aquel obstáculo, ¡ella, que no le parecía ninguno insuperable cuando se le metía en la cabeza un propósito!

En cuanto a los hijos, éstos crecían formándose con todas las características de la madre, presuntuosos, dominados por un ansia inmoderada de aparentar más de lo que eran, careciendo en absoluto de las virtudes paternas de adquisición lenta y laboriosa, pero segura y legítima, gobernados solamente por un afán de asalto, de apropiación por sorpresa o por mañas, a zarpazos traicioneros sobre la presa descuidada.

La madre, puesta a olvidarse de su oscura condición primitiva, les fomentaba el deseo desordenado de figurar en las primeras líneas, en los rangos más altos de la sociedad y sembrándoles en los corazones la peste de la vana soberbia y la ruindad de la envidia, les inculcaba el menosprecio de la humildad paterna, el desdén por el trabajo, que todos le parecían indignos para ellos, el amor inmoderado por el lujo y el derroche y la ostentación de la riqueza.

Con Samuelito, a quien había puesto en un colegio concurrido por los jovencitos de la aristocracia caraqueña para que en el seno de ella escogiese amistades, este plan estaba produciendo los resultados apetecidos. Fatuo y petulante, el mocito no tenía más preocupaciones que la corrección de la línea y la última moda del traje: en suma, que tenía todo lo que se necesita para ser lo que ahora se llama un hombre *bien*.

De este hijo, especialmente, Abraham sentía que lo separaba una invencible aversión, tal si una voz secreta le anunciase que habría de

thanks to the influence of money, and as a result of her tenacious eagerness to introduce herself into higher spheres, was beginning to savor the delights of a social distinction that gave her the right to start forgetting her obscure past and begin looking on herself as a great lady. The only thing that stood in her way of accomplishing this altogether, as she thought, was precisely that which had formerly been an advantage: being the wife of a former peddler, whom all of Caracas still remembered seeing with his case on his back, not so much because it had been in the recent past as because Abraham hadn't taken any steps to make people forget it by doing what he had so often been advised by Domitila, who knew it by instinct and from her personal experience: to introduce himself into lofty social circles, to become a member of high-class clubs. But the fellow, true to his original humility, had always kept himself as he had been: modest in his aspirations, humble in his habits, simple and commonplace in his attire and in his ways. And Domitila would burst with annoyance when faced with that obstacle, she who considered no obstacle insurmountable when she got an idea in her head!

As for the children, they grew up acquiring all their mother's traits, presumptuous, dominated by an immoderate urge to seem more than what they were, altogether lacking their father's virtues of gaining wealth slowly and laboriously, but safely and honestly; they were governed solely by an eagerness to attack, to appropriate things, by surprise or by guile, by treacherous swipes of their claws, from their unsuspecting prey.

Their mother, set upon forgetting her original obscure status, encouraged their immoderate desire to figure in the front rank, at the highest levels of society; and, sowing in their hearts the plague of vain pride and the vile habit of envy, she drummed into them a scorn for their father's humility, a contempt for work (work of any sort, she felt, was unworthy of them), and a boundless love for luxury and for squandering and showing off their wealth.

With little Samuel, whom she had placed in a school attended by young boys of the Caracas upper crust, so that he could make advantageous friendships there, her plan was producing the desired results. Conceited and arrogant, the boy had as his sole preoccupations the correct cut of his clothes and the latest fashion in apparel: in short, he had everything necessary to be what is nowadays called "a proper gentleman."

From that child especially Abraham felt separated by an unconquerable aversion, as if a secret voice informed him that he was to re-

negarlo. Samuelito se desdeñaba de dirigirle la palabra en la casa, y en la calle evitaba su encuentro, para que no lo avergonzase ante los jóvenes *bien* con los cuales sólo se reunía.

En cuanto a Sara, la hija bonita como una rosa, las mismas ternuras filiales que le prodigaba tenían algo de compasivo y deprimente para él. Más que amor, Sarita parecía tenerle lástima de verlo repudiado por los suyos, siempre solo y silencioso, y cuando le decía con mimos, acariciándole el rostro: —¡Pobrecito el viejo!— Abraham sufría el dolor sin medida y a veces se le humedecían de lágrimas los ojos, al pensar que tal vez ni aquel amor tan dulce de la hija predilecta venía al encuentro de su corazón, orgulloso y franco, sino furtivo y vergonzoso, disfrazado de compasión.

Con Sarita, Domitila había refinado sus solicitudes maternales a fin de colocarla en una ventajosa posición social: la puso en el Colegio de las Hermanas francesas, le buscó maestro de piano, la improvisó para señorita distinguida, le aventó la frívola vanidad, le afiló las armas de la seducción. Pero, no obstante, Sarita no le daba a aquello toda la importancia que para Domitila tenía: no había sabido descubrir la diferencia que existe entre la gente bien y la que no lo es y, por el contrario, daba muestras de una inclinación hacia los humildes con los cuales era compasiva y cariñosa. Domitila sufría algo con esto y la llamaba: mi hija la populachera.

De alma ardiente y apasionada, Sarita era también para Abraham un tormento perenne. Amasados con sangre de dos razas lujuriosas e imaginativas, mezcla de árabe y de indio, sus encantos se desenvolvían inquietantes como se desenroscan los anillos lucientes de la víbora. Sensual, frívola y envanecida de su belleza, aún no había cumplido los quince años la *Turquita,* como se la llamaba, y ya su fama corría entre los grupos de jóvenes que andaban a la caza de amores fáciles, encendiendo deseos, despertando apetitos.

Viéndola crecer tan hermosa y *amiga del mundanismo* —como decía Abraham— el pobre hombre experimentaba secretos temores que le llenaban de dolor el corazón; pero se abstenía de comunicárselos a Domitila, acatando así la terminante prohibición que ella le hiciera de inmiscuirse en la dirección de los hijos. Apenas se atrevía a darle tímidos consejos a la muchacha, pero siempre era desarmado por aquella respuesta:

—¡Jesús! ¡Papá! Tú no sabes de eso; tú eres de otro mundo.

Domitila, en cambio, veía con satisfacción que ya estaban en camino de realizarse sus planes respecto a la hija: una porción de mo-

pudiate him. Little Samuel didn't deign to speak to him at home, and avoided meeting him on the street, so he wouldn't shame him in front of the "proper" young men who were his sole companions.

As for Sara, his daughter as lovely as a rose, even the filial warmth she lavished on him had an element of pity and superiority. Rather than loving him, little Sara seemed to pity him, seeing him disowned by his family, always alone and silent; and when she caressed his face and said pamperingly, "Poor old fellow!", Abraham suffered measureless pain, and at times his eyes grew moist with tears at the thought that perhaps not even that love, so sweet, from his favored daughter was coming to his heart proudly and candidly, but furtively and shamefacedly, disguised as pity.

With little Sara, Domitila had refined her maternal solicitude with the goal of setting her in an advantageous social position: she enrolled her in the school run by the French nuns, she found her a piano teacher, she prepared her to be a young lady of distinction, she imbued her with frivolous vanity, and sharpened her weapons of seduction. But, all the same, little Sara didn't lend all that the degree of importance it had for Domitila: she had been unable to discover the difference between "proper" people and people who aren't; on the contrary, she showed signs of a liking for humble folk, with whom she was compassionate and affectionate. This made Domitila suffer somewhat, and she'd call her "my plebeian daughter."

Since her soul was ardent and passionate, little Sara was also a perpetual torment to Abraham. Compounded of the blood of two lustful and imaginative races, a hybrid of Semite and American Indian, her charms developed disturbingly, just as a viper's gleaming rings uncoil. Sensual, frivolous, and conceited about her good looks, the "little Turkish girl," as she was called, was not yet fully fifteen when her reputation spread among the groups of young men who went out hunting for easy romances, igniting their desires, awakening their appetites.

Seeing her grow up so beautiful and so "given to socializing," as Abraham put it, the poor man suffered from secret fears that filled his heart with sorrow; but he refrained from telling Domitila about them, thus obeying her categorical order to him not to meddle in her management of the children. He had just enough courage to give the girl some timid advice, but he was always disarmed by the reply:

"Jesus! Daddy, you know nothing about such things; you're from another world."

On the other hand, Domitila was contented to see her plans for her daughter already on the way to being realized: a number of young

citos de las familias distinguidas de Caracas le hacían la corte a Sara, paseándole la cuadra cuando se asomaba a la ventana y siguiéndola a todas partes cuando salía a la calle.

No se le escapaba a la experta mujer que todas no eran buenas intenciones en los galanteadores de la hija; pero confiaba mucho en sí misma y estaba segura de que sacaría de allí un buen marido para Sarita. Con tal fin redoblaba su vigilancia sobre ella a tiempo que ponía en juego sus habilidades para atraer a la formalidad del noviazgo a aquéllos de los jóvenes que más prometían.

De este modo, muy pronto la casa de Abraham comenzó a ser el centro de unas reuniones todavía heterogéneas, a las cuales asistían jóvenes de la *crema*, que iban atraídos por la esperanza de ver a la *Turquita* rendida por fin al asedio de sus galanterías, por mitad burlonas y malintencionadas.

Domitila saboreaba una intensa satisfacción al pasar revista a los nombres más encopetados de Caracas, que sonaban en la sala de su casa como timbres de la distinción que ya su familiar empezaba a disfrutar en los círculos de la alta sociedad y para corresponder a ello prodigaba el dinero de Abraham a manos llenas. Ardía la casa en el resplandor molesto y de pésimo gusto de la profusa iluminación eléctrica, se derramaba en las mesas un obsequio opíparo de festines, corría el champagne, y todo, hasta la cortesía, tenía allí esa insolente abundancia con que se desborda el mal tono por los cauces de la riqueza advenediza, pues Domitila, orgullosa de la fama de gran señora espléndida que quería crearse ella misma, no estaba satisfecha hasta que no veía a la concurrencia harta de comer y de beber.

Entretanto Abraham se esforzaba en ser afable y atento con los invitados de su mujer, no suyos, porque bien sabía él que lo separaba de ellos un abismo de diferencias sociales ante el cual él se detenía respetuoso de las distancias, con un sentimiento, mezcla de orgullo y de humildad, sentimiento que, por lo demás, era el mismo que lo alejaba de los suyos, entre los cuales él vivía como un forastero.

Sufría lo indecible el pobre hombre en aquellas fiestas desatentadas en las cuales su familia se precipitaba a esa nivelación de las alturas, que es ansia fundamental del mulato, en parte porque no podía menos de ver con dolor cómo se estaba derrochando vanamente el fruto de veinte años de duro trabajo y negras privaciones suyas; en parte, y con más hondo y humano dolor, porque comprendía que aquéllos eran los pasos de perdición de su hija Sarita.

La veía codiciada por los hombres *para mal fin* —como él decía—,

men from the distinguished families of Caracas were courting Sara, strolling down the street when she looked out the window and following her everywhere when she went outdoors.

The experienced woman was not unaware that not all the intentions of her daughter's suitors were honorable; but she placed great trust in herself and she was sure that one of them would furnish a good husband for little Sara. With that in mind, she increased her watch over her, while at the same time deploying her arts to inveigle into a formal engagement those among the young men who were most promising.

In this way, Abraham's home soon began to be the site of parties that were still heterogeneous, attended by young men of the cream of society, drawn there by the hope of seeing the "little Turkish girl" finally yield to the siege of their gallantry, which was half-mocking and ill-intentioned.

Domitila savored an intense satisfaction when passing in review the loftiest names in Caracas, which resounded on her parlor like bells announcing the distinction her family was now beginning to enjoy in the circles of high society; and to repay that favor she lavished Abraham's money by the fistful. The house was ablaze in the annoying and tasteless glow of the profuse electrical lighting, a splendid festive offering was spread over every table, champagne flowed, and everything there, even the courtesy, partook of that insolent abundance with which bad taste overflows from the channels of parvenu wealth, since Domitila, proud of that reputation as a splendid grande dame which she wanted to create for herself, wasn't contented until she saw her company stuffed with food and drink.

Meanwhile, Abraham would make an effort to be affable and attentive to his wife's guests (who weren't his), because he was well aware that he was separated from them by a gulf of social differences, which he refrained from bridging out of respect for those distances, with a feeling which combined pride and humility and which was also the same feeling that kept him apart from his own family, among whom he lived like an outsider.

The poor man suffered unspeakably at those reckless parties in which his family was hurling itself into that leveling of heights which is the fundamental yearning of halfbreeds: partly because he couldn't fail to see with sorrow how the fruit of his twenty years of hard work and bitter privations was being squandered vainly; partly, and with a deeper and more humane grief, because he realized that those were the steps to perdition for his young daughter Sara.

He saw her desired by men "for bad purposes," as he put it; he

la veía cegada por la vanidad entregarse, rendida materialmente, entre los brazos del joven que la sacaba a bailar y había oído, varias veces, que, cuando terminaba la danza, el pareja le decía irrespetuoso:

—¡Qué sabroso, marchantica!

Ella fingía no comprender la insolente alusión a la condición paterna o no comprendía en realidad, porque la cegaban la vanidad y el gusto complacidos; pero Abraham recogía el agravio y lo guardaba en el fondo de su dolorido corazón, donde había guardado las injurias y el desprecio de los suyos, donde su raza ha venido guardando todo el oprobio y la vejación del mundo, a través de los siglos.

VII

Ya ha terminado el baile. La concurrencia se ha despedido y la familia se ha recogido a sus habitaciones, Abraham vaga solo por la casa, sembrada con los restos del festín. Pensativo y triste, la recorre apagando las luces y llega finalmente a la sala. Es más de medianoche. Hace frío. El silencio iluminado de la sala desierta da una sensación misteriosa de espera de algo que ha de suceder, inevitable y terrible como las leyes del destino.

El ánimo deprimido de Abraham se llena de una vaga ansiedad en la cual, poco a poco, van tomando forma tristes presentimientos: su hogar será destruido, su familia dispersada por una dura fatalidad, su memoria olvidada, como una cosa despreciable, su mujer se librará del oprobio de su nombre, sus hijos lo negarían, como un origen vergonzoso . . . Y Abraham, sintiendo que su hora ha llegado y está presta a cumplirse en él la voluntad del destino, se sienta a esperarla y llora sobre las ruinas de sus ilusiones.

Contraria la fortuna que hasta allí le ayudara en sus negocios, al hacer la liquidación de aquel año aciago se convenció de lo que ya presentía: ¡estaba arruinado! No obstante Domitila se empeñó en celebrar rumbosamente los quince años de Sarita.

Aquel día rebosaron la medida. Fue la última fiesta: el sacrificio supremo de Abraham, el esfuerzo desesperado de Domitila por prolongar la apariencia de la riqueza. Viendo que ya se le iba a acabar, un despecho rabioso la impulsaba a derrochar hasta el último centavo del *turco*. ¡Después, ella vería lo que habría que hacer!

Abraham lo presentía y un dolor sordo y tenaz le devoraba el corazón. ¡Si a pesar del bienestar que le procuraba con su dinero su

watched her as, blinded by vanity, she yielded herself, literally conquered, to the arms of the young man who took her out onto the
dance floor; and several times, at the end of the dance, he had heard
her partner say to her disrespectfully:

"How delightful, little peddler!"

She pretended not to understand the insolent allusion to her father's status, or else she really didn't understand it, because she was
blinded by having her vanity and likings satisfied; but Abraham would
pick up the insult and store it away at the bottom of his aggrieved
heart, where he had stored the hurts and scorn he had received from
his own family—where his race has been storing all the world's vilifi-
cation and humiliation down through the centuries.

VII

The dance is now over. The company has said good night and the family
members have retired to their rooms. Abraham is roaming alone through
the house, in which the remains of the feast are scattered. Pensive and
sad, he goes up and down turning out the lights, and finally reaches the
main parlor. It's after midnight. It's cold. The illuminated silence of the
deserted parlor gives him a mysterious expectant feeling that something
is to occur, something as inevitable and terrible as the laws of destiny.

Abraham's depressed mind is filled with a vague anxiety in which
sad forebodings gradually take shape: his home will be destroyed and
his family dispersed by a harsh fate, his memory will be forgotten like
something contemptible, his wife will free herself from the ignominy
of his name, his children will repudiate him, like a shameful origin . . .
And Abraham, feeling that his time has come and that the will of destiny is about to be fulfilled for him, sits down to await it, weeping over
the ruins of his hopes.

The good fortune that had hitherto aided him in his business dealings having turned against him, when he went over the accounts of
that unlucky year he was convinced of what he had foreseen: he was
ruined! Nevertheless Domitila insisted on celebrating young Sara's fif-
teenth birthday lavishly.

That day they passed beyond the measure. It was the last party:
Abraham's supreme sacrifice and Domitila's desperate effort to keep
up the appearance of wealth. Seeing that it was now running out on
her, she was impelled by rabid indignation to throw out the "Turk's"
money to the last cent. Afterward, she'd do whatever she needed to!

Abraham foresaw it and a muted but tenacious grief devoured his heart.
If, despite the comforts that he furnished for her with his money, his wife

mujer lo despreció siempre, haciendo escarnio de sus sentimientos, burla de sus aflicciones y hasta rechazando su amor como cosa manchada de indignidad, si para ella y para sus hijos él siempre fue el turco, el paria, qué podía esperar de ellos ahora que la pobreza se le venía encima y tal vez tendría necesidad de comenzar otra vez la dura persecución del pan, a lo largo de las calles, de puerta en puerta, al hombro el cajón de buhonero!

Y Abraham, el del monte Líbano, decidió aquella noche repatriarse. Si aquel era su destino, si su mujer había de repudiarlo y sus hijos lo negarían, que se cumpliera todo después que él se hubiera ido. No se sentía con ánimos para arrastrar el dolor supremo.

Apagó las luces de la sala y se dirigió a su habitación. Al pasar por la puerta del dormitorio de Sarita se detuvo, y sin saber qué se proponía con ello, llamó suavemente.

Y al sentir cuánto amaba a aquella hija que lo negaría, se echó a llorar como un niño.

Sara dormía y no lo oyó, pero la voz desdeñosa de Domitila resonó en el silencio de la casa:

—¡Hombre de Dios! ¿Hasta cuando estás por ahí? Anda, vete a dormir.

VIII

Del mismo modo, allí en uno de los pueblos aragüeños, Giácomo, el hijo de musiú Domingo, nada iba sacando de las características de éste.

Tan botarate, como amasador de dinero el padre; tan amigo de ocios y parrandas, como tesonero en el trabajo el padre, era Giácomo un simpático mozo que parecía unido a su medio por profundas raíces ancestrales. Gallero, coleador de novillos y gran aficionado a joropos, nadie más popular y querido que él en todos los valles de Aragua, donde se decía, como para elogiarlo, que era venezolano neto, criollo purito, aunque fuesen italianos el padre y la madre.

No obstante, musiú Domingo estaba satisfecho de tal hijo, le encontraba condiciones y con el conocimiento que había adquirido del medio donde viviera por más de viente años, pensaba, complacido, que Giácomo sería persona en el país y lo dejaba formarse libremente.

Verdad era que lo amaba mucho y no sabía oponerse a sus gustos e inclinaciones. Para que coleara a sus anchas le había regalado el mejor caballo de sus potreros; para que tuviese la mejor cuerda de gallos le daba cuanto le pedía y para que compusiera joropos y golpes

always belittled him, making a mockery of his feelings and a scorn of his afflictions, and even rejecting his love like a thing blemished by unworthiness; if to her and their children he was always "the Turk," the pariah— what could he expect from them now that poverty was coming upon him and he might have need to recommence his hard quest for bread, up and down the streets, from door to door, his peddler's case on his shoulder?!

And Abraham, the man from the mountains of Lebanon, decided that night to return home. If that was his destiny, if his wife was to repudiate him and his children were to disown him, let all that take place after he had gone! He didn't feel brave enough to haul that supreme sorrow after him.

He turned out the lights in the parlor and headed for his room. On passing by the door to young Sara's bedroom, he halted and, not knowing what he had in mind, he called her softly.

And, on feeling how much he loved that daughter who would repudiate him, he burst into tears like a little boy.

Sara was asleep and didn't hear him, but Domitila's scornful voice resounded in the silence of the house:

"For God's sake, man! How long will you be hanging around? Go to bed!"

VIII

In the same way, yonder in one of the towns in Aragua, Giacomo, the son of musiú Domingo, wasn't taking after his father at all.

As much of a spendthrift as his father was a moneymaker, as fond of idleness and sprees as his father was persevering in his work, Giacomo was a likeable lad who seemed to be attached to his milieu by deep ancestral roots. A breeder of fighting cocks, adept at throwing young steers by their tail, and a great fan of folk dancing, there was no one more popular and beloved than he in all the valleys of Aragua, where people said, in his praise, that he was a true Venezuelan, a pure-blooded native, even though both his father and mother were Italian.

All the same, musiú Domingo was satisfied with a son like that; he found good qualities in him and, with the knowledge he had acquired of the milieu in which he had lived over twenty years, he thought, contentedly, that Giacomo would make his mark in the nation, and he let him develop freely.

The truth is that he loved him very much and was unable to oppose his likings and inclinations. So that he could throw steers to his heart's content, he had made him a gift of the best horse on his farms; so that he could maintain the best string of fighting cocks, he gave him as

aragüeños les había dado con su sangre italiana, la disposición musical.

Y como no tenía más hijos, ni le quedaban parientes en el mundo después que se le murió la mujer, le fue dando, a puñados, toda la fortuna que había logrado amasar en Venezuela, y a medida que así la iba perdiendo decía, fatalista y jovial:

—¡Tierrita brava! ¡Tierrita brava! ¡Tú me la diste, tú me la quitas!

IX

Siguieron pasando los años. Ya han pasado muchos. Musiú Domingo está viejo; Abraham está además pobre.

Un día el azar los reúne en uno de los paseos de Caracas. No se conocen, pero cruzan un saludo al sentarse a la vez en un mismo banco.

—¿Es usted del país?

—No señor. Pero como si lo fuera. Soy de Italia, de un pueblo de Calabria, pero tengo más de treinta años en Venezuela, me gusta esta tierra y puedo decir que soy venezolano.

—Yo también vine al país hace muchos años —dijo Abraham con el acento de las tristezas consoladas.

—¿Y cómo la ha tratado la tierrita brava?

—A mí, muy mal.

—Pero se ha quedado en ella.

—No solamente me he quedado, sino que he vuelto. ¡Qué sé yo lo que tiene esta tierra; pero la cosa es que trata mal y sin embargo agarra!

—Que se hace querer.

—Aquí trabajó uno y aquí sufrió uno . . .

Y Abraham cuenta sus tristezas, primero, y luego sus consolaciones: el bienestar perdido, el desamor de su familia, la repatriación desesperada, la soledad y el aislamiento en el país natal, donde nadie ya lo conocía, como un extranjero entre los suyos . . . Vivía triste, echando de menos a la patria adoptiva, que, sin embargo, había sido cruel y dura con él . . . ¡Erró después por otros países de la tierra, pero en ninguna parte pudo aplacar su ansia de volver a ésta, donde había dejado a sus hijos, que, a pesar de todo, eran sus hijos! Regresó a terminar en ella sus tristes días. Llegó como la primera vez, pobre. Un paisano suyo le dió un paquete de medias para que ganase algo vendiéndolas por las calles . . . Otra

much money as he requested; and so that he could compose such local dance and guitar tunes as *joropos* and *golpes,* he had given him musical talent along with his Italian blood.

And since he had no other children, or any other relatives in the world after his wife died, he kept on giving him by the fistful the entire fortune he had managed to amass in Venezuela; and as the boy went on losing it, he'd say fatalistically and jovially: "You great country! You great country! You gave it to me, you're taking it away from me!"

IX

The years continued to go by. By now, many have gone by. Musiú Domingo is old; Abraham is poor, besides.

One day, chance reunites them on one of the public promenades in Caracas. They don't know each other, but they exchange greetings as they sit down together on the same bench.

"Are you from around here?"

"No, sir. But it's just as if I were. I'm from Italy, from a town in Calabria, but I've been in Venezuela over thirty years; I like this land and I can say that I'm Venezuelan."

"I, too, came to this country many years ago," said Abraham in a tone of sadness that has found consolation.

"And how has this great land treated you?"

"Me? Very badly."

"But you've stayed here."

"Not only have I stayed, I've returned. I don't know what there is about this land, but the fact is that it treats you badly but still gets under your skin!"

"Because it makes you love it."

"Here a man labored and here a man suffered . . ."

And Abraham relates his griefs first and then his consolations: the loss of his wealth and of his family's love, his return to Lebanon in despair, his solitude and isolation in his homeland, where nobody knew him any more and he was like a foreigner among his own people . . . He lived there sadly, missing his adoptive country, even though it had been cruel and harsh to him . . . Later on, he roamed through other countries on this earth, but nowhere could he ease his longing to return to this one, where he had left his children—and, in spite of everything, they *were* his children! He came back to end his sad days here. He arrived as he had the first time: poor. A fellow countryman gave him a package of stockings so he could earn something selling them in the streets . . . Once again, that hard task of

vez el duro ambular de puerta en puerta. Pero no se comienza dos veces, y ya porque la fortuna no quisiera ayudarlo más o porque ya él no tenía fe ni fuerzas, lo cierto era que vagaba inútilmente por las calles sin encontrar quién quisiera comprarle la mercancía. Un día se tropezó con su mujer, con la que tanto lo hizo sufrir con sus desprecios. Él quiso seguir de largo, haciéndose el distraído; pero la mujer lo detuvo, le habló con cariño, le contó su vida, que también había sido triste: Samuelito le había abandonado; Sara dio por fin un mal paso, y ella había tenido que poner un taller de costura para ganarse el sustento. Ahora le iba bien. Además Sarita, que se había casado con el hombre con quien se fugó, que tenía dinero, le mandó una suma de regalo y ella compró una casita . . . Andando, mientras hablaban, llegaron a la casa y Domitila le dijo: —Entra. El entró, olvidado de lo pasado. Allí vivía unido de nuevo a su mujer, que ahora era con él buena y cariñosa y viéndolo viejo y enfermo no quería que trabajase. Sarita, que siempre preguntaba por él en sus cartas a la madre, al saber que había vuelto, escribió que vendría con su marido a verlo, cuando pasase el invierno. Vivía en San Fernando, donde el marido tenía hatos y casa de comercio. Un hombre del país, un criollo que se había metido en una revolución y después fue Jefe Civil de San Fernando y ahora vivía de su trabajo, con plata bastante . . . un tal Giácomo Albano.

—¡Ese es mi hijo! ¡Giácomo! ¡Venezolano neto! ¡Criollo puro! ¡Un palo de hombre! como dicen aquí.

Y musiú Domingo se enternecía hasta las lágrimas al hablar del hijo.

Ya oscurecía cuando abandonaron el banco del paseo. Estaban viejos, se arrastraban penosamente por los caminos de la tierra, de aquella tierra que había sido dura y cruel con ellos, pero allá en el corazón del país, sangre de su sangre corría, transformada, pero vigorosa y fecunda por los cauces infinitos de la vida.

Abraham, el del Líbano; Domingo, el calabrés, la tierra ajena les barrió del corazón el amor a la propia y les quitó los hijos que ellos le dieron . . .

Ya oscurecía. Ya no se veían las caras . . .

hawking from door to door. But you can't start over again and, either because fortune no longer wanted to aid him or because he himself no longer had confidence and strength, the fact was that he roamed the streets in vain without finding anyone who wanted to buy his merchandise. One day he ran into his wife, the woman who had caused him such suffering with her contempt. He wanted to keep on going, pretending to be absentminded, but his wife detained him, spoke to him affectionately, told him her life, which had also been unhappy: young Samuel had deserted her; Sara finally made a "misstep," and she herself had been obliged to open a sewing shop to earn her keep. Now things were going well for her. In addition, young Sara, who had married the man she had run away with, a man with money, sent her some as a gift and she bought a little house . . . Walking while they spoke, they reached the house and Domitila said: "Come in." He went in, forgetting the past. There he was living, reunited to his wife, who was now good to him and affectionate and who, finding him old and sick, insisted that he stop working. When young Sara, who always asked about him in her letters to her mother, learned that he had come back, she wrote saying that she and her husband would come to see him when the winter was over. She was living in San Fernando, where her husband had cattle ranches and a business establishment. A local man, a native Venezuelan who had taken part in a revolution and was later mayor of San Fernando, and who now made a living from his work, with plenty of money . . . a man called Giacomo Albano.

"That's my son! Giacomo! A real Venezuelan! A native through and through! A hell of a great guy, as people say around here."

And musiú Domingo became moved to the point of tears when talking about his son.

It was already getting dark when they left the bench on the promenade. They were old and dragged themselves laboriously down the roads of the land, of that land which had been harsh and cruel to them—but yonder, in the heart of the country, blood of their blood was flowing, changed but vigorous and fecund, through the infinite channels of life.

Abraham, the man from Lebanon; Domingo, the Calabrian: their new country had swept from their hearts their love for their homeland, and had taken from them the children they had given it . . .

It was already getting dark. They could no longer see each other's face . . .

A CATALOG OF SELECTED
DOVER BOOKS
IN ALL FIELDS OF INTEREST

A CATALOG OF SELECTED DOVER
BOOKS IN ALL FIELDS OF INTEREST

CONCERNING THE SPIRITUAL IN ART, Wassily Kandinsky. Pioneering work by father of abstract art. Thoughts on color theory, nature of art. Analysis of earlier masters. 12 illustrations. 80pp. of text. 5⅜ x 8½.   23411-8

ANIMALS: 1,419 Copyright-Free Illustrations of Mammals, Birds, Fish, Insects, etc., Jim Harter (ed.). Clear wood engravings present, in extremely lifelike poses, over 1,000 species of animals. One of the most extensive pictorial sourcebooks of its kind. Captions. Index. 284pp. 9 x 12.   23766-4

CELTIC ART: The Methods of Construction, George Bain. Simple geometric techniques for making Celtic interlacements, spirals, Kells-type initials, animals, humans, etc. Over 500 illustrations. 160pp. 9 x 12. (Available in U.S. only.)   22923-8

AN ATLAS OF ANATOMY FOR ARTISTS, Fritz Schider. Most thorough reference work on art anatomy in the world. Hundreds of illustrations, including selections from works by Vesalius, Leonardo, Goya, Ingres, Michelangelo, others. 593 illustrations. 192pp. 7⅛ x 10¼.   20241-0

CELTIC HAND STROKE-BY-STROKE (Irish Half-Uncial from "The Book of Kells"): An Arthur Baker Calligraphy Manual, Arthur Baker. Complete guide to creating each letter of the alphabet in distinctive Celtic manner. Covers hand position, strokes, pens, inks, paper, more. Illustrated. 48pp. 8¼ x 11.   24336-2

EASY ORIGAMI, John Montroll. Charming collection of 32 projects (hat, cup, pelican, piano, swan, many more) specially designed for the novice origami hobbyist. Clearly illustrated easy-to-follow instructions insure that even beginning papercrafters will achieve successful results. 48pp. 8¼ x 11.   27298-2

THE COMPLETE BOOK OF BIRDHOUSE CONSTRUCTION FOR WOOD-WORKERS, Scott D. Campbell. Detailed instructions, illustrations, tables. Also data on bird habitat and instinct patterns. Bibliography. 3 tables. 63 illustrations in 15 figures. 48pp. 5¼ x 8½.   24407-5

BLOOMINGDALE'S ILLUSTRATED 1886 CATALOG: Fashions, Dry Goods and Housewares, Bloomingdale Brothers. Famed merchants' extremely rare catalog depicting about 1,700 products: clothing, housewares, firearms, dry goods, jewelry, more. Invaluable for dating, identifying vintage items. Also, copyright-free graphics for artists, designers. Co-published with Henry Ford Museum & Greenfield Village. 160pp. 8¼ x 11.   25780-0

HISTORIC COSTUME IN PICTURES, Braun & Schneider. Over 1,450 costumed figures in clearly detailed engravings—from dawn of civilization to end of 19th century. Captions. Many folk costumes. 256pp. 8⅜ x 11¾.   23150-X

CATALOG OF DOVER BOOKS

THE STORY OF THE TITANIC AS TOLD BY ITS SURVIVORS, Jack Winocour (ed.). What it was really like. Panic, despair, shocking inefficiency, and a little heroism. More thrilling than any fictional account. 26 illustrations. 320pp. 5⅜ x 8½.
20610-6

FAIRY AND FOLK TALES OF THE IRISH PEASANTRY, William Butler Yeats (ed.). Treasury of 64 tales from the twilight world of Celtic myth and legend: "The Soul Cages," "The Kildare Pooka," "King O'Toole and his Goose," many more. Introduction and Notes by W. B. Yeats. 352pp. 5⅜ x 8½.
26941-8

BUDDHIST MAHAYANA TEXTS, E. B. Cowell and others (eds.). Superb, accurate translations of basic documents in Mahayana Buddhism, highly important in history of religions. The Buddha-karita of Asvaghosha, Larger Sukhavativyuha, more. 448pp. 5⅜ x 8½.
25552-2

ONE TWO THREE . . . INFINITY: Facts and Speculations of Science, George Gamow. Great physicist's fascinating, readable overview of contemporary science: number theory, relativity, fourth dimension, entropy, genes, atomic structure, much more. 128 illustrations. Index. 352pp. 5⅜ x 8½.
25664-2

EXPERIMENTATION AND MEASUREMENT, W. J. Youden. Introductory manual explains laws of measurement in simple terms and offers tips for achieving accuracy and minimizing errors. Mathematics of measurement, use of instruments, experimenting with machines. 1994 edition. Foreword. Preface. Introduction. Epilogue. Selected Readings. Glossary. Index. Tables and figures. 128pp. 5⅜ x 8½.
40451-X

DALÍ ON MODERN ART: The Cuckolds of Antiquated Modern Art, Salvador Dalí. Influential painter skewers modern art and its practitioners. Outrageous evaluations of Picasso, Cézanne, Turner, more. 15 renderings of paintings discussed. 44 calligraphic decorations by Dalí. 96pp. 5⅜ x 8½. (Available in U.S. only.)
29220-7

ANTIQUE PLAYING CARDS: A Pictorial History, Henry René D'Allemagne. Over 900 elaborate, decorative images from rare playing cards (14th–20th centuries): Bacchus, death, dancing dogs, hunting scenes, royal coats of arms, players cheating, much more. 96pp. 9¼ x 12¼.
29265-7

MAKING FURNITURE MASTERPIECES: 30 Projects with Measured Drawings, Franklin H. Gottshall. Step-by-step instructions, illustrations for constructing handsome, useful pieces, among them a Sheraton desk, Chippendale chair, Spanish desk, Queen Anne table and a William and Mary dressing mirror. 224pp. 8⅛ x 11¼.
29338-6

THE FOSSIL BOOK: A Record of Prehistoric Life, Patricia V. Rich et al. Profusely illustrated definitive guide covers everything from single-celled organisms and dinosaurs to birds and mammals and the interplay between climate and man. Over 1,500 illustrations. 760pp. 7½ x 10⅛.
29371-8

Paperbound unless otherwise indicated. Available at your book dealer, online at **www.doverpublications.com**, or by writing to Dept. GI, Dover Publications, Inc., 31 East 2nd Street, Mineola, NY 11501. For current price information or for free catalogues (please indicate field of interest), write to Dover Publications or log on to **www.doverpublications.com** and see every Dover book in print. Dover publishes more than 500 books each year on science, elementary and advanced mathematics, biology, music, art, literary history, social sciences, and other areas.